高校思想政治理论课建设与改革研究丛书

基于全员参与的高校思政课实践教学研究（SDS2020B07）
山东省重点马克思主义学院建设经费资助项目
泰山学者工程专项经费资助项目（TS201712038）
中华优秀传统文化融入高校思政课教学的理论与实践创新研究（P2020052）

国研文库

高校思想政治理论课实践教学

——理论与实践

刘宝杰　杨世宏　主编

光明日报出版社

图书在版编目（CIP）数据

高校思想政治理论课实践教学：理论与实践 / 刘宝杰，杨世宏主编．--北京：光明日报出版社，2021.6

ISBN 978-7-5194-6069-3

Ⅰ．①高… Ⅱ．①刘… ②杨… Ⅲ．①高等学校—思想政治教育—教学研究—中国 Ⅳ．①G641

中国版本图书馆 CIP 数据核字（2021）第 083262 号

高校思想政治理论课实践教学：理论与实践

GAOXIAO SIXIANG ZHENGZHI LILUNKE SHIJIAN JIAOXUE：LILUN YU SHIJIAN

主　　编：刘宝杰　杨世宏

责任编辑：庄　宁　　　　责任校对：傅泉泽

封面设计：中联华文　　　　责任印制：曹　净

出版发行：光明日报出版社

地　　址：北京市西城区永安路 106 号，100050

电　　话：010-63169890（咨询），63131930（邮购）

传　　真：010-63131930

网　　址：http：//book. gmw. cn

E - mail：zhuangning@ gmw. cn

法律顾问：北京德恒律师事务所龚柳方律师

印　　刷：三河市华东印刷有限公司

装　　订：三河市华东印刷有限公司

本书如有破损、缺页、装订错误，请与本社联系调换，电话：010-63131930

开　　本：170mm×240mm

字　　数：333 千字　　　　印　　张：17.5

版　　次：2021 年 6 月第 1 版　　　　印　　次：2021 年 6 月第 1 次印刷

书　　号：ISBN 978-7-5194-6069-3

定　　价：95.00 元

编委会

总主编　李安增　张立兴　孙迪亮

编委会　（按姓氏笔画）

任松峰　刘宝杰　孙迪亮

李安增　肖　芳　辛宝海　张立兴

总 序

2019年3月18日，习近平总书记在学校思想政治理论课教师座谈会上的讲话，提出了思政课建设的“四个提供”——我们对思想政治工作高度重视，始终坚持马克思主义指导地位，大力推进中国特色社会主义学科专业体系建设，为思政课建设提供了根本保证；我们对共产党执政规律、社会主义建设规律、人类社会发展规律的认识和把握不断深入，开辟了中国特色社会主义理论和实践发展新境界，中国特色社会主义取得举世瞩目的成就，中国特色社会主义道路自信、理论自信、制度自信、文化自信不断增强，为思政课建设提供了有力支撑；中华民族几千年来形成了博大精深的优秀传统文化，我们党带领人民在革命、建设、改革过程中锻造的革命文化和社会主义先进文化，为思政课建设提供了深厚力量；思政课建设长期以来形成的一系列规律性认识和成功经验，为思政课建设守正创新提供了重要基础。

正是在这样一个令人鼓舞的思政课建设的大好形势下，我们酝酿出版本套《高校思想政治理论课建设与改革研究丛书》。该丛书既是我院2016年获批全省首批重点马克思主义学院以来取得的阶段性成果，也是我们马克思主义学院成立十六年来致力于教学改革与探索的经验性总结，更是我们全院同仁接续奋斗，在“铸魂育人关键课程”的教学中不断求索、深刻思悟、潜心研究的理论性积淀，是集体智慧的结晶，是思政课教师“乐为、敢为、有为”精神的体现。

2004年10月，中共中央国务院颁发的《关于进一步加强和改进大学生思想政治教育的意见》（中发［2004］16号文）首次将高校马克思主义理论课、思想品德课（称“两课”）整合更名为思想政治理论课（简称“思政课”），并明确强调：高校思政课是大学生思想政治教育的主渠道，是大学生的必修课，是帮助大学生树立正确的世界观、人生观、价值观的重要途径，体现了社会主义大学的本质要求；要全面加强思想政治理论课的学科建设、课程建设、教材建设和教师队伍建设；要切实改革教学内容，改进教学方法，改善教学手段；要加强对思想政治理论课的宏观指导，采取有力措施，力争在几年内使思想政治理论课教育教学情况有明显改善。

为贯彻落实中共中央国务院“16号文”精神，切实重视和加强我校思政课建设，提高思政课教学水平和质量，2005年学校成立了全省高校首家马克思主义学院，为推进思政课建设和教学改革提供了坚实的组织保障。2006年3月，马克思主义学院组织全体思政课教师开展了一场高校思政课“为什么教？教什么？怎么教？”的教学大讨论，大讨论在教师中形成了大共识，最终将“高扬旗帜、传播真理、铸魂育人、不辱使命”确立为马克思主义学院的“院训”，成为全体思政课教师的行为遵循和价值追求。

马克思主义学院成立后，全体思政课教师共同努力，思政课教学与改革不断取得重大进展和历史性突破。2015年，教育部颁布全国高校马克思主义学院建设标准、思政课建设标准后，为加强“标准化”建设，努力建成全省首批重点马克思主义学院，2015年10月，学校对马克思主义理论学科进行了整合，充实壮大了马克思主义学院的规模和力量，马克思主义学院建设、思政课建设进入了历史的快车道：2016年，我院获批山东高校首批重点马克思主义学院；2017年，李安增教授获聘全省高校马克思主义理论学科首个泰山学者岗位；2018年，获批马克思主义理论一级学科博士授权点；2020年，李安增教授获教育部高校科研成果奖（人文社科）二等奖1项。目前，我校无论是马克思主义学院建设、思政课建设，还是马克思主义理论学科建设，都居于山东高校第一方阵。

习近平总书记指出：“有了我们这支可信、可敬、可靠，乐为、敢为、有为的思政课教师队伍，我们完全有信心有能力把思政课办得越来越好。”蓦然回首，马克思主义学院全体思政课教师几多艰辛，几多感慨，几多欣慰，几多期盼。学院各项工作的开展与成就的取得，既渗透着教师们勤勤恳恳教学、兢兢业业育人辛劳的汗水，也验证了学院建设中“抓牢中心、彰显特色、追求卓越”宏观设计与整体推进的得力与实效。

抓牢教学中心地位不放松。长期以来，学院抓牢教学中心地位不放松，向课堂教学要质量要效益，全面实施思政课教学改革和质量提升工程，推进思政课教学改革和教学研究，思政课教学成果丰硕：我院张瑞甫教授作为我省省属高校唯一代表受邀参加习近平总书记主持召开的学校思想政治理论课教师座谈会，荣获“2019 齐鲁最美教师”称号，入选教育部“全国高校思政课示范课百人巡讲团”成员。院长李安增教授当选为山东省高校思想政治理论课教学指导委员会副主任委员，兼任《中国近现代史纲要》分教指委主任委员，副院长孙迪亮教授当选为《研究生思想政治理论课》分教指委委员，提高了学院思政课教学在全省的影响力。五年来，学院获省级教学成果二等奖2 项，入选教育部优秀思政课建设案例教改成果1 项；获教育部思政课教学方法改革项目择优推广计划1 项；获第二届、第三届山东高校思想政治理论课教学比赛一等奖2 项、二等奖5 项、三等奖5 项，获奖层次和数量在全省高校领先；获山东省高校青年教师教学比赛二等奖2 项；在教育部举办的全国高校思政课教学现场展示中，肖芳副教授、李芳云教授分别获得“全国高校思政课教学标兵”、“全国高校思政课教学骨干”称号；李芳云教授、孙迪亮教授先后获批全省高校思政课教学名师工作室；孙迪亮教授获评全省思政课教师2020 年年度人物。五年来，引进专职思政课教师30 人，专职思政课教师总量达71 人，拥有博士学位49 人，学历结构进一步优化。

彰显儒家优秀文化融入特色。我校设学儒家文化发祥地——孔子故里，具有得天独厚的地域文化优势，学校儒学研究人才济济，校园里儒家文化气息无时不有无处不在。如何发挥优势，将儒家优秀文化转化为思政课教学的有益资源，在教学中实现马克思主义的“顶天”与儒家优秀文化的“立地”相融合，一直是我们思考的理论问题，也是我们一直在不断尝试、探索和实践的课题。2010 年，我院教师编著的洋溢着儒家优秀文化气息的“《思想道德修养与法律基础》教案”获教育部“精彩教案”立项；2014 年，我院申报的“儒家文化传承与高校思政课教学改革研究”，获全省高校思政课教学改革招标重点课题，结项成果获2018 年山东省教学成果二等奖；“研究生思想政治教育过程中马克思主义与中华优秀传统文化融合研究”获2018 年山东省教学成果二等奖；2017 年，获批山东省高校思政课教师中华优秀传统文化社会实践研修基地；2018 年，“中华传统文化融入思政课教学研究”入选“教育部思政课教学方法改革项目择优推广计划”、“儒家优秀文化与中华民族伟大复兴”获全省高校思想政治工作十大建设计划重点项目（“形势与政策”改革项目）。2020 年，“中华优秀传统文化融入高校思政课教学的理论与实践创新研究”获批山东省本科教学改革省属高校优秀教学成果培育项目。“十年磨一剑”。如今，儒家优秀文化融入思政课教学已经成为我们的一项特色和品牌。

习近平总书记在学校思想政治理论课教师座谈会上的讲话中，为思政课建设提出了坚持“八个相统一”的要求：政治性和学理性相统一、价值性和知识性相统一、建设性和批判性相统一、理论性和实践性相统一、统一性和多样性相统一、主导性和主体性相统一、灌输性和启发性相统一、显性教育和隐性教育相统一。在这样一个大的历史背景下，我们以总书记提出的要求为指导，设计构想对马克思主义学院建设、思政课建设进行历史的全方位的回顾、反思和总结，组织教师对自己在日常备课、教学、答疑中的所思所想、所感所悟加以提炼升华，尤其是对自己教学中如何把握重点、消除难点、追踪热点的经验进行凝练，形成理论形态的研究成果；与此同时，学院组织部分已毕业的校友和在校学生，对自己在学习思政课过程中的所困所惑、所期所盼和所获所得进行回味、思考和反馈，从而构成了本丛书的主体内容。

本丛书的研究范围涵盖大学本科、研究生思政课，马克思主义学院思政本科、硕士研究生专业课教学理论与实践，研究对象包括教学理念、教学方法、教学技巧、教学评价、教学设计、疑难问题、实践教学、学绩考核、社会实践研修等等。丛书所收录的论文大多数为我院教师一线教学的探索与思考，是理论与实践结合的产物，其结集出版，有利于反哺思政课教学，有利于教学经验的传承，有利于提升教学质量。

为保证丛书的学术性和应用性，马克思主义学院党委书记、院长李安增教授、原党委书记张立兴教授、常务副院长孙迪亮教授担任丛书主编，成立了编委会，确立了各分册的主编。丛书暂分3册：辛宝海、卢忠帅负责《高校思想政治理论课教学研究文集》、肖芳、汤锐负责《高校思想政治理论课教学重点难点解析》、刘宝杰、杨世宏负责《高校思想政治理论课实践教学——理论与实践》的主编工作。

本丛书是我院思政课教师和我校大学生对于思政课教学理论和实践的思考与反思，是对思政课教育教学这一共性问题提出的带有学校和教师、学生个人特色的回答，为相关问题的研究和解决提供了曲阜师范大学的经验和方案，对于推动思政课教学的理论研究和实践探索具有参考价值。

编者

2021. 3. 20

序 言

为了更好地贯彻落实《新时代高校思想政治理论课教学工作基本要求》(教社科〔2018〕2 号)、《教育部办公厅关于开展高校思想政治理论课教师队伍建设专项工作的通知》(教社科厅函〔2018〕11 号)、《普通高等学校马克思主义学院建设标准(2019 年本)》(教社科函〔2019〕9 号)和习近平总书记在学校思政课教师座谈会上的重要讲话,进一步提高思想政治理论课教育教学质量,结合我校思想政治理论课教学工作实际情况,特选取 25 篇优秀实践报告结集出版。

思政课实践教学是高校思想政治教育的关键环节,也是薄弱环节。当前,高校思政课实践教学师资缺乏、路径模糊、平台匮乏。高校思政课实践教学改革应实现从"一员"到"全员"、从"模糊"到"清晰"、从"一次性"到"系统性"的理念创新,探索全员化、具象化、全程化的思政课实践教学方法,促进思政课实践教学效果的提升。

一、思想政治理论课实践教学的目的意义

思想政治理论课实践教学是思想政治理论课课程建设的重要组成部分,是大学生在学习思想政治理论课基础上的一个综合实践过程。思想政治理论课实践教学的实施,有助于加深学生对马克思主义理论课程教学内容的理解,增强对中国特色社会主义理论和党的路线、方针、政策的把握,提高用中国化的马克思主义原理、观点、方法分析解决思想认识问题和社会存在的各种实际问题的能力;有助于提高学生的修养和品质,使学生各方面的能力都能得到进一步的提高;有助于引导学生客观、辩证地认识国情、认识社会,了解我国改革开放的历史、现状和发展趋势,正确分析和认识我国改革开放的发展历程和社会现实存在的各种问题,增强热爱祖国、热爱社会主

义的信念和振兴中华的责任感和使命感；有助于大学生在毕业后能更好更快地适应变化中的社会，以积极的心态面对工作和生活，做一个对社会有用的人。

二、多措并举做实大思政课实践教学

思政课实践教学是高校思想政治教育的重要环节，也是薄弱环节。近两年来，我院基于师资力量严重不足、实践方案（路径）模糊和实践平台匮乏等思政课实践教学现状，明确提出全员参与的思政课实践教学改革，经过近两年的努力，取得了如下成绩：

1. 思政课实践教学的规范化。思政课实践教学的参与人员，从个别师生参与拓展至全员师生参与，与此同时做到了实践方案、实践选题和实践报告格式统一化。

2. 思政课实践教学的系统化。从各门思政课程的孤立实践到五门思政课程的贯通实践，做到了思政课实践教学的一体化。

3. 思政课实践教学方案（路径）的清晰化。思政课实践教学从比较模糊的课堂实践教学拓展到相对清晰的课内课外、学期假期相统一的实践教学。

4. 思政课实践教学理念上的创新。思政课实践教学理念从拘泥于马克思主义学院的“小”思政课实践教学扩大到包括全校群团组织的大思政课实践教学。

三、思想政治理论课实践教学内容和形式

1. 观读类

包括学生阅读马克思主义经典原著、观看具有思想政治教育意义的影视资料、参观当地爱国主义教育基地、思想政治理论课实践教学基地等，并撰写读书心得、观后感等。

思想政治理论课实践教学教研室提供马克思主义的经典著作和具有思想政治教育意义的影视资料。同时，指导教师要对参加实践教学的学生进行相关的培训和全程指导。指导教师要对撰写读书心得、观后感进行全程指导。

2. 调研类

学生利用课余时间如寒暑假、节假日等通过深入农村、社区和工矿企业等，运用所学的马克思主义理论就我国的经济社会发展重点、热点、难点和疑点等实际问题进行调研，并撰写调研报告。

思想政治理论课实践教学教研室每学年提供调研活动的参考题目。思想政治理论课实践教学指导教师、学生可结合国情、本地区情、自身学情自拟调研题目。同时，指导教师要对参加实践教学的学生进行相关的培训和全程指导。

3. 社团活动类

依托校内社团，开展校园文明建设，拓展实践教学方式，如五四青年节活动、书法展、微视频拍摄（剪辑）、历史舞台剧、经典红色歌曲传唱、国家大政方针政策宣讲等。

4. 社会服务活动类

学生在节假日开展的社会服务活动，如参加植树活动、“三下乡”、社区服务及其他社会公益活动等。

观读类或调研类，是学生在教师指导下必须完成的实践教学活动。鼓励学生开展社会服务活动，成效突出且有证明材料者，可适度加分。

四、思想政治理论课实践教学计划安排

立足总书记在学校思政课教师座谈会上的重要讲话精神，我院将在思政课实践教学上作出如下部署：

首先，校领导任组长，协同宣传部、学工处和团委等群团组织，进一步做实大思政课实践教学方案。

其次，推行大学阶段全过程实践教学，让思政课实践教学范围从校内延伸到校外，让指导老师从思政课教师扩大到全体教师。

再次，力争通过推行政治性与学理性、科学性与价值性、理论性与实践性、统一性与多样性相统一的思政课实践教学创新，进一步探索全员化、具象化、全程化的思政课实践教学方法，增强广大学生的获得感、提高思政课的时效性和感染力，进而促进思政课实践教学效果的全面提升。

最后，出版优秀实践教学案例汇编，现已整理完成包含政治、经济、文化、社会和生态等五位一体的优秀思政课实践教学报告。

目　录
CONTENTS

01

实践教学的理论研究篇

思政课实践教学的三大认识误区及其归正

李安增①

实践教学作为高校思想政治理论课课程建设的重要组成部分,其研究肇始于"05 方案"课程建设改革方案。伴随着这一方案的实施,中宣部、教育部连续下发文件明确要求高校思想政治理论课"所有课程都要加强实践环节",要"确保每一个大学生都能参加社会实践","要建立和完善实践教学保障机制,探索实践育人的长效机制"②,要将"实践教学纳入教学计划,落实学分、教学内容、指导教师和专项经费"③等。对此,理论界从多个场域和视角对高校思想政治理论课实践教学展开了较为广泛的研究,涵盖了高校思想政治理论课实践教学的内涵界定④、问题梳理⑤、

---

① 李安增(1962—),曲阜师范大学马克思主义学院院长、教授、博士生导师。

② 中共中央宣传部 教育部关于进一步加强和改进高等学校思想政治理论课的意见[EB/OL]. 中华人民共和国教育部官网,2005-02-07.

③ 教育部关于印发《高等学校思想政治理论课建设标准》的通知[EB/OL]. 中华人民共和国教育部官网,2005-09-16.

④ 王荣发. 思想政治理论教学的实践本性及实现路径[J]. 思想教育研究,2009(1):88-91;李英,柴艳萍. 高校思想政治理论课实践教学的内涵与特征[J]. 高等农业教育,2013(9):60-63;欧阳彬,陈娟娟. 实践观与教学论双重视野中的思想政治理论课实践教学内涵辨析[J]. 湖北经济学院学报(人文社会科学版),2014(11):191-192;罗庆林,黄海莲. 高校思想政治理论课实践教学概念探析[J]. 高教学刊,2016(1):169,172.

⑤ 张春梅. 影响高校思想政治理论课教学效果的问题因素及对策思考[J]. 社会科学家,2011(11):122-124,128;张丽,申建英. 当前高校思想政治理论课实践教学存在的问题与对策[J]. 教育探索,2011(1):49-50;曾晓强. 思想政治理论课实践教学的问题与建议[J]. 重庆邮电大学学报(社会科学版),2013(1):138-141;周嘉楠. 美国高校服务性学习对"思政课"实践教学的启示[J]. 湖北社会科学,2014(3):185-188;李凌敏. 高校思想政治理论课实践教学存在的问题及对策[J]. 学校党建与思想教育,2015(8):31-32.

实施方式①、评价考核②诸多方面。这些已经发表的研究成果中不乏真知灼见,对我们从理论上把握高校思想政治理论课实践教学的本质特征、从操作上开展高校思想政治理论课实践教学有所裨益。与此同时,全国各大高校也普遍于“05 方案”后实行思想政治理论课实践教学改革方案,掀起实践教学的改革浪潮。然而,尽管理论界和高校教师在思想政治理论课实践教学方面取得了一定成效,但高校思想政治理论课实践教学目前普遍存在主体参与积极性不高、覆盖面不大的现象,高校思想政治理论课实践教学的行动与原则二者之间在一定程度上产生了分野,极大弱化了高校思想政治理论课实践教学的实效性。这种现象值得我们反思:对于高校思想政治理论课实践教学的内涵外延、实施模式和推进方式等是否囿于一种固化的思维,存在认识上的误区?正是基于这个问题,论者尝试从高校思想政治理论课实践教学困境出发,从主体、方式、途径、保障等多种要素梳理当前理论界和高校教师在这一问题上可能的误区,并对其加以归正,从而走出高校思想政治理论课实践教学的困境。

一、高校思政课实践教学的主体选择:全员覆盖而非以点代面

观照高校思政课实践教学的主体选择,我们可以发现其中一个很大的误区就是以点代面,将实践教学理解为思政课教师参与指导的、部分学生代表参加的教育过程,似乎只要思政课老师将实践教学点缀于理论教学之中并且有学生零星地参与其中,就意味着开展了实践教学。

这种“以点代面”的理解实质是对高校思政课实践教学的价值原则的悖离。一方面,从教育主体来看,无论是教育者还是受教育者,他们作为教育过程的参与者,都是高校思政课的教育主体。具体到高校思政课实践教学,它不仅仅需要激发教育者的教育积极性,还需要激发受教育者积极配合教育并进行自我教育的积极性,充分发挥教育过程中教育者的主导作用和受教育者的主体作用。这也就是说,高校思政课实践教学需要全体教育者和受教育者的参与。另一方面,从教育使命来看,虽然属于实践教学的一般范畴,但高校思政课实践教学本身有自己的

① 赵增彦.高校思政课实践教学资源多元化整合与一体化运用[J].东北师大学报(哲学社会科学版),2013(2):177 - 180;陈刚,刘刚,孙淑萍.“大思政”视域下高职思政课实践教学模式的改革与创新[J].学校党建与思想教育,2014(22):30 - 31.

② 任军,王埃亮,张久清.思想政治理论课实践教学目标与机制研究[J].内蒙古师范大学学报(教育科学版),2012(11):98 - 101;赖金茂.高校思政课实践教学考核评价机制探析[J].长春理工大学学报,2012(9):172 - 173;戴志国.高校思想政治理论课实践教学评价体系建构[J].教育与职业,2015(25):107 - 109.

特殊性。与一般的专业课程相比,高校思政课传授的是做人的道理,而非“制器”的知识;追求的是善良品德和正确观念的确立,而非某种技术和能力的提升。因此,高校思政课实践教学其实是一种以人的思想观念改造和培育为目的的教学。在意识形态灌输使命指引下,面对着活生生的人及其思想,高校思政课需要用社会的主流意识形态来影响和教育学生,使其主动参与教学过程并将所学理论应用于自身的实践,进而引发其内在思想道德结构的新旧矛盾冲突,实现从旧的道德元素到新的道德元素的认知、认同、内化直至践行,从而形成正确的世界观、人生观和价值观,成为有理想、有道德、有文化、有纪律的“四有新人”。由此可见,高校思政课实践教学与理论教学同样在教育主体上突出的是全员参与。

主体参与过程中以点代面的认识误区,不可否认与高校思政课实践教学“高成本”密切相关。从全国高校思政课开展情况来看,由于高校思政课是各个专业学生必修的一门公共课程,学生数量庞大,思政课教学普遍面临师资、课时、经费、安全、场所等多种因素的制约,实践教学成本极其高昂,由此带来了实践教学普遍开展不足的难题。但是,这并不能成为思政课实践教学蜕变为仅仅是高校思政课老师和少数精英学生参与的理由。高校思政课实践教学面临的实践困境,更多是由理论认识上的偏差和现实中实践教学方式缺乏规范性与可行性的限制造成的。它可以通过多元实施模式的构建、协同力量的推进等加以解决。而这就涉及了实施模式和推进方式两个误区的归正问题。

二、高校思政课实践教学的实施模式:多元模式而非一元逻辑

承接上文,高校思政课实践教学以点代面认识误区的出现其实与我们对“实践”的理解密切相关。很多人虽然对实践的“社会”属性表示认可,但以教学场所“在社会”作为是否属于实践教学的判定标准。具体而言,就是将高校思政课实践教学定位成一种与课堂理论教学相对应的教学环节,把教学场所严格限制在课堂之外,认为只有走出课堂的实践才属于实践教学。相应地,诸如参观考察、社会调研、志愿服务等属于实践教学,而上台讲课、课堂讨论等则不属于实践教学。①

以教学场所“在社会”作为判断实践教学的标准,归根结底是一元逻辑在作祟。这种一元逻辑将高校思政课实践教学内涵缩小为社会实践等空间组织的教学活动,并不符合这一概念本身的真实意蕴。因为高校思政课所要实践的内容并非一般专业课要求的专业操作或实践技能,需要到特定的环境、专业的场所进行

① 张森年. 提高高校思想政治理论课实效性的思考与探索[J]. 清华大学学报(哲学社会科学版),2006(S2):133-138.

实践。相反，高校思政课是典型的理论性课程，作为必要教学环节的实践教学属于思想的实践范畴，更为强调理论思维的培养和价值性的体验、认同与践行，需要受教育者接受环境的熏陶、情感的感染和行为的反复实践，从而促使受教育者将社会提倡的道德观念"内化于心、外化于行"，最后将其固化为个人内在道德品质。受到原有思想基础以及环境的盲目性与自发性等因素对教育内容促进或者抵制的双重作用的影响，受教育者的思想往往呈现出反复性的特征。故而，思想实践的一个显著特点就是强调其时间和空间的完整性和连续性，即需要做到无处不在、无时不有的全时空性。这也就是说，无论何时何地，任何一个坐在思政课堂或走出思政课堂的学生，只要他把思政课的理论运用到现实学习与生活实际，他实际上就进入了思想实践的场域，这种场域不一定是特定的、专业的。

因此，对实践更为合理的理解应该是以教学内容为判断依据，只要教学内容"在社会"就可以将其划归为实践教学的范畴。从这个意义上说，高校思政课实践教学可以突破课堂的时空限制，其实施模式应该是多样化的。一切学生可以广泛参与的、理论联系实际的教学形式都应当纳入高校思政课的实践教学。它既可以是课堂上偏重于学生理论思维和研究能力培养的思维性实践，包括重新解读书本知识的模拟法庭、情境表演、辩论赛、主题式分组讨论、观看影视资料等为主的课堂实践教学；也可以是课堂外偏重于技能和价值层面的操作性实践，包括以有奖征文评选、调研报告撰写、社团活动、校园义工等为主的校园实践教学，以及以有组织的实践教学基地考察和国情调研、利用节假日对社会问题的调查研究、人物访谈、"支教"等为主的社会实践教学。当然，在移动互联技术高速发展的今天，它也包括了用微信公众号、微信群、班级 QQ 群等方式对相关思政课问题进行交流探讨、虚拟实践、多媒介实践的网络实践教学。需要指出的是，高校思政课无论采取哪一种实践教学模式，都需要坚持教师主导安排和学生主体参与的有机统一，即教育者在进行设计、指导和评价工作，保证实践教学实效性的前提下，要注意充分调动受教育者参与上述实践教学模式的积极性、主动性、创造性，而不是让受教育者迫于压力被动参与其中。

三、高校思政课实践教学的推进方式：协同力量而非单打独斗

高校思政课实践教学以点代面认识误区的出现，还与很多人对其推进方式的认识有关。很多人认为高校思政课既然是一门课程，就应该由具体负责这门课程的教学机构马克思主义学院组织推进。具体到马克思主义学院内部，分别承担四门本科思想政治理论主干课程的老师则认为各门课程各具特色，即使组织实践教学，也应采取独自组织实施的方式。

高校马克思主义学院和高校各门思政课老师“单打独斗”的实践教学推进方式,与高校思政课实践教学秉承的价值原则相差甚远。第一,高校思政课“大思政”的工作思维要求在实践教学上综合校内外相关资源开展思想政治教育。这种资源的整合一方面意味着人员、部门的广泛参与。从高校马克思主义学院与校内外相关部门的关系来看,它们具有一致性——在实践教学目标上,校内外相关部门同马克思主义学院都具有立德树人的共同追求,都致力于实践主体和服务对象的共同获益;在实践教学资源占有上,校内外相关部门同马克思主义学院可谓旗鼓相当,甚至更具优势。另一方面意味着各种课程的广泛参与。就一般的思政课与专业课的关系而言,由于教学目标存在“知识”“能力与技能”和“情感、态度、价值观”的“三位一体”的独特结构,思政课与各门专业课在“情感、态度、价值观”这一层次的教学目标上具有一致性与互通性。例如,语言类课程所体现的对母语、进而对民族的认同感,体育类课程所蕴含的对生命的尊重,美学类课程所内含的对美的追求,理工类课程所渗透的科学家的严谨精神和追求真理的坚强意志,等等,都能够成为思想道德引导的多样化形式。正如习近平总书记指出的:“其他各门课都要守好一段渠、种好责任田,使各类课程与思想政治理论课同向同行,形成协同效应。”①换言之,高校思政课实践教学不仅仅应该由高校马克思主义学院一个部门来组织,而是应该校内外多部门协同;不仅仅应该由高校思政课独自承担,而是多种课程共同参与。第二,高校思政课理论上的整体性要求实践中的融合性。就思政课内部课程结构而言,高校思政课的四门主干课程是环环相扣、有机连接的关系。虽然它们相互独立、各有侧重——“原理”课强调理论性、“概论”课强调现实感、“纲要”课强调历史感、“基础”课注重实践性,在完成“立德树人”使命方面具有自身的特殊性功能所在,但是它们在内部分工基础上整体性建构着每一位学生正确的政治认同和科学的世界观、人生观和价值观,需要在实践教学中打破彼此之间的壁垒,相互支撑,最终形成教育合力。

所以,高校思政课实践教学要突出协同性,要集合优势力量、整合优势资源实现“一石三鸟”——一次实践活动安排,完成多项任务,收到多重效果。这种协同性体现在两个方面:一方面是高校马克思主义学院与校内外部门、人员的协同。它要求高校马克思主义学院立足于思政课实践教学的需要,从不同的角度寻找和设计与校内、校外部门联合的共同关切点。在此基础上,进行协调整合工作,包括在人力资源配备上,可以由哲学社会科学课教师、专业课教师、党政干部、辅导员、

---

① 习近平在全国高校思想政治工作会议上强调 把思想政治工作贯穿教育教学全过程 开创我国高等教育事业发展新局面[EB/OL]. 央视网,2016-12-08.

班主任和心理咨询人员以及学校团委、学工处、教务处、宣传部和财务处等部门成员兼职指导教师，从而形成高校思政课实践教学的大队伍；在资源开发和整合上，充分发挥高校思政课教学科研机构、教务处、财务处、学生处、团委等“五个部门”基础上的多个部门联动作用，以丰富高校思想政治理论课实践教学的场所，并提供相应保障。需要注意的是，马克思主义学院要在协同过程中要保持教学特色，突出课程的规范性、教学的严肃性、理论的指导性、体系的完整性等，避免陷入“喧宾夺主”“本末倒置”“各自为政”的窘境，围绕主旋律教育，合理整合分散于各处的实践教学资源。另一方面是四门思政课主干课程的协同。它要求高校马克思主义学院从整体性出发，注重顶层设计，依据“基础”“纲要”“原理”“概论”课程的理论体系和实践学时的差异，组织各教研室集体备课、集思广益，将各门课程的实践教学厘定出具有课程特色的实践教学模块，针对不同模块采取灵活多样的实践教学模式，进而做到真正的协同推进，实现资源的共享，避免实践教学的重复、交叉、缺项等弊端。

总之，在新时代高校思政课实践教学挑战与机遇并存的今天，我们一定要走出传统的认知误区，树立全员性、多元化、协同性思维，从而实现高校思政课的全覆盖、常态化、可持续，开创高校思政课实践教学的新局面。

大学生社会实践成果“回归”理论课堂

——高校思想政治理论课理论教学与实践教学良性循环的一种模式

华秀梅　罗本琦①

如何处理“理论教学”与“实践教学”的关系，进而实现两者之间的良性循环，是高校思想政治理论课教学模式改革不能回避的课题。在教学实践中，人们往往满足于在理论课堂上运用作为“实例”的二手材料来支持理论，抑或选择个别的理论问题带到社会实践中印证。我们认为，理论与实践的结合模式应当是多样的，思想政治理论课理论教学与实践教学的结合也是如此。关键是如何充分发挥思想政治理论课教学中“师”“生”双重主体的作用。基于这一认识，我们在广泛开展实践教学的基础上，有计划地将大学生社会实践成果回归理论课堂。

一、大学生社会实践成果回归思想政治理论课堂的价值

毛泽东曾指出：“实践、认识、再实践、再认识，这种形式，循环往复以至无穷，而实践和认识之每一循环的内容，都比较地进到了高一级的程度。”②这里所说的认识与实践的循环有着丰富的内容与内在的规定性。人们通常较多地关注对这一“循环”原理的把握或学理诠释，但如果仅仅停留在认识环节层面，则本身就是对原理的阉割。只有带着实践中的问题去思考，并在思考中尝试实践，才是对这一规律本质的把握。因此，当我们面对高校思想政治理论课教学改革中理论教学与实践教学的关系时，我们要考虑的重心应不再是认识论的原理本身，而是其应用价值。让大学生社会实践成果“回归”理论课堂，不仅自然地解决了实践教学与理论教学的脱节问题，也是理论与实践结合的有效形式。这里所指的大学生社会实践包括思想政治理论课教学框架内组织的社会实践、作为大学生社团活动的社会实践以及其他形式的社会实践。不论何种社会实践，其优秀成果都有回归理论课堂的价值。

---

① 华秀梅，女，山东临沂人，安庆师范学院马克思主义学院副教授。
罗本奇，男，安徽潜山人，安庆师范大学马克思主义学院院长、教授。

② 毛泽东选集：第1卷[M]. 北京：人民出版社，1991：296－297.

第一,大学生社会实践成果回归理论课堂有利于发挥大学生教学主观能动性。发挥学生的主观能动性是当前教学改革的重点,也是高校思想政治理论课教学改革中的核心问题。当我们把大学生的优秀社会实践成果引入理论课堂时,便同步构建了师生平等的地位和良好的互动平台,为大学生自主学习和自我发展创造了现实条件。同时为创新精神和实践能力突出的大学生提供了新的境遇性体验,满足了不同层次学生的发展需求,促进了学生主观能动性的发挥与个性发展的统一。

第二,大学生社会实践成果回归理论课堂有利于提高思想政治理论课的亲和力。"亲和力"是"有效性"的前提或基础。只有理论讲解透彻了,教育对象才能豁然开朗、茅塞顿开,才会亲近理论及其教育。大学生社会实践成果不仅来自现实的社会,而且是作为主体的学生的认识成果,兼具理论与实践的双重性质,在理论教学过程中,这种实践成果本身就自带"亲和力"。其成果回归理论课堂又提升了思想政治理论的解释力,使得理论知识的说理更加透彻。其次,通过摆事实、讲道理,从日常生活中的真实案例、典型事件揭示浅显易懂的哲理,而非空喊口号、唱高调,提升了课堂的说服力和亲和力。教育教学过程中教师与学生、教育内容、教育方法、教育情景等交互联动,更是对思想政治教育亲和力的立体呈现,思想政治教育主客体之间的信任力和凝聚力也同步得到提升。

第三,大学生社会社会实践成果回归理论课堂有利于培养大学生的综合能力。思想政治教育的根本目的是提高人们的思想道德素质,促进人的自由全面的发展。① 社会实践成果回归理论课堂,其过程设计以明确的课程教学任务为目标,为学生创设自主学习的机会和氛围,将学生的知识理解与能力提升贯穿教学实践全过程。实践中学生必须对未知事物主动探索和尝试方可完成各项任务,所以要促进学生对已有知识的整合,激发学生的创新潜能。团队式教学组织形式,提升了学生的组织管理能力和团队协作能力。回归分享环节学生还可以获得"教师"的角色,有效地激发了学生学习的积极性和主动性,增强为他人服务的自豪感和责任感。

第四,大学生社会实践成果回归理论课堂有利于增强思想政治教育有效性。思想政治教育有效性是思想政治教育客体满足主体需要的价值关系,包括要素的有效性、过程的有效性和结果的有效性,只有着力在思想政治教育的各要素和全过程中加强其科学性和有效性的整体设计才能使得大学生乐于接受主流意识形态,实现大学生思想政治教育的根本目的。社会实践成果回归理论课堂的整体设计关注了思想政治教育主体、客体、介体、环体各要素的整体激活和创新。课程结

---

① 陈万柏,张耀灿. 思想政治教育学原理[M]. 北京:高等教育出版社,2001:79.

合实践现实需求,遵循因材施教、分层引领、教学相长、朋辈引领等原则,着眼课程理论知识的体验和实际运用。在这一过程中,学习能力较强和学习效率较高的学生个体和实践团体扶植协助学习相对滞后的学生个体及团体,达到了朋辈引领的效果。同时,优秀的实践成果又提供了进行道德示范、充实教学内容、丰富教学形式和深化教学效果的应用价值。

二、大学生实践成果回归思想政治理论课堂的过程设计

大学生社会实践成果回归理论课堂的教学改革旨在实现上述价值,过程的设计与控制能否实现是其价值的关键。其中,社会实践方案的统筹规划、实践成果回归理论课堂的过程设计以及课程评价体系的设计是三个核心问题。

第一,在"大思政"框架内统筹规划大学生的社会实践。从现实情况看,大学生社会实践极具多样性,单从非专业类社会实践来看,实践的组织者从思想政治理论课教学部门、高校团委、学生工作部门到学生社团,类型多样、内容丰富,同时也存在主题分散、管理混乱、虎头蛇尾的弊端。究其原因与实践活动的组织政出多门有直接关系,如果从高等教育的科学性与高校思想政治教育的整体性考虑,统筹规划大学生的社会实践,则能从组织上保障大学生社会实践环节设计的科学性、合理性,有利于对大学生社会实践活动的科学管理与指导。因此,在"大思政"框架内统筹规划非专业实践类社会实践不仅是高等院校思想政治教育的发展需要,也是大学生社会实践成果"回归"思想政治理论课堂的重要环节,有利于与高校思想政治理论课形成逻辑上的联系,并可以有效保障大学生社会实践的思想性、方向性,进而为提炼优秀社会实践成果"回归"理论课堂奠定基础。

具体操作流程主要由四个环节组成。首先,成立思想政治理论课社会实践领导小组。按照"大思政"工作格局,在学校党委的领导下,协同学校有关部门成立社会实践领导小组,统筹规划、协调有关工作。其次,编制社会实践大纲。围绕思想政治理论课教学内容,结合时代主题和学生主体需求,以学期为单位,协同有关部门和教研室共同编制社会实践大纲和社会实践课题申报指南。再次,公开招募实践团队。成立评审委员会面向全校师生对申报课题进行评审,招募实践团队,并给予立项团队一定的经费支持。最后,成果的鉴定与应用。评审委员会按照标准对实践成果进行评审鉴定并遴选出可回归理论课堂的优秀案例。

第二,以"课程"为单位系统化设计社会实践成果回归理论课堂各环节。就高校社会实践的现状来看,一些社会实践为单向性实践路径,学生自主开展,教师参与较少,忽视了整体设计和过程观测,实践的目标性、实效性不强,且成果多为一般性的实践体验自述,层次和质量参差不齐,缺乏成果的科学鉴定、有效指导和完

善应用。为提升社会实践的科学性和有效性,我们以思想政治理论课为单位组成成果鉴定小组,以实践成果的遴选为基础,以优秀实践成果的课堂应用为核心,以课程为单位系统化设计了社会实践成果回归理论课堂的各个环节。

操作流程由三个环节组成。一是社会实践成果的展示汇报与成果鉴定。在社会实践的基础上,实践团队在导师指导下结合理论教学要点,进行实证分析与理论反思,完善实践成果并公开进行汇报展示。二是优秀实践成果的遴选。以课程为单位,按照社会实践成果等级鉴定标准,对实践成果进行等级鉴定和诊断指导,遴选优秀实践成果。三是优秀实践团队与实践成果回归理论课堂。在授课教师的指导下,社会实践团队进入自然班级展示分享实践成果,运用实践成果分析呈现现实问题,印证课堂理论教学内容。

第三,把科学评价贯穿于社会实践到理论课堂的"全过程"。教学评价是教学活动中的重要内容,有效的课堂评价,可以催生学习活力,改进学习方法,是课堂教学效率的有力保障。传统教学中的学习评价在学习过程之外,大学生社会实践成果回归理论课堂的教学评价则贯穿于学习活动全过程。教师的评价引导与学生间的自我评价是学习活动的核心部分。评价体系包括对应有知识信息掌握程度的评价、知识运用情况评价、综合技能评价等。我们要求教师与学生共同开发评价工具,制定评价标准,评价结果要同步运用到课程设计的改进、评价标准的完善以及制度的完善等方面。通过评价工具,复杂的事物得以分解,学生的学习获得定向指导,在很大程度上保证了学习的方向性与有效性。

评价活动在不同环节侧重点各异,项目申报阶段,重点对实践项目设计的知识性、合理性、可行性进行综合评价。社会实践实施阶段,重点考察团队的协作力、项目的执行力以及阶段性成果等。实践成果的综合评价,主要考察成果的科学性、知识性、真实性、创新性、价值性等。实践成果回归效果的评价,重点考察实践成果回归课堂效果的整体性与有效性,通过两个维度予以观测,一是授课教师对实践成果回归理论课堂的整体性评价,包括分享方式、团队协作情况、语言的准确度、过程的互动性等。二是对课堂分享实效性的评价,包括观点的正确度、说理的透彻度、形式的接受度等。

三、大学生社会实践成果回归理论课堂的主要经验

大学生社会实践成果回归理论课堂是一个复杂的过程,是整合教学资源、优化教学体系、最大化教学效果的一种有价值的综合性改革。我校在近两年的尝试中积累了一些经验,主要有如下方面。

一是坚持在校党委直接领导下,构建"大思政"协同育人体系。高校思想政治

理论课教学是具有意识形态性的工作，校党委直接领导既是责任所在，也是坚持正确的政治方向的保障，同时又是有效开展工作的保证。我校在十多年前成立的由校党委主要领导担任组长的思想政治理论课指导委员会制度的基础上，建立了由校党委宣传部、马克思主义学院、学生工作处、团委和各学院分党委组成的"大思政"工作体系。统一协调学校思想政治工作，协同队伍建设、实践教学基地建设、相关制度建设以及实践教学改革。形成了"1（思政课专任教师）+X（专家学者、培训师）+Y（辅导员）"型思想政治理论课实践教研团队，具有课程特色的实践教学模式和优秀社会实践成果案例库。建立了回归"反哺"展示交流平台、大数据信息收集分析平台、课程网络资源共享平台和学生互动平台，实现了思想政治理论课实践教学与大学生暑期社会实践有机融合的良好机制。

二是坚持以问题为导向，进行知识重组与深度构建。正确回应现实问题是高校思想政治理论课实践教学模式的前提和重要环节，学校立足学生现实生活体验，着眼于学生发展需求，把理论观点的阐述寓于社会实践中，以实践问题整合课程知识，准确划分教学问题的层次关系与逻辑关系，将具有典型性与代表性的问题逐一罗列并设计成对应的社会实践选题，构建了一个较为完整的思想政治教学问题体系和学科知识与生活现象、理论逻辑与生活逻辑有机结合的课程模块。同时，为满足学生发展的不同需要，学校还开设了具有拓展性和应用性的课程实践选修课，要求学习者参与其中，与教师进行积极的课程构建，开展积极的反思与对话，围绕课程设计的问题和预设实践成果，形成了多元性、综合化、开放性的课程实施文化和系列优秀的理论实践成果，丰富和拓展了教学内容，实现了思想政治理论课知识的重组与深度构建。

三是坚持用优秀实践成果引领课程与教育教学改革实践，着力提升教学成果的延续性和实效性。安庆师范大学坚持"以育人为本，关注现实问题"的教育原则，以课程实践引领思想政治理论课课程教学改革，自 2015 年开始在全校思想政治理论课程中全面实施实践教学，每年由校学生工作部、团委、马克思主义学院共同命题、设计，由各学院辅导员带队组织，将思政课第一课堂的所学知识运用到暑期社会实践中，在社会实践中遴选优秀实践成果，再将优秀实践成果循环运用到理论教学中，印证课程原理，解决教学中存在的实际问题，提升了思想政治理论课知识的有效性。通过对实践成果的论证完善，思想政治理论课提升了成果与课程教学的科学性、整体性和实用性。通过实践成果的公开、教学交流活动的公开、示范性教学的开展、教学研究等途径的不断推广与应用，思想政治理论课提升了课程的示范性与引领性。通过优秀实践成果的科学梳理与系统归档，思想政治理论课丰富了课程教育教学资源。

把生活化实践教学引入高校思政课堂

刘明合　闫良础①

实践教学是高校思想政治理论课教学的重节。中共中央宣传部、教育部《关于进一步加强和改进高等学校思想政治理论课的意见》指出:“高等学校思想政治理论课所有课程都要加强实践环节。要建立和完善实践教学保障机制,探索实践育人的长效机制。要通过形式多样的实践教学活动,提高学生思想政治素质和观察分析社会现象的能力,深化教育教学的效果。”目前,高校思想政治理论课实践教学在具体的实施过程当中存在着一些问题,如实践教学内容较为陈旧,方式单调;实践教学的实施缺乏有效的设计及监督考核,实践教学流于形式;理论教学与实践教学脱节等。如何提高实践教学的规范性和可操作性,构建一种更加行之有效也更加常态化的实践教学形式,是许多高校都在探索的一个重要问题。

列宁在《青年团的任务》中针对苏联青年团的共产主义道德教育曾深刻指出:“训练、培养和教育要是只限于学校以内,而与沸腾的实际生活脱离,那我们是不会信赖的。”②这给高校思政课教学改革指明了方向。高校思想政治理论课教学要提高实效性,就必须使思想政治理论课教学“贴近实际、贴近生活、贴近学生”,要通过思想政治理论课生活化教学改革,把生活的范式引入课堂,赋予深邃、抽象的思想政治理论以生活化的时代内涵,使学生真正成为思想政治理论课的活动者、参与者,并使学生在参与、体验教学活动过程中,领悟生活化的教育内容、教育方式所产生的理论实效性与现实合理性。

实践教学环节是实现生活化教学改革的重要途径。所谓生活化实践教学,是指将传统思政课程中的知识、内容转化为若干个生活化的实践教学项目,学生直接参与项目全过程,实现围绕项目组织教学,并最终回归学生生活的一种教学方

---

① 刘明合,泰山学院马克思主义学院院长、教授,法学博士。
闫良础,泰山学院马克思主义学院副院长、副教授,法学硕士。

② 列宁专题文集·论无产阶级政党[M]. 北京:人民出版社,2009:278.

法。这种实践教学活动是课堂理论教学的进一步延伸、拓展和补充，它以贴近大学生生活实际的项目为依托，以学生的全员参与为保障，目的是把理论与学生生活实践有机地结合起来，引导学生体验生活，建构价值，最终确立信仰，从而实现教学内容从抽象理论向生活叙事的转化，从知性教育向信仰教育的转化，提高思想政治理论课的教学效果。具体来说，通过生活化实践教学，可以实现下列几个目标。一是能够解决课程教学中理论与实践相脱节的问题。生活化实践教学项目要选择那些需要在实践活动中运用、体验、践行和深化理解的理论内容来设计实践教学，避免思想政治理论课实践教学的盲目性和随意性，避免教学内容和实践活动相互脱节的问题。二是能够建立以教师为主导、学生为主体的教学方式。在思想政治理论课生活化实践教学活动中，教师在生活化项目的选择、设计、实施、评价中起着主导作用，而学生是整个活动的主体及全程参与者，他们通过材料的收集、方案的选择、计划的制订、任务的实施、效果的检验，培养和锻炼了分析问题和解决问题的能力。能够推动课程考核方式的改革。生活化实践教学是思想政治理论课全面改革的重要组成部分，把实践教学成绩纳入课程考核，能够使考核更加注重对课程学习的过程性评价，不再简单以期末考试成绩来衡量学生的能力。

生活化实践教学包括实践教学项目的设计、实施、评价及总结等，其中首要的是设计好实践教学项目。总的来说，设计出来的项目一定要有可操作性。在选择和设计教学项目时，既要考虑到学生的实际，避免大量的人力、物力和经费的投入，还要从本校本地特有的教学资源出发来设计。另外，在设计过程中，还要注意坚持以下几个原则。

一是课程差异化原则。思政课四门主要课程有不同的教学任务，在设计教学项目时，一定要从课程所要达到的教学目标出发，设计适合本门课程的实践教学项目。如“思想道德修养与法律基础”主要培养学生的道德观、人生观、价值观、法制观，与学生的日常生活密切相关，我们可以设计一些让大学生亲身体验的项目，如以感恩教育为主题的“一封家书”、以道德素养提升为主题的“大学生道德素养调查”、以价值观法制观教育为主题的案例分析与讨论等。二是学生个性化原则。学生的专业背景不同、知识结构及兴趣点不一样，在项目设计时必须从学生的特点出发，尽可能地设计出体现本专业个性特点的项目。三是项目本土化原则。项目要体现学校特点，除考虑专业因素以外，还必须充分利用学校所在地特有的德育资源。如泰山学院利用学校万里图书馆的《万里与中国农村改革文献图片展》，通过让学生参观展览、阅读有关文献、撰写观后感，对学生进行农村改革进程教育。再如大陆山村新农村建设考察，也是根据距离泰山学院不远的“全国文明村”

“全国绿色小康村”“全国巾帼示范村”的大陡山村的新农村建设特有资源设计出来的。四是问题导向性原则。在设计教学项目时,一定要强化问题导向,以学生关心的热点、难点问题为中心,在提高学生认知能力上下功夫。五是实践契合性原则。我们设计和实施的实践教学项目是课堂理论教学的进一步延伸、拓展和补充,是与理论教学完全契合的。这要求我们在项目设计及实施过程中深刻把握教材体系,抓住理论重点和难点,从理论教学中把握实践教学的内容及方向。

实践教学项目设计好以后,就进入实施阶段。学生按照项目的要求完成任务,教师组织学生进行成果展示或开展讨论。教师根据学生的参与状况及完成质量,对每一位学生进行成绩评定。为确保生活化实践教学取得良好的成效,必须建立组织领导、协调配合、评价考核、激励约束、反馈控制等保障机制。要建立由学校分管领导任组长,思想政治理论课教学部门、宣传部、教务处、学工处等部门负责人为成员的思想政治理论课项目化实践教学工作领导小组,协调解决项目实施的有关问题。要把生活化实践教学纳入学校的整体德育工作,把实践教学项目的实施情况作为考核指标纳入各学院的德育工作考核指标体系。要把实践教学与学生的课程考核相结合。我们的做法是从每门课拿出 16 学时(各 1 学分)作为实践教学学时来安排,教师可根据所任教班级学生的实际,每门课选择 4 个项目组织教学。每个项目根据学生的完成情况给予成绩评定,最后把四个项目的成绩相加后取平均成绩,即为本门课程学生的实践教学成绩。与此同时,对课程考核方式也要进行改革,加大实践教学成绩在整个课程考核中的比重,使实践教学成绩占到本门课程考核成绩的 40%。要建立激励约束机制,调动起教师的积极性。为保证每门思想政治理论课实践教学项目的实施,要按照班级分组展示、讨论情况计算教师的工作量,最大限度地调动教师的积极性。当然,在计算教师工作量时,也要在对教师相关工作进行考核的基础上进行,不能一刀切。

最后,要建立反馈控制机制。在实践教学项目实施的过程中,只有通过对各个环节的控制和调节,即对实践教学过程中出现的偏差及时加以修正,才能确保实践教学顺利进行,才能确保实践教学目标的实现。这就需要教师及时了解和总结实践教学项目实施过程中存在的主要问题,全面把握学生对思想政治理论课生活化实践教学的意见和建议,为以后生活化实践教学的开展提供帮助。

02

经济建设理论与实践调研篇

整合与融合:新农村建设中的社区融合状况分析

——基于山东省部分农村社区的实证调查

指导教师:李增元①　刘宝杰②

团队成员:王晓晓　陈邦璐　王君娣　陈　鉴

龙玉琴　魏淑莲　孔文慧　孙　君

绪论

(一)研究缘由与意义

在新型城镇化与现代化的推动下,中国的新农村建设已成为现代社会发展的新常态,随着我国新农村建设的不断推进,新型农村社区的建设逐渐成为新农村建设的一个热点,并在社会生活中如火如荼地进行着。新型农村社区是农村社会的基础单位,是农民生产与生活的最新载体,是国家与社会的基层连接点,农村社区融合的成功与否,直接关系到新农村社区建设的成败,关系到居民的生活水平与农村的整体发展,关系到能否根本破除城乡二元结构,推动城乡一体化的发展。

就目前来看,部分农村社区在融合发展过程中还面临一些其他方面的问题,如经济上未统一规划使用土地,未进行集体产权改革;政治上政府、社区、村委会等权力分配不合理等。此外,新农村社区融合问题,涉及不同的参与主体,政府、社区、村居民、社会等多元主体,多重力量都对农村社区和谐发展负有一定的责任和义务。新农村社区融合问题是一个整体性问题,需要对之进行系统性研究。

---

① 指导教师简介:李增元(1982—),男,法学博士。现为曲阜师范大学马克思主义学部青年教授,博士研究生导师,山东新农村建设研究中心研究员。

② 刘宝杰(1983—),男,哲学博士。现为曲阜师范大学马克思主义学部副教授,硕士研究生导师。

（二）研究思路与方法

本文的研究思路，是在新农村建设的背景下探讨“村庄集聚型社区”这一新型社区设想的发展现状以及存在问题，结合所走访的山东各市农村的基本情况，分析山东省农村社区融合建设成效与面临的困难和挑战，从中找出典型社区再对其重要战略支撑进行比较。根据特殊性与普遍性相结合的概念分析山东省农村社区难以融合的深层次原因，最终为山东省各市的农村社区融合建设提出几点新对策和建议，以期对山东农村社区建设提供理论上的指导与帮助。

（三）研究调查及实施

1. 分析调查所涉及的方面

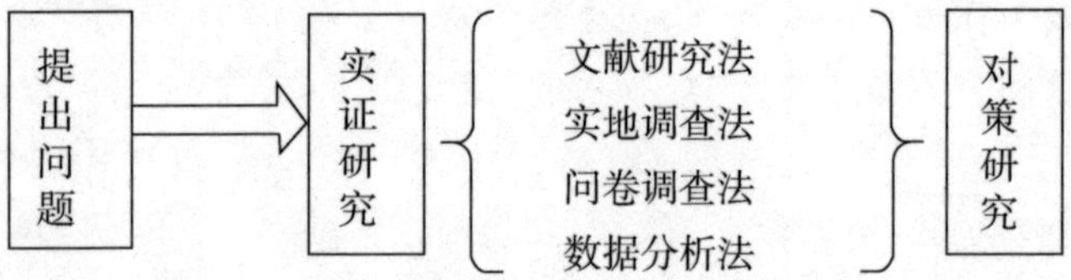

本调查研究所分析的是新农村建设中的“村庄集聚型社区”和“多村合并型社区”。

2. 问卷发放及回收情况。

问卷发放在山东省进行，共发放问卷800份。其中有效问卷为607份，由于主客观因素，无法保证问卷的发放数与回收相等，但根据发放与回收情况，本次问卷调查已经取得了较为满意的效果。

一、政策变迁及发展趋势

农村社区建设是新时期、新阶段我国农村的一项重大的社会建设工程，从2002年至今，新农村社区建设经历了由“新农村”到“农村社区”，由个别试点到全面覆盖，由摸着石头过河到反躬自省的多个阶段，各项政策的制定实施，都关系到整个农村社区建设与融合的方方面面。回顾整个历程是了解新农村社区融合的重要前提。

（一）2002—2006：“新农村建设”到“新农村社区建设”

受长期形成的城乡二元体制影响，我国城乡发展不平衡，农村仍然比较落后。从总体来说，农村面貌并没有发生根本性改变，环境仍然脏、乱、差，城乡差距表现得更明显、更突出。为此中央“一号文件”专门提出了要在科学规划的指导下进行新农村建设。由此逐渐拉开了由新农村建设到新农村社区建设的帷幕。

(二)2007—2009:“部分新农村社区建设试点”到“全面覆盖新农村社区建设”

2007年,中共十七大报告明确指出要进行农村社区试点并强调把城乡社区建设成为管理有序、服务完善、文明祥和的社会生活共同体。2009年在《关于大力推进新型城镇化意见》文件中,党中央办公室、国务院办公室明确指出要实现农村社区全覆盖,农村基础设施城镇化、生活服务社区化、生活方式市民化这一目标。

(三)2009—2014:“新农村单一建设提升”到“农村社区的全面建设”

2009年10月31日山东省委办公厅、省政府办公厅颁布了《关于大力推进新型城镇化意见》,文件指出要科学建设城镇体系,推进农村新型社区建设。以新型农村社区建设为抓手,积极稳妥推进迁村并点,促进土地节约、资源共享,提高农村的基础设施和公共服务水平。实现农村社区全覆盖,农村基础设施城镇化、生活服务社区化、生活方式市民化。这是新农村由单一建设到全面建设的起点。

(四)2015—至今:“完善政策体系与机制,全面促进社会主义新农村社区建设与融合”

从2015年至今,完善政策体系与机制,全面促进社会主义新农村社区建设与融合已然成为现代新农村建设的一种趋势与潮流,我国的新农村社区将建设得越来越好,并且我国新农村社区建设与融合发展一直在路上,成功就在不远处。

二、农村社区建设进程中的社区融合状况

融合与分化是改革开放以来农村社区与社会发展变化的基本特征。随着改革开放及农村社会经济的发展,农村的经济结构、社会关系、利益格局发生重大变化,农村社会变得开放,社区日益分化和多元化。新农村社区建设在政治、经济、文化、心理、服务、管理等各方面的融合程度,是考察社区建设效力的重要维度。

(一)社区融合之基础——政治

新型农村社区是在原有行政村合并的基础上建立起来的,这种新型农村社区在聚居形式、功能上既异于传统的村庄,又不同于小城镇,因此在政治融合上依然存在众多问题。

1. 协同治理同弦不共振

山东省《关于深入推进农村社区建设的实施意见》要求建立多村一社区体制,依法撤销合并社区内原行政村(含中心村、非中心村)村民委员会,设立社区村民委员会。然而调查结果显示有92.75%的村庄进行多村合并建立社区后,仍然保留原村级组织,其中有95.61%的村庄,依然保留了原来的村委会;有84.36%的村庄保留了原有的村党支部。调研中发现,村改居后部分村民仍然认为“有事还得

回村委""有事还得找村组织"。这就说明在新农村建设过程中,村委会仍然存在,并且在不断地起着作用。

毋庸置疑,"村改居"的建设是一个渐进过程,这也意味着"村改居"后的新型农村社区不可能一下子就顺利接轨原村级组织的相关职能,中间也需要一个过渡性的职能"脱手"和"补位"的衔接过程。

2. 村社关系指导亦领导

新型农村社区在过渡中,需要并行且交互地发挥"新建社区党组织"和"原村级党组织"两者的职能作用。一方面仍然延续原村级党组织的特定职能,特别是在新建社区党组织尚未完全接手其行政管理职能的时候,原村级党组织还要积极发挥其一定的领导核心作用,以维护新建社区在过渡期的持续稳定。

双轨运行下的农村新社区场子已铺开,班子已搭起,牌子已挂起,但社区运行不畅问题仍然存在。问卷调查结果显示,有39.87%的村民认为社区事务由当地政府说了算,53.38%的人认为应该由社区(村)党支部书记决断,36.9%的人认为由村主任决断。这说明这个阶段村社关系仍然处在模糊阶段。

3. 村社干部素质有参差

现"村支"两委的组成人员均为农民,他们多数人传统的农本观念和小农意识还比较浓厚,文化程度偏低,对农民的传统管理方式和工作方法远不能适应社区管理的需要;且社区干部素质总体不高,影响着其对新农村建设政策内涵的领悟、本土化和创新,制约着农村政治、经济的快速发展。具体表现在年龄结构老化、文化水平不高。思想观念落后,民主法制意识淡薄。在工作中不能很好地依法、按照国家政策办事。服务意识淡薄,工作没有创造力,积极性不高。一些干部常感叹"政治上没奔头,经济上没盼头"。从经济收入角度来讲,社区干部的收入水平偏低,而且机会成本高。其工作收入还不如外出打工或专职从事农业的收入高。同时社区中事务繁忙,占用了社区干部大量时间,影响其个人的家庭收入,因此社区干部的工作积极性严重受挫。"以前村干部哪有什么上班的概念,有事办事,没事关门,自己也得挣钱养家,不可能整天围着村里的事转",大涝坡村村委委员卢某说,"社区建立后,事还是那些事,但干法不一样了"。

4. 村民政治参与度较低

通过对多个社区的问卷调查分析,不难发现,农村社区居民参与的现状,基本处于"你不找我、我不找你、没事不往来、有事不一定指得上"的状态。调查结果显示村民大多偶尔向社区反映各种意见建议,和自己相关的问题去反映的占24.55%,从未提过意见建议的占达23.39%。由此可见,社区居民对社区事务不是太关心,对社区存在、社区建设及社区政治参与比较漠视,居民与社区政治组织之间的联络少之又少，交流就更微乎其微了。

(二)社区融合之关键——经济

通过对农村社区建设进程中社区融合情况的研究分析，发现社区正在进行全方位、多方面的工作，但涉及经济融合的内容，目前各社区建设经验较少，仍处在摸索探究阶段，实际存在较多难题和发展空间。

1. 集体经济在社区内的发展状况

多村合并的新型农村社区，其集体经济组织的成立是建立在原有村庄已有组织基础之上的，新型农村社区的建设要求各地村集体组织必须有稳定、充足的集体性经济来源，从而保障对社区建设与管理方面的开支。从团队所搜集的调查结果来看，仅有较少社区成立集体经济组织并取得一定成功经验。其中较为典型的是临沂市河东区成立的“河东区供销合作社联合社”和德州市的“两区同建”模式。前者引导日用品、农贸、农产品等龙头企业介入，与农业、电子商务等结合创新，推进一、二、三产业融合发展，从而壮大了社区集体经济。后者为实现农村社区居民在社区门口就业，倡导新型农村社区和农村产业园区同步规划、同步建设，以实现企业用工与社区居民就业双赢，促进农村社区居民生活方式和生产方式同步转变。

2. 社区集体经济发展的内在矛盾

(1)资产所有权转移与原村民基本生活保障的矛盾

村改居后，资产所有权转移到居委会，土地等集体资产用于土地流转、社区建设、对外租赁或是集体经济建设，农民失去赖以生存的土地和生活来源，一时无法适应搬上楼房的生活，难以改变多达数年的生活习惯，有相当一部分居民处于失业状态。

(2)原村民渴望分到集体资产与社区发展壮大集体经济的矛盾

社区建立后，社区居委会将集体土地、厂房、设备、资金等集体资产整合起来经营，以资本的形式投放市场，从而达到保值增值、积累发展的目的。但另一方面，集体资产缺少人格化主体，村民对其拥有的资产并不明确，对集体资产的占有呈现虚化状态。理论上农村集体资产产权社区人员“人人都有”，实践上却是“人人没有”。农村集体资产一般由村委会代行管理，村集体经营性资产为村级公共基础设施建设、公益建设、自治实践提供了相应的经济基础，除此之外，广大农民很难感受到村集体经济的存在。因此，原有村民的收益无法得到保障，分割财产对他们来说就是最大的要求。

(3)社区合作经济组织出现产权不明晰、成员边界固化的矛盾

在实践中农村基层组织是社区合作经济组织和村委会、党组织三位一体，三

套组织一套人马,干部交叉任职,因此在处理具体事务中往往职能不清,权责不明。村集体名义上享有村集体财产,但是现实中却非实体化占有,没有实行量化,很难说清楚自己究竟对集体资产拥有多少比例,更无权处理自己所拥有的那部分集体资产。而另一方面,集体经济效益的受益者往往是社区成员,社区成员身份的界定又是以户籍制度为限制的,所以社区的经济结构是封闭的。

3. 社区对经济发展的整体规划

从现实情况看,社区已经意识到经济整合发展的重要性,对经济的远景做出了初步工作和规划。调查问卷统计结果显示,较多社区已经做出统一规划和预算,出台了相关政策并成立了专门组织机构,这说明社区经济的发展潜力巨大。从社区协调发展社区经济的工作统计来看,70%以上的社区居民认同集体规划发展经济,形成规模化流转的模式。这表明,大多居民认可社区经济融合的发展方向。

新农村社区建设是推动农村经济和社会全面发展的重大战略举措,是建设社会主义新农村的重要内容。社区应该以经济融合为契机,把握好新农村社区建设的黄金时期,改革不适宜社区发展的阻碍因素,完善社区的管理与服务。

(三)社区融合之桥梁——文化

农村社区文化建设是新农村建设的有机组成部分,农村社区文化对凝聚力量、满足广大农民群众多层次多方面精神文化需求、推进新农村建设具有重要作用。同时,农村是我国文化建设最薄弱的地方,解决农村社区文化融合过程中出现的问题成为新农村文化建设的关键。农村社区文化融合的过程中,取得了许多令人欣喜的成果,但是也暴露出许多亟待解决的难题。在设施、活动、参与者三个方面存在不足之处。

1. 娱乐设施利用需充分

伴随着国家资金的不断投入与政策的扶持,农村社区的文化融合不断进步,文化娱乐设施作为文化传播的载体,发挥了巨大的作用。

通过对山东省部分农村社区的调查,可以看出92.75%的社区设置了文化娱乐设施,仅有7.25%的社区没有设置文化娱乐设施或者缺少活动场所。这表明社区对文化建设在硬件方面有所作为,文化设施的建设对居民的生活有帮助,有利于居民之间的交流,能够更直接地减少居民之间的文化差异,促进文化融合。但社区公共文化设施的监管令人担忧,实地调研过程中发现许多社区的文化活动室在开放时间内大门紧锁,居民根本无法进入,居民空守着场所、设施,却无法利用,这样的情况也使得参与文化活动的热情降低,居民交流机会减少,不利于文化的融合。

2. 社区文化活动质量需提升

文化活动作为促进社区文化融合的重要方式,活动的频率、种类与经费都很重要。然而在当前农村社区组织的文化活动中,这些方面都存在或多或少的问题。

社区文化活动举办的次数较少,使得居民参与文化活动的机会较少,居民缺乏足够的沟通时间,不利于文化的碰撞与交流,阻碍了社区文化的融合。

调查资料显示,社区文化活动类型以文艺表演类为主,占70%以上,兴趣参与类与知识讲座、技能培训类所占比重相对较少。

农村社区面临的另一个问题是文化经费投入不足,相对于国家对城市的文化投入而言,对农村文化事业的经费投入严重不足。文化设施是党在农村的路线、方针、政策的物质载体,载体缺失就导致文化事业不能正常进行,这对农村社区文化生活造成了极大的影响,不利于农村社区文化的融合。

3. 社区居民主体意识需增强

社区居民是农村社区文化融合的主要力量。居民不仅是文化融合的受益者,也是文化融合的参与者。但是现在农村社区的居民自身存在一些问题,阻碍了文化融合,尤其表现在部分居民文化素养需提高;年轻人外出打工居多,参与较少,与社区其他人群无法融入;居民缺乏社区归属感,交往圈小等方面。

当前在农村社区居住的居民,老年人居多,年轻人大多外出打工不在社区居住,但是社区仍然有部分年轻人,这部分人很容易被遗漏,组织的活动很难顾及他们,使得社区不同年龄段之间的居民交流存在隔阂,不利于社区文化的融合。

通过对山东省部分农村社区的调查,我们可以发现,活动人员中,中心村居民所占比例高达70.1%,社区非中心村居民的比例仅有40.67%,外来人口15.55%。这表明,居民对社区组织的活动积极性不高,更愿意生活在原有的生活圈,只有打破原有的心理芥蒂,才会实现整个社区的文化融合。

(四)社区融合之核心——心理

心理融合是群众是否真正融进社区的关键因素,是群众对自我身份的认同,对现有职业的认同以及对现住房、社区的满意度。解决好心理融合方面存在的问题,才能深入推进社区融合。

1. 身份认同危机

长期以来的村庄治理模式和生活状态在群众心里已经根深蒂固,生活环境与居住形式的突然变化使群众对社区认同度低,从而出现群众自身身份认同的危机。费孝通将中国农村极具乡土气息的生活环境称为“熟人社会”,在这个“终老是乡”的“熟人”社会里,成员之间经过长期的接触、交往,在互相打交道的过程中彼此之间熟悉的程度甚至达到了能够通过“足声、声气、气味”准确地进行分辨的程度。开展社区融合后，群众居住形式由平房改为楼房，分散而居改为集中居住，相应情况下“熟人社会”被打破，变为“半熟人社会”“无主体熟人社会”。群众很难在短时间内融入并适应。而打破村界后，群众的交流方式趋向多样化，加入了媒介交流，如电话交流、微信、QQ 交流等。用微信交流与心理没有融合不存在逻辑联系。

2. 职业认同危机

农村经济发展模式一直是停留在田间地头的经济模式，以农业、渔业为主要产业，进入现代，有些发展成为规模型、现代化的农业模式，但依然依附于土地。改革开放后，随着第二、三产业的发展，如建筑业、服务业的兴起，就业机会增加，年轻力壮的中青年不再满足于“靠天吃饭”，于是大部分农民在非农忙时选择外出务工，在临近的大城市打短工。当进行社区融合后，农民脱离了土地，要进行职业的转换时，一部分人可以很快融入这种身份，从“兼职农民”变为“专职工人”。而中国小农经济由来已久，一部分人难以接受这样的职业变化，即使政府每月会给出相应补贴，这部分人仍然会出现对自身职业的认同危机，一时间难以在心理上接受现在的职业，无法在心理上真正融合。

（五）社区融合之保障——服务

新社区建设后，团队成员通过走访，了解到社区居民对新社区建设的满意程度。其中“满意”占 75.4%，但是社区服务组织在运行的各个阶段仍然暴露出许多问题。

1. 服务对象局限化

由于我国农村社区服务建设还处在探索阶段，农村社区服务设施及服务组织建设与农民群众的精神文化需求还不完全适应。团队在走访山东新型农村时，发现无论农村服务组织建设还是政治性组织和文体娱乐组织，新农村社区都拥有较大的比重，而幼儿园和老年活动室数量则较少，无法满足社区中少儿和老人们的真正需求。如果要充分满足全体居民的生活需求，还需要健全针对不同年龄段居民的服务组织。

2. 社区服务宣传名不副实

新型社区建立后，每个社区都具备社区服务中心，而社区服务中心一般建成四层筒子楼，楼内设有多种多样的活动室和会议室，如安全教育中心、社区流动科技馆、青少年活动室、普法办等，但是据调查了解，这些服务活动室在一般情况下是不对外开放的，只有在上级检查时才对外开放，无法真正做到“为民所用”。由此可见，在社区内部服务没有真正地落在实处。

(六)社区融合之手段——管理

1. 管理失序致百姓难发声

“知屋漏者在檐下,知政失者在草野”,民众的意见对于社区管理的完善改进是最具有决定性意义的,居民反映意见的渠道的畅通,落实意见的坚实保障对克服社区管理失序具有重要意义。根据问卷数据,居民向有关机构组织反映问题的情况是:经常向社区管理机构反映自己意见的居民仅占了不到九成,四成多的人只是偶尔反映,与自己相关才反映的人占到 24.55%,而从未有过的竟也高达23.99%。这充分证明了“百姓发声难”这一典型问题,这一问题得不到合理有效的解决,社区的管理失序就会存在,渠道不畅通,无法及时反馈意见建议,就无法形成社区管理的良性循环,从而阻碍整个社区的发展进步。

2. 管理主体缺位

管理主体缺位也是造成管理失序的重要原因之一。管理机构建立了,管理主体却缺位,也会相应地造成一定范围内的管理失序。例如,关于社区是否建立红白理事会的问题,问卷结果如下:并不是所有的社区都建立了红白理事会,有很大一部分还是只有原来村里的机构,甚至还有 13.34% 的居民反映根本没有红白理事会。这便是十分明显的管理主体的缺位现象,其主要原因还在于政府管理的“缺位”。

三、农村社区难以融合的深层次原因

新农村社区建设虽然进行得如火如荼,但往往由于社区建设政府主导,农民、社区参与不足,存在“外生强内生弱”的困境;社区发展惠民不足,在促进就业、提高收入方面的效果有限,面临“重建设轻发展”的困局;社区管理定位不清,面临“有机构无机制”的难题;社区公共服务欠缺,面临“重短期轻长远”的问题……各种因素交织影响,新农村社区建设面临的各项问题仍需反思。

(一)新体制的建立与居民身份转变脱节

适应健全社会主义市场经济体制新要求,不断深化农村集体产权制度改革,探索农村集体所有制有效实现形式,盘活农村集体资产,构建集体经济治理体系,形成既体现集体优越性又调动个人积极性的农村集体经济运行新机制,对坚持中国特色社会主义道路,完善农村基本经营制度,增强集体经济发展活力,引领农民逐步实现共同富裕具有深远历史意义。然而一些地方出现了集体经营性资产归属不明、经营收益不清、分配不公开、成员的集体收益分配权缺乏保障等突出问题,这严重地损害了农民合法权益,不利于农民财产性收入的增加,无法让广大农民分享改革发展成果。对于在农村社区生活的居民来说更是不利,特别是在土地流转问题上，农村社区居民大多选择将土地流转，失去经营权的他们十分被动，这对居民的生活影响极大。在社区融合的过程中，这类问题的出现会导致居民对社区的认可度、参与度降低。

（二）服务能力下降与重视程度较低

首先从政府下达的政策来看，虽然国家几乎每年都对“三农”问题出台了相关的政策，而新农村社区融合作为“三农”问题也被纳入其中，但是就解决社区融合服务方面的文件却并不多，所以执行者执行的依据也就没有多少，导致服务方面的欠缺。其次，我们可以从居民这一阶层来考虑。居民这个身份本就是从村民转化过来的，对于他们而言，他们更倾向的还是村里提供的服务，而且一时半会儿也很难转变过来去适应新社区提供的服务，也就导致了居民对社区提供的服务的不重视，有时候甚至是排斥，这样农村社区就难以融合。

为了节约土地，提高土地的生产效率，提高人民的生活水平，全国有许多农村通过融合的方式将大小村庄聚集在一起，形成一个大的社区。表面上，各个村庄已经融合在一起成为社区，但是这只是形式上的，社区里的居民似乎对此社区没有多大的感情，他们也都是一直依赖于原来的村庄。就新农村社区融合而言，其目标不仅仅是形式上的融合，而是要更深层次的心理上的融合。但是调查表明，这种只在形式上建设的社区在各个地方都是非常普遍的，形式上融合，心理不融合是农村社区难以融合的一个十分重要的因素。

（三）“古老的乡土情结”难以割舍

乡土文化指的是与一个人的出生地相关的历史地理、乡土风情、传说故事、古建遗存、名人传记、村规民约、家族族谱、传统技艺、古树名木等相关方面的一种物质或者非物质的表现形式。的确，中国是一个具有浓厚乡土文化底蕴的国家，而我们的广大农村就是滋生培育乡土文化的根源和基因。山东作为中国的文化大省，在强烈的乡土文化的影响下，很多人怀有浓厚的“乡土情结”，这在文化传承方面看来是十分乐观的，但过度的“乡土情结”，失序的乡土文化，都可能造成人们精神上的无根感和漂泊感，使人难以获得人格上的安定自足，继而在新农村社区的建设进程中，影响到社区的真正融合，也就是居民们没有从心理上真正认同农村社区。

有关社区居民更愿意与哪些人住在一起的问题的调查结果显示：调查中的绝大多数居民都乐意与原村的人共同居住，还有很多人觉得有一些熟人是比较好的，选择外村人和陌生人的更是少之又少。显而易见，原村的人不仅仅是熟人，更是人们眷恋以前的“乡土”的一种表现，也是“乡土文化”的一种体现。这种“乡土情结”也是阻碍社区融合的一种因素。

(四)未形成公共文化与价值认同

当前,我国农村正处于加快推进社会主义新农村、全面建成小康社会的重要时期,我国的农村社区文化有了长足发展,但是还是相对滞后,同农村经济社会发展和农民群众日益增长的精神文化需求还不完全适应,尤其是在社区层面没有形成公共文化与价值认同,致使居民在社区的文化融合中存在困难。

1. 社区没有形成公共文化

据调查统计,目前大多数农村社区没有自身的特色文化与社区主流价值观,社区居民没有共同的文化信仰,缺少社区凝聚力。没有公共文化的维系,居民就没有共同的愿望与力量参与到社区的建设和发展中来,大多是围着自己转,不愿与他人过多交流。

2. 居民在社区层面没有形成价值认同

居民对社区没有形成价值认同。据调查结果显示,只有62.77%的居民认同社区,其余人则一般有事找原来的村委。其一,因为居民自身意识的错误,社区是服务组织,并不是行政单位,更不是多村的集合,然而有60.46%的居民认为社区类似于一个大村。其二,在多村融合组成的社区中,中心村相对占有优势,部分非中心村的居民不认同社区的服务管理。据统计,29.98%人更愿意接受村里提供的服务。居民自身就不认同的组织,就更不会用心融入进去。

四、促进农村社区融合的重要战略支撑

新型农村社区建设是统筹城乡发展的结合点、推进城乡一体化的切入点、促进农村发展的增长点,而构建新农村社区融合的战略支撑具有"筹划和指导全局性、高层次规划"的关键作用。从集体产权改革到精准扶贫,从"三共"理念到以人为本的基本要求,从传统手段促融合到创新"互联网+"共创融合新常态,我们要抓住一个支点,撬动整个新农村社区融合的发展。

(一)同心变革:集体产权改革

近些年来,中国农村集体资产总量不断增加,已成为农村发展和农民共同富裕的重要物质基础。在工业化、城镇化进程中,由于社会的快速流动,对外开放与农村本身封闭性的相互矛盾,农村集体资产产权归属不清晰、权责不明确、保护不严格等问题日益突出,侵蚀了农村集体所有制的基础,影响了农村社会的稳定。因此,在新农村社区建设过程中,国家意在进行农村集体产权改革。党的十八届三中全会也明确提出,要保障农民集体经济组织成员权利,积极发展农民股份合作,赋予农民对集体资产股份占有、收益、有偿退出及抵押、担保、继承的权利。对于土地等资源性资产,重点是抓紧抓实土地承包经营权确权登记颁证工作,稳定

农村土地承包关系,在充分尊重承包农户意愿的前提下,探索发展土地股份合作等多种形式。对于经营性资产,重点是明晰集体产权归属,将资产折股量化到集体经济组织成员,探索发展农民股份合作。应充分发挥集体的作用,本着“全心全意为人民服务”的根本宗旨,步步落实和加强集体产权改革,由此才能实现利国利民的双赢。

(二)同心党建:资源共享、制度共建、党员共管

作为社区融合的重要战略支撑,“三共”理念是一个较为卓越先进的设想,概括总结为资源共享、制度共建和党员共管,属于“同心党建”服务品牌的核心战略。资源共享是社区融合的基础。众所周知,在一个新型的“村庄集聚社区”中,中心村的地位较为突出,而邻村的自身发展会使得中心村不再独树一帜,从另一方面看这为资源共享的实现提供了可能,利于实现各村共同发展。

制度共建是社区融合政治建设的条件之一,“无规矩不成方圆”这样的俗语同样适用于现代社区构建。多数村落聚集成一个社区,需要改变原有村庄中的制度政策,共同商议建立符合整个社区利益的新制度,为社区更好地融合提供制度上的支持与帮助。

党员共管的理念是“三共”战略的重点。在我们所调研的淄博市周村区王村镇彭东社区中,我们发现该社区“同心党建”服务品牌的建立将党员的管理与责任放在极其重要的位置,强调在不打破原先村支部划分的前提下,建立“强村 + 弱村”“总支 +3 个支部网格”的网格党建模式,由一名机关干部兼任总支书记、原村书记担任网格支部书记,加强对社区党建的组织领导。

由此我们可以看出,资源共享、制度共建、党员共管这三者相辅相成,相互渗透,是支撑新农村建设的重要战略支撑,使社区融合在未来的发展道路上更加顺畅。

(三)同心为民:以居民需求为本

什么是社区?社区是一个自治组织,也就是说,在行政上相对独立,有权处理自己的事物。但是长期以来,社区自治的功能并没有得到发挥。社区像政府设置在基层的行政组织,上级和社区往往是领导与被领导的关系,所以社区自治的主动性和积极性没有充分体现。总之,社区融合的重要战略支撑是以居民的需求为本。

当下社区组织的活动,许多没有从居民的需求出发,应当以便民利民为自己的价值追求。固有的体制会影响社区自主权的发挥,社区有一定的任务,所以,随着社区治理的综合化,大量社工专业的人才应该被引入社区治理的队伍当中。只有社区治理真正从居民的实际出发,才能成为为百姓办实事的组织。

五、促进农村社区融合的新视角与新路径

新型农村社区最核心的目标是实现农民的城镇化，让农民幸福指数更高、生活更有尊严。把握新农村社区建设与融合中的新视角，以农村传统文化为原载体，吐故纳新；依托"一体两翼"，社区内外结合，教学相长；利用"线上"与"线下"双轨并行，深化社区治理……由此不断探索新视角、新路径，建设真正让农民满意的社会主义新社区。

（一）新视角：中国优秀传统文化与"一体两翼"

1. 新视角——依托中国优秀传统文化

中国优秀传统文化集中体现着中国的民族性特色和最本初的文化基因，这种文化的烙印深深注入了每一个中国人的灵魂。求"和"是中国人不变的追求。当前，不少地区已经意识到了传统文化的重要性，如不少社区开展"道德讲堂"，让模范典型讲述自己孝老爱亲的真实故事，以"身边人讲身边事、身边人讲自己事、身边人教身边人"的形式感召群众等活动。另外，要提高社区凝聚力，传统文化是重要的凭借和抓手，弘扬传统文化要密切联系居民的日常生活，如春节写春联、端午节包粽子等，使得邻里之间的日常生活的交集增多，从而增强居民的认同感和归属感。

2. 新视角："一体两翼"

社区融合作为一种理念，在实际执行贯彻中可以体现为两种状态，一种是发生在社区内部成员之间的，一种则是社区与整个外部环境要素的协调发展。二者最终落脚于社区这一实体，为我们提供了一种新的视角看待社区融合，简称"一体两翼"。

（1）一体："社区"

将社区看作承载着社区成员内部状态和外部环境变化的一个载体，则称为"一体"。社区作为一个群众基础机构，在社区融合中最难克服的问题是心理认同方面的问题，居民在不同程度上依然存在对原有身份、原有村庄的认同，将社区作为一体提出，在意识层面渲染、浸透，有利于居民更好地认同自己社区居民身份，推进社区融合进程。

（2）两翼："内"+"外"

"外"：社区融合最基本、最初步的一种状态就是对社区外部建设的呈现，这是社区融合较为基础的一种状态，因此将其作为社区融合的重要一翼。社区的整个外部设施与环境的展现是社区形成的初步条件，也是居民融入社区的物质条件，是不可或缺的一翼。

“内”:在社区融合中尤为重要的一种关系是社区内部个体成员间的关系,这是社区融合成功的重要一翼。社区内部成员间的和谐状态是促进社区融合的最为重要的一翼。

(二)新路径:多维驱动社区融合

1. 在保障权利中促进经济融合

在新农村社区建设进程中,实现“政经剥离”是必然趋势,其中,农村集体经济产权股份化改革则是关键一步。股份化改革是将村集体财产以股权的形式明晰到户、量化到人,由共同共有变为按份共有,给予持股人权益,让农民当股东。这样一来,不仅壮大了社区的经济,同时有利于增加社区成员的收入和效益,夯实社区融合的经济基础。

2. 在破除区域性封闭党建中促进政治融合:建立覆盖全社区的党组织

在新农村建设过程中,针对社区层面政治组织不健全这一现象,如何合理对待村级组织以及社区组织的关系成为重点需要关注的问题。众所周知,村委会或村党支部这类村级组织对整个村的建设有着举足轻重的地位,然而当社区建立后,其在融合过程中所体现出的却为反向作用。从社区融合建设角度出发,能做的并非以社区服务中心取缔原来的村级组织,而是打破区域,建立社区党组织,使社区形成首要领导型组织。所建立的社区党组织要为党员和群众提供的是一种主动式的服务,了解服务对象的个性化需求,以此来区别村级组织。同时创新基层党组织设置,设立网状型管理社区,实现社区组织的多样性及基层党组织管理的全方位覆盖。

3. 在构建共同价值观中促进社区认同:发展现代社区公共文化

首先,加强农村社区的文化设施建设。立足于当下,放眼于未来,综合考虑科技知识的普及、文化活动的开展等内容,使文化设施建设朝着实现农村现代化的方向进行,努力将文化设施建设为农村文化事业发展的窗口。同时,要充分发挥农民群众的作用。农民群众是文化设施建设的主体,是农村社区文化融合的最主要力量,文化设施建设要充分激发农民群众的积极性、主动性、创造性,提高他们的责任感和使命感。

其次,健全农村社区的文化服务体系。建立科学合理、全面具体的文化服务指标体系,要积极引导和鼓励社会力量的参与,提升农村社区文化服务供给的能力和质量,努力形成良性竞争、多元互补的文化服务供给体系,实现农村文化服务供给主体的多元性、供给方式的多样性。要完善农民群众文化需求的表达渠道。以此促进居民之间的交流,为农村社区的文化融合打下坚实的基础。

最后,要充分发挥文化活动的作用。在农村社区文化融合中,现有的文化活动无法满足居民的需求,社区要丰富文化活动形式,充分利用现有的文化设施,开展一系列居民喜闻乐见的文化活动,使文化活动达到加强居民交流,打破居民之间的隔阂,促进社区融合的效果。

4. 在消除陌生感当中增加信任:倾听心理诉求与满足精神需求并进

社区服务对象具有差异性,不同年龄层人群心理特点不同,决定着不同年龄层人群价值诉求不同。要考虑不同年龄层的实际需求,通过公共文化建设,满足居民在精神方面的需求,克服居民存在的身份认同危机,推动心理融合,更好地推进社区融合。

(1)开展多种公共文化活动,满足各方心理诉求

针对不同群体的精神需求,提出能够满足不同群体心理诉求的活动方案,力争在推进公共文化活动建设中,满足各种不同群体的心理诉求。

对于青少年而言,考虑到其学生的身份,可以提出"校社联动"的活动方案,即利用假期时间,学校发布学生返回社区进行社会实践,担任志愿者并总结心得感受的任务;对于中年人而言,他们既担负着家庭方面的重任,又肩负着社会发展的重任,急需精神慰藉;对于老年人群体,出于对现阶段空巢老人多,老年人生活孤独等特点的考量,提出"社区返聘"的活动方案,让老年人融入社区工作中;对于失能群体,提出"温暖到家"的活动方案,不定期举办送温暖的活动,组织社区青年人、老年人对失能人群进行关怀。

(2)满足不同精神需求,消除陌生感、增强信任感

在开展多种公共文化活动过程中,通过满足不同群体的精神需求,打破心理认同危机,消除居民间的陌生感,达到提高居民之间信任度的目的。

对于青少年,抓住该群体的学生身份,通过学校让青少年与社区重新建立起良好的沟通途径,让青少年参与到社区的公共文化建设中去,增强对社区的熟悉度。出于对中年人繁重任务的考量,可以通过精神慰藉使中年群体感受到社区的体贴与关怀,满足中年群体对精神食粮的需求,通过网络平台提升居民间的熟悉度,消除陌生感,增强中年人对社区的认同感、信任感;对于老年人,要使老年人在社区工作中提高对社区的熟悉度,使其消除陌生感,融入社区。

5. 在构建社区化治理模式中促进管理融合:政府网格化管理与社区自治管理相衔接

(1)普及网格化管理,创新社区管理机制

社区网格化管理是一种革命和创新,它将社区的管理辖区划分为单元网格,在每个网格设置负责人,加强对每个单元格内部的巡查。要创新社区管理机制,建立科学的分工协作机制,高效的工作运行机制以及透明的监督考核机制。进一

步实现“全面覆盖,分级管理,网格到底”的管理目标。

(2)准确定位,弥补缺位

社区作为基层的自治组织,必须进行良好有效的自我管理,目前“社区行政化”的问题比较严重,要求社区进行准确定位。

(3)社区管理职能清单化

社区职能清单的制定要处理好“三对关系”:一是社区居委会与街道办事处的关系,二是政府职能部门与社区的关系,三是社区居委会与社会组织的关系。社区管理职能清单化将全面提升社区功能,使之成为新农村社区管理的一个重要层次。

6. 在重构社区空间中增强融合:推进集中居住与地理隔阂消除

在路径上扎实推进新农村集中居住是推动新农村社区实现融合的重要一环,也是必不可少的一环。俗话说“远亲不如近邻”,正是因为村民集中居住在一起了,有事大家可以一起分担,才更能推进彼此之间的交流与协作,促进社区的融合。再者,推进新农村社区集中居住为我国将“农村社区”建设成“城市社区”奠定了良好的基础。

(1)加强对国家政策实施的监督,实现社区建设公开

为了避免国家政策在落实的过程中不法分子为了从中获利而阻挠从而导致社区未能实现居住,从而影响新农村社区的融合建设,各村村民以及各地区领导应当加以重视,加强监督,为了自己的新家献出一份力。

(2)加强对村民的思想工作和政策的宣传力度

社会需要发展,村民的想法也应当与时俱进,再者建设新农村社区集中居住是为了改善村民的居住环境,所以加强对村民的思想工作是刻不容缓的,还有就是要加强推进新农村社区集中居住的宣传力度,让百姓们真正地了解国家的目的,感受政策的优惠从而愿意集中居住。

(3)多快好省地推进社区的建设

不断提高社区建设的效率,减少社区建设的时间,让社区居民能够及时入住,切实推进新农村社区实现集中居住,实现新农村社区融合。

结语:漫漫融合路

社区治理是社会治理的细胞,农村社区的融合是城镇化的基础。在新农村建设的背景下,农村治理社区化必须破除差序格局、封闭党建,克服认同危机、服务能力不足等难题。目前,社区融合的关键——经济融合,面临着重重矛盾。社区定位尚不明确,服务能力不足,管理水平较为低下,最终导致村民对社区的认同度

不高,阻碍了农村社区融合的步伐。根据融合现状,我们从中国优秀传统文化中汲取社区融合的精神营养,提出注意观察社区外部环境与社区内部各因素相协调的一体两翼视角。最终我们通过多维度剖析,分别从经济、政治、文化、心理、服务、管理、空间、交流方式这些方面,提出八条路径。农村社区融合既要求村民打破原有的农村界限,以开放的心态接受新的社区管理,克服认同危机;同时又要求新社区提高服务和统筹规划能力,提高居民生活水平与质量,改善社区存在的不良秩序,从而促进农村社区的大融合,进而为缩小城乡差距、全面建成小康社会助力。

从整体上看,农村社区融合是一个循序渐进的过程,不能一蹴而就。其核心是一个打破固有的界限,重新组合的过程。这就要求社区建设有一个统筹规划的角色,协调各部分同心协力,相互配合。农村治理的社区化,从长远来看,符合社会发展潮流,也是城镇化的必由之路。党和中央也十分重视,山东省政府在2017年1月的《山东省意见》中提出,到2020年之前,建成一批管理有序、服务完善、文明祥和、特色鲜明的农村示范社区。农村社区建设为打破长期以来存在的城乡二元制度壁垒提出了具体要求,同时也涉及社会关系的调整。

目前,山东省已经涌现出许多典型,比如月亮湾社区,其雪亮工程开全国先例,作为山东省最大的社区之一,它的成功为许多待建的或初建的社区提供了成功借鉴。各地应当充分发挥主观能动性,结合各自特点,创新管理方式,让村民享受到现代社会物质和精神文明成果,促进农村现代化发展。相信在中央政策的支持下,农村社区融合将稳步进行,成为农村城镇化道路的重要根基。

参考文献

[1]袁方成. 当前农村社区建设的地方模式及发展经验[J]. 青海社会科学,2015(2).

[2]张梅. 我国农村社区合作经济组织改革与发展问题研究[D]. 哈尔滨:东北农业大学,2002.

[3]李增元. 分离与融合:转变社会中的农民流动与社区融合[D]. 武汉:华中师范大学,2013.

[4]张克泽. 融合进程中的社区治理研究 ——基于武川新村社区的实证调查[D]. 南充:西华师范大学,2016.

山东省日照市发展农产品网络营销的策略探析

指导教师　刘宝杰①

团队成员　王昱骄　张海莲　张　茜　王晨晨　岳晓洁

绪论

（一）研究背景

山东省日照市是一个农业占据重要地位的城市，从事农业的人口众多，而销售作为农产品产业链的重要环节，在农业发展中占据着举足轻重的地位。而现如今，当地传统的农产品营销方式，已经不能很好地适应农产品销售的需要，因此探寻一种新的销售渠道是非常有必要的。在“互联网+”时代下，各行业只有积极做好准备迎接“互联网+”时代的机遇和挑战，实现自身发展与“互联网+”的高度融合，才能在激烈的竞争中掌握主动权。所谓“互联网+”，就是指利用信息网络来实现互联网和传统各行各业的深度融合，提升实体经济创新力和生产力，形成更广泛的以互联网为基础设施和创新要素的经济社会发展新形态。

日照市要想推动当地农业的发展，拓宽当地农产品的销售渠道，提升当地农产品的知名度，必须实现当地农业的发展，尤其是农产品的销售与“互联网+”的深度融合。

（二）研究目的

通过系统地探析在“互联网+”的时代背景下，山东省日照市发展农产品网络营销的必要性、可行性，面临的阻力以及解决的措施，来明确其发展农产品网络营销的方向，为其发展农产品“互联网+”网络营销提供对策和建议。探讨出一种适合日照市农产品网络营销的运营模式，更好地引导当地农产品网络营销的健康发展。

---

① 指导教师简介：刘宝杰（1983—），男，哲学博士。现为曲阜师范大学马克思主义学部副教授，硕士研究生导师。

(三)研究意义

理论意义:研究日照市“互联网+”时代下农产品营销策略,运用到了市场营销学、管理学、物流学等方面的知识,我们通过对日照市农产品互联网营销现状进行剖析,找出了阻碍日照市农产品网络营销的主要因素,在此基础上分析其成因并提出应对策略,不仅能够为日照市农产品网络营销提供理论依据,并且可以进一步丰富和拓展相关理论知识。

实践意义:随着互联网普及率的不断提高,农产品销售者的销售观念、消费者的消费观念和方式也发生了相应的改变,因此,制定符合当地实际的科学合理的“互联网+”营销策略对增加农产品销售量,树立农产品特色品牌,增加农民收入有重要意义。

一、“互联网+”农产品网络营销概述

(一)“互联网+”农产品网络营销的科学内涵

“互联网+”农产品网络营销是指互联网与农产品营销相结合,这种结合并不是简单的两者相加,而是利用信息通信技术以及互联网平台,让互联网与传统的农产品营销深度融合,创造新的发展生态。总的来说就是全面导入电子商务系统,利用信息技术,对需求、价格等信息进行发布与收集,以网络为媒介,依托农产品生产基地与物流配送系统,为地方农产品提升品牌形象、改善顾客体验、开拓网络营销渠道并最终扩大销售,形成以互联网为基础设施和实现工具的一种新的营销发展趋势。

(二)推行“互联网+”农产品网络营销所需的主要条件

第一,“互联网+”农产品网络营销是建立在互联网基础上的,因此推行“互联网+”农产品网络营销的地区必须确保互联网要全线覆盖且当地居民能便捷地上网。第二,“互联网+”农产品网络营销的开展需要一定的专业技术做支撑,因此推行“互联网+”农产品网络营销的地区需要有技术和经验的人才来引领、保障和推动。第三,“互联网+”农产品网络营销需要完善的配送服务体系做后盾,因此开展“互联网+”农产品网络营销的地区必须有发达的交通运输体系和完善的物流配送体系。第四,“互联网+”农产品网络营销能否取得显著的成果还与营销产品本身的质量、知名度等有密不可分的关系。因此,想开展“互联网+”农产品网络营销的地区还必须确保农产品的品质,提升农产品的知名度,这样才能为农产品打开销路奠定基础。

（三）"互联网＋"农产品网络营销的优势

1. 打破传统的时空界限，扩大农产品流通半径

农产品的信息资源能够通过互联网公共平台，随时随地地传送到每一个网民的手中，相关研究成果表明，互联网技术的提升使地球村的设想变成了现实，农产品的销售者和消费者可以通过互联网营销，跨越时间和空间的限制，即使相隔千里也可以进行贸易往来。

2. 使农产品信息更加透明化，减少由于没有销售渠道而带来的浪费

消费者和销售者可以在任意时间地点通过网络进行互动、沟通，克服了传统营销模式只能单向交流的缺点。网络营销过程最大限度地透明化，使消费者和销售者形成一对一的供求关系。一对一的私密谈话模式能使销售者与消费者保持良好的贸易关系，加之销售者在与顾客沟通过程中对谈话内容进行分析，可以掌握顾客的消费心理，进而了解市场需求的走向。

（四）推进"互联网＋"农产品网络营销过程中应注意的问题

1."互联网＋"农产品营销是线上线下相结合的销售

"互联网＋"农产品营销不仅仅是简单的网上营销，还包括一系列线上线下的营销活动。消费者具有购买意愿后，通过线上浏览农产品的相关信息如生长数据、品质保证等，增加对农产品的信任度。消费者既可线上下单，又可去线下实体门店购买，从而将线上线下的营销充分结合。

2."互联网＋"农产品营销是一种新兴的营销策略

"互联网＋"农产品营销并不与传统的营销模式相对立，而是在原来的基础上增加线上营销。随着网络购物和在线支付的兴起，农产品便可以以网络为媒介，依托农产品生产基地与物流配送系统，开展网络销售来扩大销售渠道。

3."互联网＋"农产品营销是产业链的一部分

农产品从原料、加工、生产到销售等各个环节相互关联、相互影响，"互联网＋"农产品营销使整个产业链得以更好地发展，既拓宽了原来的销售渠道，也成为农产品产业链的一部分。利用互联网的无时空性、高效性、交互性、整合性等特点来拓展农产品的营销市场空间，是解决农产品的"卖难"问题，提高农民收入的有效途径。

二、日照市发展农产品网络营销的必要性分析

日照市是位于山东省东南部黄海之滨的一个地级市，属于鲁东丘陵，背山面海。目前，日照市已形成了一批特色乡镇和产业基地，如三庄镇等地的苹果，巨峰镇等地的茶叶，小店镇等地的绿芦笋，峤山镇等地的大姜，松柏镇等地的樱桃，陈

疃镇的蓝莓,库山乡的中药材等。其中,“日照绿茶”“陈疃蓝莓”“莒县绿芦笋”“莒县丹参”“五莲小米”“五莲板栗”等已经成为知名农业品牌,全市特色种植业总面积150余万亩,特色种植业产值占农业产值的比重超过70%。

通过上述材料我们可以得知,日照市农产品丰富,且具有一定的特色,按理说农产品应该得以很好的销售,但是,由于目前日照市农产品销售存在流通环节过多,流通半径过小,销售渠道单一,仍以直接销售方式为主;农产品营销市场的信息传递很大程度上仍依赖传统的沟通方式,缺乏网络等交互性强、覆盖范围大的工具,产品宣传信息不到位等问题,“买难”“卖难”的现象同时存在。在这种情况下,农产品销售者和消费者的利益都受到了不同程度的损害。

由此可见,在当地尝试新的销售渠道,推行农产品网络营销策略是非常有必要的。

三、日照市发展农产品网络营销的可行性分析

在上一部分中,我们论述了在日照市推行农产品网络营销的必要性,那么接下来我们就把“互联网+”的时代背景,结合通过实地走访所掌握的当地的实际情况,来分析一下在当地发展农产品网络营销是否可行。

(一)网购用户的不断增加

截至2016年6月,我国网民规模达到7.10亿,半年共计新增网民2132万人,半年增长率为3.1%,较2015年下半年增长率有所提升。互联网普及率为51.7%,较2015年底提升1.3个百分点,如图1所示。

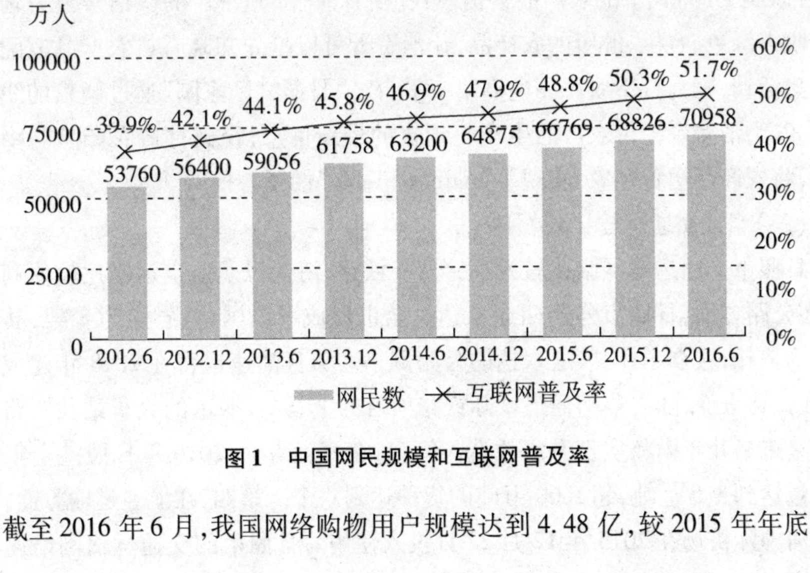

图1 中国网民规模和互联网普及率

截至2016年6月,我国网络购物用户规模达到4.48亿,较2015年年底增加

3448 万,增长率为 8.3%,我国网络购物市场依然保持快速、稳健的增长趋势。其中,我国手机网络购物用户规模达到 4.01 亿,增长率为 18.0%,手机网络购物的使用比例由 54.8%提升至 61.0%。

互联网的迅速发展为农产品网络营销提供了一个良好的平台,迅速增加的网民成了“互联网 +”时代下农产品销售的潜在消费者,这给日照市的农产品网络营销带来契机。在当前“互联网 +”时代下,互联网与农产品营销结合显得十分必要,通过网络营销可以更全面、准确地把握农产品市场需求信息,开拓更广阔的市场空间。

(二)日照市政府的政策支持

目前,日照市积极推进“互联网 +”时代下的农产品品牌建设,众多企业经营者和创业者们借助信息技术在网站、微信、QQ 等互联网平台上大力宣传特色农产品,抢占“互联网 +”的经济红利,积极拓展各地市场,以提升农产品的品牌效应。

莒县作为阿里巴巴农村淘宝项目 2.0 模式在山东的首批试点县,从“破题”到“奔涌”,以供应链管理为重点的农产品电子商务逐渐取得良好业绩。莒县阿里巴巴农村淘宝项目在县级设立村淘服务中心和特色馆,村级设立村淘服务站点,实现“优质网货下乡”和“特色农产品进城”的双向流通。目前,全县已有近 50 家生产加工、零售企业开展了电商应用,累计实现交易额达 2.6 亿元,打造电子商务一体化产业链,计划到 2017 年底前,莒县发展阿里巴巴农村淘宝村级服务站 220 个,莒县的“橙色旋风”逐渐吹遍城乡。

不仅莒县的“橙色旋风”带来了农产品销售的最新发展,日照各地都在积极发展“互联网 +”时代下的农产品营销模式。“日照社区家园”的微信号致力于让消费者吃上绿色、有机、健康的农产品,让消费者可以抢先知晓有机农产品宅配的最新优惠活动,努力打造农产品电商第一平台。“日照社区家园”通过微信的线上交流方式,为消费者提供农产品生产与销售的最新信息,积极打造农产品购物第一平台,将农产品送货到家,实现了“Farm to Table”的销售模式。

(三)当地交通运输比较发达

日照市交通运输网络比较发达,公路、铁路、海运以及航空运输比较便利。第一,在公路方面,日照市公路四通八达。全市形成了以国道、省道为骨架,县乡村公路为依托,城乡一体,四通八达的公路网络。潍日高速也将在 2018 年建成。第二,在铁路方面,随着鲁南通道城际铁路项目的上马,日照市的火车站及铁路运输系统在未来几年内将实现升级改造。第三,在海运方面,2016 年日照港全年货物吞吐量达到 3.5 亿吨,超 1000 万吨的货种达到六个。第四,在航空运输方面,日照山字河国际机场在 2015 年 12 月 22 日投入使用。日照市的交通运输网络逐渐完善,为农产品的物流配送带来极大的便利。

网民数量激增特别是乐忠于网购的消费者日益增多,为日照市推行农产品网络营销提供了顾客基础。而当地政府的政策支持无疑为当地推行农产品网络营销提供了巨大的推动力。当地比较便利的交通运输条件又为发展农产品网络营销提供了必备的物流保障。综上所述,我们可以说日照市推行农产品网络营销是可行的。

四、日照市发展农产品网络营销所面临的主要不足

(一)配送服务体系不健全

当地物流配送的自动化程度与农产品网络营销发展较早的地区相比还比较低,而且物流配送人员大都没有经过正规的培训,缺乏专业知识,造成产品配送的综合服务水平不高,在配送过程中可能会对农产品造成一定的损伤,影响农产品的美观和顾客的满意度。

(二)相关部门管理不到位

农产品品牌建设涉及各个方面,各部门的协调配合力度会影响农产品的销售情况。目前,日照市各部门还未有效形成整体合力,不利于"互联网+"时代下农产品营销渠道的拓宽。一方面,有关部门服务不到位,重收费管理、轻服务指导的现象仍然存在。如年审、纳税申报等烦琐的程序阻碍了农民专业合作社的发展,相应的制度也没有及时跟进、完善、修订,现有的相关制度落实不到位,有些还未进一步优化。另一方面,执法监管没有形成合力,产品质量监管、经营秩序规范等方面有待完善,农产品质量问题存在隐忧,经营环节中唯利是图、品牌杂乱等现象时有发生,严重影响当地优势农产品的整体形象。此外,随着网络化和信息化程度的不断提高,犯罪分子利用互联网侵犯消费者合法权益的事件已经屡见不鲜,网络安全问题更加突出,社会信用风险不断增加,使得消费者不断对网络支付产生质疑,这也给当地政府推行农产品网络营销带来了很大的挑战,当地政府必须进一步加强网络监管,为当地发展农产品网络营销提供一个安全的网络环境。

(三)当地居民尚不具备成为网络营销主体的条件

第一,农民由于各种因素造成自身文化素质偏低,起初往往难以接受新的营销方式;第二,生产规模较小的现状不利于农民掌握市场信息,同时在承担风险方面也不具有优势,日照市农业生产比较分散,单个农户的农业生产规模化程度较低,组织化程度还不够,小生产大市场的矛盾突出;第三,开展网络营销要求营销主体掌握基础的计算机网络技术,能够在网络上收集和发布信息甚至要求能够进行网页设计和维护。这些都成为限制日照市农民成长为农产品网络营销主体的因素。

(四)农产品的推广力度不强

尽管当地农产品在山东省内有一定的知名度,但是在省外的知名度并不高。虽然当地也做一定的宣传和推广,但力度不足,并没有达到把当地农产品推向全国甚至推向世界的效果。

五、日照市发展农产品网络营销主要不足之处的弥补措施

(一)进一步完善当地的配送服务体系

加强日照市的交通体系建设,建立交通枢纽、生产基地、中心地区和大型商品集散地,构建全市骨干流通网络,建设一批辐射带动能力强的商贸中心、专业市场以及区域性配送中心。促进企业内部物流社会化,加强城际配送、城市配送、农村配送的有效衔接,推广公路免费通行系统,规范货物装卸场站建设和作业标准。

支持建设和改造一批具有公益性质的农产品批发市场、农贸市场、社区菜店、农副产品平价商店以及重要商品储备设施、大型物流配送中心、农产品冷链物流设施等,发挥公益性流通设施在满足消费需求、保障市场稳定、提高应急能力中的重要作用。将信息化建设作为发展现代流通产业的战略任务,加强规划和引导,推动营销网、物流网、信息网的有机融合。鼓励流通领域信息技术的研发和集成创新,加快推广物联网、互联网、云计算、全球定位系统、移动通信、地理信息系统等技术在流通领域的应用。

政府要加强对市场的监管,充分利用社会检测资源,建立涉及人身健康与安全的商品检验制度。加大流通领域商品质量监督检查力度,改进监管手段和检验检测技术条件,细化部门职责分工,堵塞监管漏洞。推进流通领域公共信息服务平台建设,提升各类信息资源的共享和利用效率,支持流通企业利用先进信息技术提高仓储、采购、运输、订单等环节的科学管理水平。

(二)提升各部门管理水平

加强监管力度,克服重收费管理、轻服务指导的懒政行为。从便民利民的角度出发,简化办事流程,为发展农产品网络营销开辟一条绿色通道。

各部门联合打造、合力监管,加强产品质量监管和经营秩序规范。确保农产品的品质,维护农产品网络营销的正常秩序,为发展农产品营销打造一个有利的现实环境和网络环境,特别是一个安全的网络交易和支付环境,这样才能让消费者放心消费,才能让农户放心出售。

(三)培养专业技术人才,打造农产品网络营销主体

1. 加快培育新型职业农民

加快培育新型职业农民,进一步将区域内的经营主体组织起来,积极推动智

慧农民云平台建设,研发基于智能终端的在线课堂、互动课堂和新型的需要认证考试的农民培训教育平台,实现新型职业农民培训的移动化、智能化。进一步加强新型农民教育培训体系建设,创设基于“互联网+”的新型职业农民培训虚拟网络教学环境,大力培育生产经营型、职业技能型、社会服务型的新型职业农民。

2. 注重培养专业技术人才

加强农产品网络销售人才队伍建设,包括信息工程人才、营销人才以及专业的物流配送人才等。定期组织农产品企业、合作社社员等农产品销售服务人员和生产经营主体,开展形式多样、生动活泼、图文并茂的知识培训,引导物流企业与日照市高职院校合作办学,培养一支既懂电子商务又懂农业的农产品电子商务专业化人才队伍。

3. 加强农民经纪人队伍建设

在广大农村活跃着一支农民经纪人队伍,他们专门提供农产品供求信息,组织农产品进入市场。相对于个体的农民而言,农民经纪人一般文化素质较高、经济实力较强、农产品经营规模较大,对信息的需求更为迫切,并且他们一般居住在交通相对便利的集镇。我们也可以培养这一批农民经纪人成为农产品网络营销的主体,由政府出资补贴,为农产品的网络营销打开销路。

(四)加强当地农产品的宣传推广力度

1. 发挥第三产业的协同带动作用

充分利用日照市近些年旅游业快速发展的优势带动农业旅游业的发展,开发线上线下资源。在向往来游客积极推广日照市优质农产品的同时,以“互联网+”的发展理念,有效打造农产品电商化,大力推销本市的时令瓜果蔬菜、特色农产品、特色手工艺品,充分构建产品源头、创意包装、概念营销的线上推广虚拟平台。在平台上介绍日照市农产品的相关信息,吸引游客到基地来参观,不仅可以增加本地农民收益,而且可以把这种网络模式推广到其他地区,加快农产品电子商务发展。

积极引导企业开展电子商务,利用企业自媒体和已有的公共平台将农产品进行线上推广及销售,在展示企业农产品的详细信息的同时拓展日照市农产品的销售面。做好线上线下工作,寻找合适的服务人员以及讲解人员,让往来游客充分了解农产品的安全性以及“互联网+”农产品营销模式,提高游客的线上购买率,将日照市的优质农产品推向外省。

2. 着力打造当地农产品特色品牌

(1)农产品包装方面

结合当下的绿色消费理念,在关注原生态形象的基础上,增加情感化的因素,针对收入不同、需求不同的消费群体提供不同的包装和服务,并可以对网上所展示的农产品设定标签，消费者可根据不同的标签来选择自己所需要的产品。

（2）农产品分销方面

要利用好不同的网络平台，如微信、QQ、信息网站等，针对不同的平台设定不同的宣传配图和相关的文字介绍，实现分销平台的多元化。

（3）农产品促销方面

开展多样化的促销活动，例如网上打折促销直接让利于消费者，让消费者非常直接地感受到实惠。再就是赠品促销，选择一个得当的赠品会对产品销售起到积极的促进作用，一方面这种促销方式可以增加消费者对本产品的购买欲望；另一方面赠送给顾客一种其他产品，可以为这种产品打开销路。还可采取网上联合促销、网上抽奖促销等方式，如嘉善锦绣黄桃、嘉兴新塍逸麟火龙果都在运用这些促销方式，效果非常好。

（4）网络品牌推广与服务方面

日照市可根据自身情况选择有站点和无站点两种网络平台推广方式。一方面，有站点的网络品牌推广是在农产品营销主体具备一定的规模和实力后建立起自己的宣传型网站或者研发出自己独立的APP。它包括两种方式：第一，打造基于移动互联网的APP营销模式。这种营销模式可以让农产品营销者的产品绕过营销平台而直接通达客户。鼓励用户通过微信、微博等方式将其农产品消费体验分享到朋友圈中，增强农产品网络营销信息的传播效力。第二，融合APP与非移动网络平台的广告媒体。在电视媒体上投放广告的同时展示可连接到移动互联网的二维码地址信息，消费者在看到电视广告并产生购买欲望时，可通过扫描二维码及时切入移动互联网络交易界面，以促使农产品在网络销售平台上得以销售。消费者可以在产生消费疑惑时与客服人员及时沟通交流，以有效消除消费困惑，提升交易成功率。另一方面，在营销主体自身实力还不够强大、经营规模还不很大的情况下，农产品网络营销相应地可以采用无站点营销策略，选择在农业专业网站（如农产品加工网、农产品市场信息网以及一些政府农业管理部门的官方网站）上发布供求信息。这样既达到了发布信息的目的，又能够节约成本。

六、日照市农产品网络营销模式探析

（一）农产品网络营销模式综述

1. 农产品精准营销模式

精准营销模式是一种与网络营销模式紧密相连，借助互联网各种平台将农产品推向市场，准确获取目标消费者的需求信息，通过大数据分析及互联网终端对消费者的消费进行推荐和引导的模式。

目标客户锁定难是提升日照市农产品网络营销水平的首要障碍。而精准营销模式考虑到不同的消费群体对农产品的品质、价格等的不同需求,所以它能够通过网络平台甚至是自媒体精确地对目标消费者进行宣传。消费者只要登录农产品营销平台,就可以查看各种农产品的具体规格、价格以及农产品的生长情况等详细信息,根据自己的消费意愿自主进行选择。这种模式在更大程度上关注目标客户群的情感需求,因此精准营销模式可以进一步扩大消费群体和日照市农产品网络营销的规模。

2. 农产品绿色营销模式

绿色营销模式(The Green Marketing),具体来说是农产品的生产经营者在既实现自身的既定目标又满足消费者的需要而开展的一系列经营活动的过程中,注重自然生态平衡,减少环境污染,保护和节约自然资源,维护人类社会长远利益和长久发展的一种模式。在"互联网+"环境下,这种模式有利于促进消费者的观念转变,大数据时代的数据收集和分析为农产品进行绿色生产、涉农企业进行绿色营销、政府和科研机构提供政策保障和技术支持奠定了实践基础。

农产品绿色营销模式是贯穿农产品生产、加工、销售整个过程的,根本目的是为消费者提供安全可靠的食品。绿色即有机,但目前我国有机农产品的认证制度还不完善,种植有机农产品难以形成规模,并且由于病虫害、环境等因素,难免在管理过程中使用化肥、农药等,导致市场上所谓有机农产品的质量和真实性难以保证。

3. "F2T"农产品电子商务模式

(1)"F2T"农场直供电子交易平台模式

"F2T"即 Farm to Table 的农场直供电子交易模式,这是一种新型的农产品销售模式,适用于各类农产品交易,并且能够实现从农场种植生产到加工销售全流程的管理与实时监控。这种模式的一大特点在于可以为消费者提供农产品溯源服务,通过网络预订,农庄、农场、农户"原产地直供"的方式,实现绿色农产品可溯源,为顾客提供从"生产地(农场)到餐桌"的全程保障。

(2)"F2T"的特点

第一,"F2T"平台的溯源系统根据"一园一码"标准,为农产品建立个体身份标识,准确记录该产品的生产全过程信息,通过短信、电话、网上查询、二维码、条形码等查询方式,为消费者提供透明的产品信息。第二,"做良心农产品,让消费者放心"是农场直供电子交易平台模式的宗旨,其顺应时代的发展,运用互联网思维和电商技术手段,通过网络预订、农场直供、社区配送等途径实现"从田间到舌尖",把更多绿色优质农产品推向城市社区家庭,让城市人真正吃得放心,吃出健康。

4. 382 农产品网络营销模式

382 模式是充分依托文字、图片、视频三大载体，运用电子邮件、信息服务网站、搜索引擎、社交网站、即时通信工具、博客(含微博)、论坛社区、网络广告八大工具进行网络推广，在淘宝和拍拍两大平台销售产品的网络营销模式。

(二)日照市农产品网络营销模式初探

日照市各区县的农业发展情况参差不齐，在生产规模化程度、农作物种类分布、农产品加工的标准化程度等方面存在较大差异，故在应用上述营销模式时，还需根据实际情况酌情运用。当处于农业生产经营尚不成规模、水平偏低等情况时，就可以运用较简单易行的营销模式，如“382 农产品网络营销模式”；若该区县农业发展处于较高的水平则可考虑运用更为先进的模式，如精准营销模式、The Green Marketing 模式及“F2T”农产品电子商务模式等。

长期以来，日照市的农产品在销售方面以在价格和时空上带有劣势的传统方式为主，20 世纪 90 年代及之后网络营销的出现和普及在一定程度上弥补了传统营销的不足。现在“互联网 + ”农产品营销将成为一种新的趋势，这种销售模式不仅可以解决农产品的多余附加价值和时空上商品信息不流通的问题，更会增加日照市农民的收入和促进农业整体的发展。

只是当前日照市的农产品网络营销还处于初期阶段，在发展过程中还面临一定的挑战，需要我们通过提升农产品品质、建立配套的物流仓储系统、发挥第三产业的协同带动作用等一系列配套措施来应对发展中的挑战。基于此我们需要探析出一种适合当地运营的，集“农产品品质提升、配送仓储发达、品牌宣传推广、运营服务提升”于一体化的农产品网络营销模式，以期促进当地农产品网络营销的健康发展，如图 2 所示。

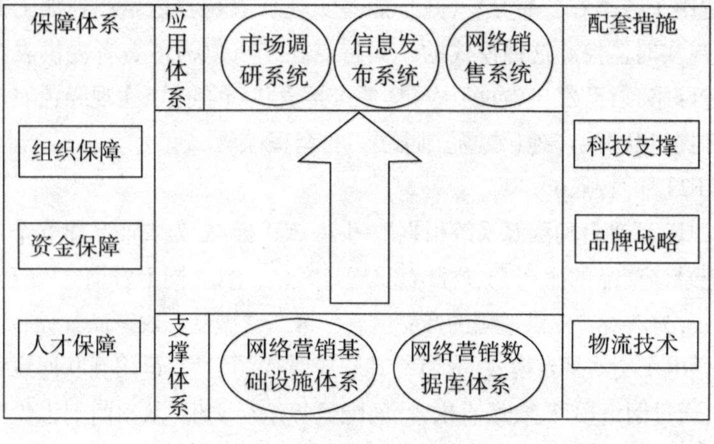

图 2　营销网络图

未来日照市要实现利用网络营销带动农业经济发展,为农产品营销插上互联网的翅膀,使得当地的农产品销售得更远更广,走向全国,走向世界。希望在全社会的共同努力之下,农产品网络营销将会有更好的发展,能够给人民带来更多的福祉。

结语

走笔至此,我们关于日照市发展农产品网络营销的探析已经接近尾声了。虽然论文就要结束了,但是日照市探寻农产品网络营销的道路却才刚刚开始,未来还有一段很长的路要走,推进过程中还会有许多新情况、新问题、新挑战在等待着我们去克服和解决。事物是不断变化和发展的,矛盾的特殊性告诉我们,在想问题、办事情的时候要一切从实际出发,要根据当地的实际情况来灵活执行政策和实施解决问题的措施,绝不能生搬硬套。

而且,鉴于当地发展农产品网络营销的经验不足,当地居民未必全部接受和认可这种新销售渠道,我们建议先筛选几个最有潜力发展农产品网络营销的乡镇开展试点工作。开展试点的好处有以下几个方面:首先,开展试点可以只在局部地区建设农产品网络营销的相关配套设施,资金投入相对于在全市范围内全面建设较小,不会给当地财政带来太大的压力;其次,开展试点可以将制定的有关农产品网络营销的相关策略只在小范围内试运营,如若发现策略有何不妥之处,比较容易及时控制和纠正,避免造成大范围的损失;再次,开展试点有助于让当地居民亲眼看到农产品网络营销所带来的可观利益,能够通过和谐的方式有效地消除一部分居民对农产品网络营销的抵触心理;最后,开展试点能够为当地农产品网络营销大幅度推广积累更多的经验,有助于农产品网络营销大范围推进。

值得强调的是,在推行农产品网络营销的过程中还应注意以下两点:第一,农产品网络营销在推行过程中,必须本着农户自愿加入的原则,不能强制加入。第二,在推行农产品网络营销的过程中,要以推行的实际效果作为衡量标准,而不是以推行的速度作为衡量标准。

此外,在探析过程中,由于我们的专业知识和调研水平有限,文中难免会有不当之处,还望各位专家老师予以批评指正。

参考文献

[1]王敏. 日照市特色农业发展的现状及策略分析[J]. 福建农业科技,2014(12).

[2]中国互联网络信息中心．中国互联网络发展状况统计报告[R]．中国互联网络信息中心,2017－01－22.

[3]李宏．新常态下日照市产业转型升级研究[J]．理论学习,2016(7).

[4]项朝阳．浅议农产品网络营销策略[J]．商业时代,2007(21).

[5]郑亦麒．"互联网＋农产品"型网络营销效果提升策略[J]．农业经济,2016(4).

[6]邵守立．大数据下的农产品电子商务运营模式研究[D]．舟山:浙江海洋大学,2016.

[7]黎东升,查金祥．当前农产品网络营销的系统架构研究[C]//唐任华．湖北省人民政府第三届湖北科技论坛"'三农'问题与农业综合生产能力提高"分论坛论文集．武汉:湖北省科学技术学会,2005.

城镇化背景下的乡村集市变迁

——基于山东省的实证调查

指导教师　张晓琼①　杨世宏②

团队成员　李　敏　黄仁凤　卢　燕　巩心语

王春晖　刘文杰　陈胜男　陈冰娴

绪论

(一)调研目的和思路

农村集市是农村经济、政治、文化、社会生活的缩影,本次调研的目的是响应党和国家的支农惠农、创建精神文明城市的政策,发挥当代大学生实事求是的调研精神,探索农村集市的变迁之路,为社会主义和谐社会的建设做出一份努力。

主要调研思路是调研集市的变迁情况,分析其中的原因,探究农村集市的发展方向,进而寻找农村集市更好发展的出路。在调研过程中,我们运用了观察法、问卷调查法、访谈法等多种调查方法,力求全面客观准确地了解农村集市的现状和问题。具体调研思路如图 1 所示。

(二)结果与评析

本次调研大致达到了预期目标,具有较高的可信性和有效性,是一次非常有价值的调查研究。本次调查,我们针对城镇和农村消费群体共发出“农村集市变迁调查问卷——消费者卷”440 份,包括烟台市、蓬莱市、济南市、淄博市、潍坊市、枣庄市、日照市东港区,最终总收回有效问卷 320 份,总回收率为 86. 13% ,有效率为 72. 72% 。与此同时,针对农村集市的经营者还发放了“农村集市变迁调查问卷——经营者卷”,共发出 300 份,最终总回收有效问卷 212 份,问卷的总回收率

---

① 指导教师简介:张晓琼(1962—),女,曲阜师范大学马克思主义学部教授,博士,硕士研究生导师;研究方向:农村社会学、政治社会学、民族学。

② 杨世宏(1964—),男,曲阜师范大学马克思主义学院副教授,硕士研究生导师。

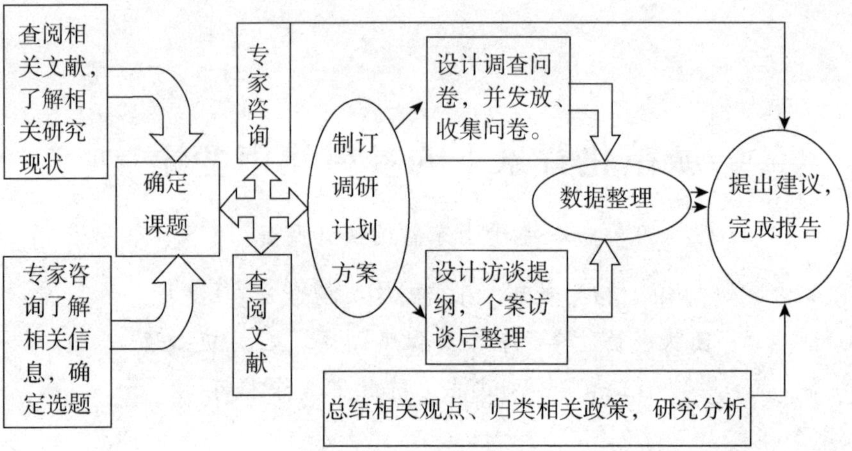

图1 调研思路图

为85.66%，有效率为70.66%。

我们团队在调查的过程中，与农村集市的消费者、经营者、管理者亲切地交流、沟通。深入了解消费者的需求、经营者和管理者在农村集市中发挥的作用，以及他们对未来集市发展的期待。在实地调查、访谈过程中，我们了解了农村集市发展的现状，努力为农村集市在城镇化进程中的发展演变提出切实可行的方案，切实增强农民的幸福感。

一、农村集市的变迁之路

（一）集市本体的变迁

1. 空间观之集市变迁

农村集市是我国农村目前普遍存在的一种市场形式，在我们所调研的山东省各个县市的集市中，集市的变化呈现出不同的具体表现形态，具有区域差异性、多样性的特点，但深入挖掘其内部规律，亦能总结出其存在的普遍规律。

其一，集市的规模数量呈现出动态的变化进程。城镇化之前的小集市规模小，数量少而分散，地理位置一般位于村子内部，随经济的发展及城镇化的建设而不断地修建整合，进而规模得以扩大，数量的分部呈现出集中的特点。地理位置也由原来的村内逐渐转移到几个相邻村的中心地带或是几个村中某个经济发展比较好的大村的中心区。

其二，集市的布局结构发生变化。城镇化之前的集市普遍是开放式布局，摊位的摆放随意自主或约定俗成。城镇化之后的集市逐渐由管理人员划定好行业经营位置而发展成为农贸市场，布局结构更趋于合理而规整，划行规市。

其三,集市的功能规划发生变化。从集市的存在开始,集市买卖本身就成为贫困农民谋生计的重要方式和途径。但随着集市的逐步发展成熟,除了集市的经济功能,集市的社会功能也日益凸显出来。经营者和经营者之间、经营者和消费者之间以及消费者和消费者之间都会形成彼此不同的交往圈子,通过一次赶集活动,实现一次社会交往活动。

其四,集市的层次水平发生变化。城镇化之前的集市基本是分布在各个村子里随地摆摊,逐渐聚集,后来形成大的集市如以乡镇为区划的大集市。当下的农村集市,成了一定区域的资源中心,我们在实地调研中发现在日照东港区还出现了以带动市场发展为目的的集市和农贸市场并生的双重发展模式。

2. 时间观之集市变迁

集市的开市频率,持续时间变化。城镇化之前的小集市的开市频率一般是三天到六天开一次,持续时间一般是从早上五六点钟开始,持续到午饭时间,因为这个时间段差不多人就散了。季节不同,开关市的时间稍有变化,夏季相对来说开市早,关市也早一些,冬季相对来说开市晚,关市也晚一些。对于在城镇化发展过程中在原有的基础上规模以及某些方面加强了建设的大集市来说,集市的开市频率和持续时间无明显的变化,对于所形成的农贸市场来说,其开市频率,由原来的几天一集到天天开市,一般从早上七点开到下午三点左右,由专业的管理人员负责农贸市场的开关。

市场主体随时间流动的数量密度变化。我们的调查数据显示,有4.04%的消费者会在七点之前到达集市,经营者以最早的消费者的上集时间为参考,但根据季节的变化也有微调,普遍来说,夏季上集早,冬季上集晚。在我们的调查中,八点至九点这一时间段是赶集的人流量高峰期,超过78%的消费者会集中在七点至十点这个时间段来赶集。而在午饭时间至下午一两点钟,蔬菜水果摊和服装摊的经营者开始陆续随着消费者的离开而撤离。

3. 传统节日下的集市面貌变化

总的来说就是集市主体数量变多,各种货物商品的种类变多,集市的延续时间变长,商品价格发生波动性变化,一般是伴随着特殊节日的到来而涨价。城镇化之前的集市传统文化特点表现得较为明显,氛围热闹,锣鼓喧天,人们摩肩接踵,喜气洋洋。但随着城镇化建设中集市的规范化发展,现代商业文明的特点逐步显现的同时,村民却也普遍反映集市的年味变少,传统民俗文化氛围也在流失。

（二）经营者的心理变化

1. 经营者进入市场的初衷变化

我们所采访的经营者是将摆摊作为自己营生的人，如有的受访者家里同时务农或者种植果树，自己种的蔬菜水果可以以这种经营方式销售出去。调查得知，经营者会根据集市开市的不同时间去赶不同的集市，以保证天天有集市可以赶或者两天能够赶一个集，这样收入才能相对提高。后来在城镇化建设过程中逐渐出现了大型的蔬菜水果批发市场，集市上也就渐渐出现了除了自产自销之外专门进菜进水果的贩子，再去集上售卖，赚取其中的差价作为利润。这种形式的出现使得集市上商品的进货渠道变得多元化。就一部分老年群体而言，因年龄较大，从事不了重体力的农业生产劳动，就在集市上做点小买卖，他们进入市场的目的是贴补家用，赶集的时间自己选择，也比较自由，摊子的租金也便宜，能承受起。不少集市在经过城镇化建设整改成农贸市场之后，由于店面租金大幅度增长，这些小生意的经营者支付不起较贵的租金只能到别的集市营生或者放弃自己的买卖。

2. 经营者的困扰变化

城镇化以前的集市，总的来说用三个字概括，脏、乱、差。能否成功出摊经营受天气条件影响大，经营者在艰苦而恶劣的露天环境中谋生计辛苦不易。就这一方面来讲，城镇化以后所形成的农贸市场很好地解决了这个问题，农贸市场的顶棚具备遮风挡雨的功能，使得经营者的经营受天气因素影响的概率大大降低。但同时由于其建设及管理的资金投入，不可避免地带来了摊位费的涨价，以及一系列问题，最终都需要经营者和消费者共同买单，以至于在短期内出现了生意变差的现象，很多消费者由于物品涨价因而选择去稍远一点的别的集市赶集，导致经营者的收入降低。对服装业而言，我们所采访的阿姨认为现在的网购对其经营还是有一定的冲击和影响的。网上的价格便宜，不需要有店面的租金，款式种类多，尤其是对青年人群体而言，影响尤甚。

3. 经营者对集市经营的看法变化

当前随着经济的发展，集市附近出现了大超市，而在网络中又出现了新兴的购物方式网购，在我们的调查中消费者普遍认为影响是存在的，但是他们对集市的发展仍持乐观态度，认为集市有超市不可取代的优越性。例如，对于保鲜程度要求较高的商品而言，集市比起超市的蔬菜水果、肉类鱼类更加新鲜，质量更高，可供选择的种类也更多。此外，集市上热闹的民俗氛围是超市所不具备的，并且老乡不单纯将集市作为商品交易实现经济利润的场所，也同时将其视为社会交往的纽带。就地理位置讲，集市有优势，离家近、方便也是我们调查中集市的优点之一，年纪大的消费群体倾向于购物方便省事，不愿意去太远的消费场所，体力精力也不允许。现实情况是很少有能够完全替代集市的超市出现。

(三)消费者的消费变化

1. 消费心理和观念的变化

在城镇化之前的传统集市上,人情味足,卖家热情,乡土气息浓厚。中国社会都有熟人好办事的心理,由于很多消费者都是老顾客,回头客,比较熟悉,经常会固定到哪一家去买,这种熟人社会的效应也会使经营者以低一点的价格卖给熟人,或者给熟人提供更有质量保证的商品,形成一种良好的经营互动关系,于消费者还是经营者都有好处。我们访谈发现很多消费者由原来更注重商品的价格是否便宜逐渐将关注的重心转向商品是否新鲜健康,质量安全是否达标。消费者以前赶集市时,商品种类比较少,资源比较匮乏,多是囤货,现在生活条件改善,消费者在集市上挑选商品,更倾向于买种类丰富的水果蔬菜,保证营养的均衡而不是多买单一种类的食材。因而市场也随时代的改变和消费者的需求变化供给多种类的商品。

年轻群体部分认为集市上的东西不够时尚,认为集市上的东西要虚价,不砍价的话,就会买贵很多,日用品的质量很难与超市和商场的品质相比。有部分集市变成农贸市场以后,虽然规范性大大提高,但是很多小摊小贩,经营规模小,支付不起租金而选择去相对远距离一点的集市售卖,如此物品种类的多样性并没有随赶集者需求的扩大而呈现出增加的趋势。同时,传统赶集的热闹的氛围和丰富的文化元素也趋于消失,这就导致很多消费者对逛农贸市场的兴趣减少,尤其是年纪小一点的孩子。我们曾在集市上采访过一位老奶奶,她说以前经常带孙子一起来赶集,集上有很多小孩子感兴趣的小玩意儿,而且氛围热闹,但现在变成农贸市场以后,老奶奶的孙子已经不太愿意跟她一起出来赶集了,觉得没有什么趣味可言。

调研中了解到也有部分消费者,以年轻群体居多,比起以前随便摆摊的集市更喜欢现在规范化管理的农贸市场,价格稍微涨点对年轻人的消费观没太大的冲击。他们认为,农贸市场划行规市,不同摊位种类摆放的位置清晰明了,更方便寻找购买,节省时间。在卫生方面更加干净,市场上有固定地点的垃圾桶便于他们投放垃圾,专门的市场卫生打扫人员也让消费者有一个更好的消费环境;在管理方面,尤其是车辆进出的管理方面他们觉得更加安全放心。但这一系列的改善都需要资金的支持,所以他们对于农贸市场的东西涨价持理解的态度,并且更愿意去农贸市场。

2. 消费方式的变化

在城镇化之前的集市中，交易方式基本都是现金，随着网络技术的发展，交易方式也出现了无现金交易。为了了解无现金的交易方式对集市的影响，我们进行调查发现，集市上逐渐出现支付宝和微信的支付方式，一般摊主都是一些年轻人。另外对于购物方式的选择，也出现了网购的消费方式，不仅仅是服装方面和一些新奇事物，还有集市上很少出现的水果蔬菜也在网络上批发售卖，送货上门等，虽然目前还形成不了对集市的冲击，但影响还是存在的。

3. 消费者消费能力的变化

据我们的访谈得知，大部分人之前在重大节日中都是在集市上购买节日所需物品，也就是说，在节日中的重大花销开支都是通过集市上的交易完成的。而在近几年，发生了不同程度的转变，很多消费者表明节日的家庭开销中在商场和超市的花费已超出在集市上的花费了。显然，大超市和商场的商品价格明显高于集市，这也表明，随着我国经济条件的发展，消费者的收入增加，生活水平提高了，追求高端消费的意愿增强。

（四）集市管理的变迁

1. 基础设施建设的变化

城镇化之前的小集市基础设施建设不全，摊位不固定，虽然没有明确的摊位归属，但时间久了之后，大家都心知肚明，约定俗成，彼此相处比较融洽。随着城镇化的不断发展，集市的土路变成了水泥路，初步具备了一定的基础设施，如公厕、顶棚、摊位固定位置的规划建设。农贸市场基础设施建设齐全完备，商铺和摊位并存，并配套了停车处、公厕、垃圾转运、食品快检等场内外设施，在我们调研中以创城为背景的日照市东港区后滩西农贸市场还设有公平秤、分区指示牌、宣传栏、LED 显示屏、广播系统、监控系统等服务设施，是按照上级城市建设规划的统一标准进行的综合整改和建设。

2. 管理制度及管理人员的变化

城镇化以前村里的集市是由村里的相关人员负责管理，管理相对宽松，没有太多条条框框，矛盾较少。现在我们所了解到的集市一般都是由物业进行管理或者承包给单个人管理，也仍然有由村里负责管理的情况，如我们所调研的山东省淄博市桓台县索镇的集市，管理集市的大爷谈到集市的管理时说在他们这里，村子里的集市一般是由县里的工商分局分管，具体责任落实到村里去。承包给单个人管理，管理水平和能力有限，区域划分由承包人员最开始划分好，之后固定，卫生方面也是归承包的单个人管理，一般情况会雇佣清洁人员在集市结束后进行清理工作。农贸市场的管理人员，有相关的工作任务安排，包括每隔一段时间抽查一次,检查是否有违规行为,进行适当的警告,严重的就进行罚款。例如,食品卫生安全方面的检查,对于市场内的小吃摊、熟食区,按照相关的卫生标准进行核查,对一些比较严重的卫生方面存在问题的摊子进行重点整治,加大罚款和教育力度。卫生方面在集市结束后会有雇佣的专门的工作人员进行清理,人员都有自己的规章制度和工作安排。

由原来集市整改成的后滩西农贸市场以创城为契机,开展综合整治、改造提升并成立国有市场管理公司进行管理,使得管理更具规范化。

3. 市场管理费用的变化

以前分布在村里的小集市是由村里的大队来管理和收费的。我们根据调查了解到,大致是一天两块钱到五块钱不等,部分不收费,如潍坊市诸城市枳沟镇北杏村。收费呈增长趋势,但增长幅度较小,村民普遍可以接受。承包给个人,收费标准由个人制定,一般是按天收、月收和年收。以占地面积为收费的具体衡量标准,近几年涨价,涨价的幅度不是很高。有的摊位经营时间未满提前撤走的话,摊位出管理人员处理。就农贸市场的收费情况而言,建成农贸市场后一个摊位上千元甚至万元不等,我们所访谈的经营者中,很多人都反映价格偏高。

(五)经营者和消费者互动博弈的变化

1. 讨价还价的变化

城镇化以前集市讨价还价比较盛行,一部分消费者甚至觉得这是集市乐趣的一种,但讨价还价也常常成为引发经营者和消费者双方纠纷的源头。刁钻的顾客喜欢总是挑物品的毛病,以此来降低物品的价格,经营者当然是希望物品价格越高越好,双方激烈时会引发矛盾和冲突,但一般都是吵架,不会引发大的肢体冲突。随着城镇化以来集市的逐渐规范化发展,商品的定价,以及农贸市场的标准价格制定与督查等规范化管理措施使得讨价还价以及由此引发的矛盾减少。

2. 赠送与赊欠的变化甚小

集市是社会发展的缩影,是社会形态的微观集中展现。由于集市一直是周边相邻村子的人群聚合满足商品交易需求的场所,所以人群往往是熟人,或者交往时间增长后,集市就变成了熟人群体的商品交易。在这种情况下,很多消费者就愿意成为某些固定摊贩的常客和回头客,经营者也会采取降低价格、赠送的手段,吸引留住这些消费者。当然对于熟人来讲,都是乡里乡亲的,赊欠的情况也是存在的,熟人之间信任度较高,了解彼此日常为人,这也是表达彼此信任的一种方式。

3. 售假欺骗与公平诚信的变化

据我们采访得知，在城镇化以前的集市中，由于管理的宽松，很多售假欺骗的行为往往会出现在不是本地的摊贩身上，他们不会长期在一个集市上售假，在集市上出现时，他们卖力宣传他们的产品，打着赠送、免费体验的噱头，吸引有占小便宜心理的民众围观，先给他们一系列赠品，然后经过一系列洗脑之后就开始高价卖他们的产品，最后骗到盆满钵满后赶紧离开，再之后的集市便不再出现。城镇化以来，有了规范化和制度化的管理，尤其是在农贸市场，对新来的小摊小贩的审查监管比较到位，售假欺骗的行为减少，交易越来越公平诚信。

4. 退换货问题的处理变化

城镇化建设之前的集市没有固定的处理规则和办法，就是靠彼此约定俗成或者是乡里乡亲的情分。消费者在服装摊买的货，回去试过之后由于尺码等客观的原因导致不合适，过来退换是可以接受的。但据我们的采访得知也会出现消费者回家后由于自己的主观原因把衣服弄坏了，然后找到经营者去赔换，认为是商品的质量问题，这种情况下往往消费者和经营者双方都认为自己不是过错方而产生纠纷和矛盾。而大集市和农贸市场，退换货问题变得规范化起来，彼此承担好相互之间的责任，该是谁负责的问题就由谁来承担，责任方问题规定明确。

二、变迁之因——集市变迁的原因分析

（一）集市变迁的主导者——社会主义市场经济的发展

1. 市场的开放

改革开放以来，我国的商品经济快速发展，与以往的计划经济相比，社会主义市场经济给古老的中国带来了新的活力。在此背景下，我国的传统农村的集市贸易也受到了冲击，从而焕发了新的生机。传统的农村集市由于受到自给自足的自然经济的影响，一直处于自我封闭的状态，然而随着人民生活水平的不断提高，需求的不断增加，各村之间原有的界限不断地被打破，与此同时集市也不断在规模和形式等方面发生一系列的变化。

2. 交通的便利

随着中国现代化程度的不断提高，尤其是现代交通的迅速发展，更多外地的特色商品出现在集市上，给本地产品和服务带来了竞争压力。而且人们出行也更加方便，当集市无法满足他们消费需求时，他们会选择去离农村较近的城镇购买商品。此外，物流业的迅速发展也对农村集市造成威胁。

交通发展得越来越便利给基层市场的农村集市带来一定冲击的同时也带来了新的发展生机，交通的发展缩短了城市与农村的距离有利于商品之间的流通，

也减少了集市中商贩进货的时间。总之,交通的便利对农村集市的变迁有着巨大的影响。

3. 城镇化的带动

关于中国城镇形成的研究表明,“中国历史上存在着集市—集镇—城镇的演化规律”,“农村集镇从形成上来说绝大多数都是由农村集市发展而成的”,“集镇是集市发展的产物,集市是集镇的前身,绝大多数城市或城镇是在集镇的基础上建立起来的。可以说集市发展内含一种城镇化趋势”。城镇化建设是农村集市变迁的原因之一,一方面城镇化建设为农村集市的基础设施建设以及进一步发展提供了良好的基础,如在山东日照后滩西村的调研中我们发现农村集市中的基础设施建设(厕所等)发生了明显的改善。另一方面,城镇化进程对农村集市的发展也造成了一些消极影响,农村集市在城镇化过程中也出现了诸如治安秩序、交通问题、假冒伪劣、环境污染等社会管理方面的问题。

(二)集市变迁的引导者——政府的支持

1. 政府职能转变

在城镇化的大背景下,乡镇政府职能的转变面临着新的挑战,经济环境和社会环境的变化对乡镇政府的职能转变提出了新的要求。乡镇政府职能运行发生了诸多的变化,由原来的管理型政府向服务型政府转变,对农村政治、经济、文化等各方面都应加强关注与支持。

对于农村的集市,政府在当前的政治背景下需要保护、支持、引导农村集市的发展,使其更好地适应社会的趋势。建立各项基础设施,设立并规范集市市场秩序,为市场主体创造公平的竞争环境,采取相关措施对其进行引导和扶持。同时完善政策体制对其的支持,使得农村集市朝着更好的方向发展。

2. 政策引导

2010 年 3 月,国家工商行政管理总局等部门联合下发《关于在农村广泛开展创建文明集市活动的通知》,将新时期农村集市建设提高至国家战略层面。2010 年,国务院办公厅《关于统筹推进新一轮“菜篮子”工程建设的意见》明确提出要建设和改造集贸市场。2016 年中央一号文件连续十三年对“三农”问题的关注和支持等,都为农村集市的健康快速发展创造了良好的外部条件。

(三)“思想引领追求”——集市变迁的文化因素

1. 传统艺人匠人的消逝

随着社会的发展,电视和电影等现代娱乐方式逐渐普及,清晰的画面和悦耳的声音对人们的吸引更甚,加上喇叭、音响等现代科技的发展,娱乐方式的多样化与多元化使得接受新思想与新教育的青年人对传统叫卖不再感兴趣,极具农村市井特色的叫卖声逐渐被排挤出市场，退出历史的舞台。

传统特色叫卖逐渐退出农村集市的同时，还有一些传统匠人如打铁匠、补锅匠等，曾经有着自己的"辉煌"事业如今却随着传统行业的衰落而逐渐从集市淡出。早前乡村社会农民使用的农具如锄头、镰刀、锨、耙、锄头、犁头等大多是由本地铁匠打制。逢集铁匠就在集市的空地或街角、桥头摆开家什，依着人们所需打制各种新铁具、修补旧的农具。在市场经济导向下，不少农民选择进城打工，农民对铁农具的需求量越来越小，随着人们生活水平的提高，人们在铁器用坏之后，更多地选择买一个新的而不是去修理，打铁人的身影逐渐淡出集市。这些让农贸市场和超市在文化特色方面的优越性大减，从而引发消费者在农村集市购物心理的变化，引发人们对农村集市发展趋势的探索。

2. 人们对高生活水平的要求

随着人们生活水平的提高以及国家各种惠农利农政策的颁布，人们更加注重对高生活水平的追求。农民的生活和消费结构也得到了改善，消费意识和习惯发生了诸多改变。乡镇人们对农产品的偏好除了价格，更加关注产品的新鲜程度、质量安全、营养健康，并对购物环境、卫生条件等要求越来越高，集市中"脏、乱、差"的部分难免也影响人们购物选择。况且现在不止年轻人习惯去超市，许多老年人也转变传统观念开始选择超市购物，这些都对传统的农村集市发起挑战并促进集镇集市不断完善升级。

3. 人们对消费文化体验的注重

在我们实践调查过程中，有小部分受访者表示他们来当地"赶集"就是为了体验传统集市的乐趣，因为与超市相比集市有自己特色的地方，每个地方的集市都有自己的特色。由此可见，现代人们对消费文化的体验越来越重视。

4. 人们文化品位的提高

随着人们生活水平的提高，人们对食品的看法不再只满足温饱，更多地注重其养生保健的作用，这让不少消费者更愿意去附近的农村集市买新鲜的蔬菜水果，但也有不少消费者考虑到卫生因素，更乐意去超市。

生活水平提高的消费者的消费需求日益增大，他们不再满足于日常消费品的消费，也在不断追求新奇商品和高档品。人们对消费感受也越来越在意，农村集市中的售假欺骗现象令他们心有余悸，他们也厌烦不少小经营户缺斤少两的售卖方式，由此引发的纠纷更令他们不快，不少缺少购物经验的消费者更愿意选择农贸市场和超市等更规范的销售场所，这样在退、换货方面也有更好的保障。

文化在人们的日常购物中发挥着越来越重要的作用，人们在消费方面文化品位的提高势必会引起消费场所的变化，当大部分农村人都这样时，势必会引起农村集市的变迁。

（四）“和谐社会民心顺”——集市变迁的社会因素

赶集，对农民来说，除了去购买基本生活用品外，还为了在集上碰到亲戚熟人，大家相互寒暄聊天，传递最近的消息。如某家要结婚了，邀请亲戚来参加喜宴，借此来加深彼此的感情。农村中很多信息都是在集上聊天的过程中获得的。还有的农民借着赶集的机会会到集市附近的亲戚家串门。从这可以看出，农村集市同时具有交换和沟通情感的功能。定期的集市为人们的交往提供了更多的机会，这是在超市等场所无法实现的。但是随着城镇化的发展，越来越多的人选择到县城中居住生活，或者外出打工，使得集市上的人越来越少，不可避免的人情味也逐渐变淡。正如济南市济阳县魏铺集上一位卖农药的陈叔叔所说的：“这个集市啊慢慢地消失，主要是这个城镇化，农村基本上，就没有人了。加上土地一流转，都上县城去住了。”农村集市无可避免地发生着改变。

（五）“科技便利人生”——集市变迁的科技因素

1. 网购对集市的冲击

农民愿意赶集买东西，与村民传统的消费习惯不无关联。但超市、网络等在农村普及，越来越多的新兴流通渠道也在慢慢进入农村流通市场，无论是商贩销售货物，还是农户自产自销农产品，“赶集”不再是唯一的“渠道”。

对于当前中国人而言，网购已经渐渐成为常态，甚至实体零售也受到网购的冲击。并且在农村基础设施日渐完善的情况下，网购不可避免地对农村集市的发展造成影响。问卷调查显示，有20.31%的人认为随着网购的普及和超市的增多，农村集市会因冲击而逐渐消亡；有31.87%的人认为随着网购的普及和超市的增多，农村集市会受到促进而发展成农贸市场。2011年，农业部对包括湖南在内的5个省进行农业电子商务试点，昭示着农业电子商务的发展已列入国家农村发展的议事日程。凡是农业电子商务发展较好的地区，其农村经济就十分活跃，龙头产品和龙头企业都发展很快。

2. 保鲜技术的运用

构成农村集市的主要就是食品，集市上有大部分产品是老百姓自家生产的，他们不是专业的商贩，没有足够的条件去提供完备的冷藏场所和装置设备。冷藏场所及装置是蔬菜、水果贮藏保鲜最关键的设施，它们的最关键点在于对温度的控制，其次是在特殊构造条件下还能够对气体成分、压力和湿度进行控制，以满足蔬菜、水果贮藏保鲜的要求。我国农村集市生产大部分仍以小农户家庭生产为主，规模化和现代化生产难以形成气候，这不给安全卫生和质量标准管理带来了很多困难，农村集市变迁或许能克服这一缺点。

(六)“我的消费我做主”——集市变迁中的个体因素

1. 消费取向丰富

通过资料可以看出,农村集市的数量在增加,集市的形式也在多样化。集市越来越多、开市越来越频繁,反映的是村民对市场的需求和依赖越来越大,也说明乡村生活自给自足的程度在降低。

我们经过对济南市济阳县、淄博市桓台县等地的实地调查,发现现在农民的专业化生产规模较大,主要种植黄瓜、西红柿、西瓜、苹果等经济作物。每家农户的产量都上万斤,如此大规模的经营使农民没有过多精力像过去小农经济那样多种经营。他们将更多的劳动力投入专业化农业生产中,从而提高产量,获得更高的收入,而其他生活用品则依赖于集市。特别是随着收入的提高,农民对工业化程度较高的电饭锅、吹风机、电磁炉、电动车、化妆品等产品需求越来越大,集市上对这些商品的供应也越来越多。

在从自给自足的小农经济向专业化农业生产转化的过程中,农民经营生产的种类越来越少。而现代化进程中,消费主义向农村的渗透使农民的消费需求越来越大,特别是对工业产品的需求。农村消费需求的不断丰富,使得集市的形式和商品种类不断变化。

2. 生活习惯变化

随着城镇化的进程越来越快,城里一幢一幢高楼拔地而起,超市、商场越建越多,乡村集市商品的竞争力确实受到了一定威胁,人们的生活习惯也发生了变化。我们在日照市山海天旅游度假区卧龙山街道刘西楼村的集市上进行调查的时候发现,一位卖菜的孙奶奶说:“我感触比较深的一点就是,这几年来赶集的小孩子是一年比一年少了,以前集上很多孩子,现在年轻的都不出门了,都是些我们这些年纪的老头老太太来集上买东西。”调查淄博市桓台县索镇一位50岁左右,买菜的周大爷对他反映:“也就买点菜和当季水果,买多了吃不了,放久了也不新鲜。要是中间里不够了就去超市买点儿,也挺方便。”相比以前,无论是购物的方式还是购物的人,都在随着人们的生活习惯的变化而产生着变迁。

三、变迁之势——农村集市的发展趋势分析

(一)农村集市专业化、特色化

1. 更加系统

农村集市朝着系统化方向发展,集约化水平更高,布局更合理。

大约十年前的农村集市的主要形态是一些小型综合集贸市场,随着农村城镇化的发展,农村集市规模扩大,大型市场发挥了规模经济效应,更加易于管理。现

在的农村集市更加集约化，大部分实现了农业产业化经营，成为农副产品加工企业收购原料的场所，带动了农村产业结构的调整。

2. 更加商业

由于近年来农民生活水平逐步提高和对商品的多样性需求，从事商品生产的专业户大量涌现，他们不仅需要购买自己所需的商品，更需要出售自己的产品，使自己生产的商品能有广阔的销路，把产品优势转为商品优势，变为实际收入，得到价值补偿和生产资料的物质替换，农村集市朝着商业化方向发展。

农村集市及时为农业生产者发展商品生产提供部分生产要素。随着农、林、牧业的全面发展，多种经营项目的增多，农民对农业生产资料供应的数量、品种、质量等提出了新的要求，特别要求农业生产资料结构的多样化。化肥、农药、农械以及其他相当多的农业生产资料如种子、种苗、种禽种畜、耕牛、中小农具、饲料等，都必须通过集市购买，以满足生产需要。

3. 突出特色

每个地方都有不同的地方特色，表现在集市上也是不同的。目前，各地方更注重对地方特色的突出，形成自己独特的地方优势，并以此来吸引消费者。在不同地区，农村集市反映着当地的特色，比如日照、烟台靠海的城市，农村集市上会有海鲜出售，枣庄的农村集市上有地方特色的煎饼出售，淄博靠近马踏湖的农村集市上有鸭蛋出售，等等。同一地方的不同农村集市又有不同的特点。比如日照石臼市场以海鲜为主要商品，而刘家楼集市则以各种果蔬为主。

（二）农村集市科学化、规范化

1. 政府监管

集市组织的组成以及集市主体的特征，使得集市具有松散性的特点，这种松散性使得其内部运行的秩序需要一个强有力的外在组织进行监督。政府则作为集市良好市场秩序的监督者，确保集市组织的正常运行。政府加强了商品监管。商品是集市制度运行的中心环节，商品交易作为中介与枢纽将商贩与村民联系在了一起。正是由于商品的这种重要性存在，对集市商品的监管成为政府对集市进行市场秩序监督的主要内容。政府实施积极的商品质量检查机制，对集市上的商品实行免费的常态检查、商品种类监管。政府对集市上商品的种类变化有一定的了解，对此采取及时的措施以促进其良性发展。如对商品建立检查机制，对劣质商品进行取缔。

政府加强了集市的治安管理。政府为集市的变迁提供了良好的社会与治安环境，建立了良好的治安安全预防体系，对扰乱集市运行的违法行为进行了严厉打击。政府通过对商品的监管和对集市的治安管理，实现了集市秩序的正常运行,保障了集市的科学化发展。

2. 政策保障

国家出台《农产品市场管理条例》,明确农产品批发市场基础性公共设施地位,规范农产品市场投资主体资格和市场交易行为,为农产品市场运营管理和公益化发展提供法律保障。国家一系列的政策出台,有利于农村集市的长远发展。如在日照,对农村集市的管理,出台了一系列政策公约,如市场文明经商公约,市场水电火使用制度,市场消防安全管理制度,市场环境卫生制度等,规范了市场的经营秩序。

(三)农村集市网络化、动态化

1. 支付电子化

随着网络的快速发展,传统集市面临着网络化运行的挑战,农村特色商品可以通过电子集市进行销售,规模扩大、网络交易是农产品流通发展的必然。虽然现在电子支付还没有在农村集市普及,但是用微信、支付宝等电子支付方式将成为今后的发展趋势。

2. 物流网络化

网上购物日益普遍,网上购物平台异彩纷呈,人们足不出户就可以买到自己想要的商品。对于农村集市上的经营者来说,通过做微商,开网店的方式来销售货物必将成为一种发展趋势。除此之外,农村集市经营者的进货渠道已经不再是简单的从批发市场订购货物,而是变得更加多样,网上订货逐步发展成为一种新型便捷的订货方式。

3. 宣传网络化

农村集市趋于网络化,更多的销售信息通过网络呈现给消费者,消费者获取商品信息更加快捷,在赶集时更有目的性。网络宣传作为一种更有效的信息传播途径,使更多的人了解到商品信息,产生了购买意愿,从而在一定程度上增加了经营者的销售额。

4. 动态演变

随着城市化的进程推进,西方一些发达国家的传统的农村集市被现代化的超市和各类专业市场取而代之。在我国,由于农村集市所承载的功能不再局限于单纯的商品交换的经济功能,它还作为农村民俗生活展演的一个“民俗文化空间”,承载着社会和文化功能。目前,农村集市休闲旅游方兴未艾,越来越多的“城里人”都会在休闲时光到农村集市中去感受农村的风土人情。

5. 秩序保障

所谓秩序保障,就是有规划有引导,就是集市建设不能看成可建可不建的权宜之计,更不能任其自流。过去由于没有规划,没有引导,任其自流,有些集市往往是今年建,明年拆,劳民伤财。同时场地不足、人货拥挤、交通堵塞、集市秩序不好等问题突出,不能适应商品生产和商品流通的发展。特别是农村专业户大量涌现和贩运活动的增多,要求集市建设必须有更大的发展,这就需要集市形成良好的秩序,需要集市建设要有规划并积极引导进行。

(四)农村集市外向化、国际化趋势

1. 旅游业发展趋向

农村集市更加开放,更加外向化。有些旅游城市的农村集市所面对的消费者不仅仅局限于附近村镇上的居民,多了一些外来人员,包括较远一些村镇的居民甚至是到当地来旅游的游客。为了促进外向型农业发展,某些优势农产品的集中产区或沿海口岸城市,发展了一批主要为出口提供货源的外向型批发市场。出口商直接从批发市场组织商品出口,同时部分外商也到这些市场采购货源。如潍坊诸城市的外贸市场就常年出口蔬菜、冷冻制品到日本、韩国等国家。

2. 借鉴国外经验

(1)更加注重加强规划引导,优化功能分区

不论国外还是国内,农村集市都是村镇最集中和活跃的部分,对当地经济发展都发挥了很大的作用。因此,当地政府对农村集市的改造提升都给予了高度重视并引导和鼓励人们共同参与创办。政府更加注重根据当地市场现状、农民生活需求、城镇发展趋势等因素科学规划,提高商家入驻率。同时,完善了集市功能分区,通过借鉴大型超市的布局方式,区分食品类和日用品类等功能分区,食品类再细分为粮、油、蔬菜、鲜肉、水果和熟食等类,集市布局更加科学合理。

(2)更加注重完善基础设施,营造良好环境

纵观一些发达国家的集市,大部分基础设施条件和卫生条件都十分令人满意,而我们国家的农村集市也吸收借鉴国外集市的优点,在集市沿街和主要节点增设了垃圾桶、公厕等卫生保洁设施;完善了集市道路和停车场,增加了娱乐、休憩场所等。

(3)更加注重推广农产品直销模式,增强竞争优势

随着人们生活水平的提高以及农产品安全问题的日益突出,消费者对农产品的新鲜、安全、营养、保健等方面的需求也不断提高,而农村集市借鉴国外的农产品直销模式,比传统的批发市场模式更好地满足了这一需求。此外,我国的农村集市还依靠本地资源和经济优势,根据市场需求合理引导经营者实行多种经营,

把发展专业市场和种、养结合起来，提高农副产品科技含量，形成贸工农、农工商的一体化经营，并且利用电子集市打开外部市场，增强了竞争优势，取得了区域规模效益。

四、变迁之策——针对农村集市的对策与建议分析

针对我们对山东部分农村集市展开的调查中发现的问题，在现状不足的基础上进一步推动其内部改善，在未来发展趋势的展望中我们提出几点建议，理性地正视其负功能，发现问题的根源，及时加以解决，让其在建设社会主义新农村中更好地发挥作用。

（一）市场为主体：激发市场活力，创造良性市场环境

1. 关注消费需求，提供正确市场信息

在城镇化政策推动下，人们对产品的需求更加多样化，农村的消费观念也在发生改变，进而影响到农村的集市贸易。但是，现阶段一般集市的交易范围不大，经过问卷统计，31. 31%的农村人选择在本地赶集，22. 56%的农村人会前往邻村赶集，但是一般不会选择到更远的集市消费了。它的辐射力也就十分有限，交易量也不大，难以实现较大规模。同时在该类市场交易中所形成的信息容易失真，特别是在人为操纵之下，更容易造成局部供求关系扭曲。面对市场发育不健全，农产品流通不畅等问题市场责无旁贷，应该根据消费需求和消费观念等的变化，为集市经营者提供正确的市场信息。

2. 丰富产品种类，满足多元消费主体

随着社会的转型、市场经济的发展及农民生活水平的提高，集市的产品不再局限于“剩余物品”，“进货—买卖”方式走入了农村集市。山东省多数农村集市的商品种类仍比较单一且一成不变，不能根据农民消费心理和消费行为来确定商品的供给，导致农村集市往往商品系列不全且较多为价值较低的农副产品和品质不高的日常用品。根据我们的问卷调查数据：认为集市不足之处在于商品种类较少的占了41. 8%，质量不佳的占了48. 9%，这表明这两方面问题亟待解决。

于此，有关管理部门应当根据市场需要结合本地实际情况，合理引导和支持农户实行多种经营，不仅仅拘泥于农副产品，改变单一商品供应，丰富产品种类；同时防止和打击一些三无产品和假冒伪劣产品流入农村集市，减少农村集市中质量无法满足消费者要求的产品，增加高质量产品进入市场，以满足不同消费群体的多样需求。

3. 规范市场秩序，构建诚信交易体系

由于农村集市中的买卖者基本上是由当地的农民构成的，他们的受教育程度

大都较低，因此法律意识和维权意识相对较淡薄。一方面，他们对反不正当竞争法、消费者权益保护法、价格法等基本经济法律缺乏一定的认识，不懂得运用法律知识维护自身的权益。同时，他们对集市市场管理也缺乏了解，对集市管理服务感受力不足。297 名被调查的集市人中就有 46.46% 对集市的管理一知半解，只有 2.69% 的很清楚集市的管理职权。另一方面，他们也缺少按照市场经济的法律条款约束自己的行为和经营活动的意识。特别是在市场竞争下，许多农村集市交易者采取不诚信的方式获取经济利益。一些农村集市普遍存在流动销售、偷税漏税的现象。这种行为无疑给管理者的有序管理和有效监管增加了难度，同时也会导致农村集市的无序竞争，损害合法、诚信经营者的积极性。

有关部门应建立和健全市场法规体系，规范市场交易行为，包括对进入市场的商户进行审查，对进入市场的产品进行监督和检查等。同时加大集市监管力度，规范农村集市秩序，严厉查处各种不正当交易和竞争行为，严厉打击销售假冒伪劣商品和欺行霸市、强买强卖等不法行为；建立公开举报电话和消费者投诉电话，健全农村贸易市场投诉受理机制，保护农民合法权益，建设公平有序、运转协调的农村集市；建立权责分明的管理制度，对农村集市秩序进行有效管理，建立全面细致的法律法规，维护集市人的基本权益，使得农村集市保持诚信经营、持续稳定发展、公平竞争的市场局面。

4. 发掘集市潜力，加强市场良性竞争

目前，随着超市经济的迅猛发展，许多集市正向乡镇农贸市场转变，而农贸市场也在进行“超市化”改造，传统的农村集市不仅要面临与农贸市场的竞争压力，还要与超市抢占市场。但是由于我国农村人口众多，即使城市化进程加快，吸纳了大量农村人口，仍然会有 5 亿 ~6 亿的农民生活在农村，农村仍然要建立适合自己特色的市场载体，建立全新的农村大流通格局。经过多年发展，农村地区仍较为普遍地有需要并且有条件建立自己的农村集市，形成集市与超市并行的局面。

针对超市质量稳定、品种齐全、食品安全、包装方便、购物环境良好、服务周到等特点，农村集市要更加着重开发自己独特的优势，特别是在生鲜供应、手工制作品等方面扮演着不可或缺的角色。在我们调查的 320 人中有 98 人认为超市的竞争力可以促进农村集市在压力下进行内部改善，有 102 人认为会推动其向农贸市场的方向发展（如图 2 所示）。管理部门要对恶意竞争而采取非法或者不正当打压对手的行为进行监控和打击，防止有经营者囤货竞价销售，将假冒伪劣产品以次充好等不良现象，维护市场秩序，这是市场良性竞争的前提和基础，也是促进农村集市健康可持续发展的有效手段。

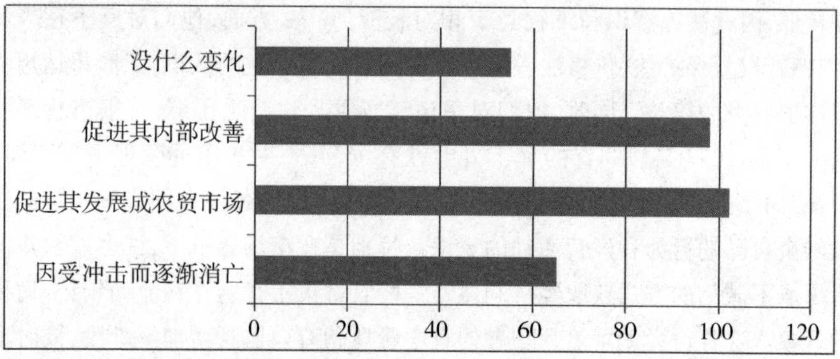

图 2　随着网购的普及和超市的增多，您认为它们会对农村集市产生什么影响？

（二）政府为主导：权责分明，发挥政府管理服务功能

1. 完善基础设施，注重服务功能

农村集市多是自发形成的，其在产生之初就缺乏一个明晰的规划，存在着交通秩序混乱的问题，山东很多农村集市附设在几个村的主干道，占道经营、露天买卖，有的甚至没有其专属的集市空间，如山东省济南市济阳县曲提镇魏铺村集市。这导致了道路通行空间缩减，逢集时赶集人流和过境的人流、车辆混行一处，互相干扰，大大降低街道的通行能力。农村集市公共服务设施不健全。无论是针对集市经营主体的水、电、排污、垃圾处理，还是针对集市消费者的公厕、垃圾桶、停车场等，目前农村集市的设施水平比较低下，从而造成了农村集市“脏、乱、差”的卫生环境。

首先，针对交通秩序混乱的现状，建设多种形态的农村集市，避免因集市周期性开市而拥堵混乱。打击取缔占道经营、流动经营等不遵守管理规定的经营者，防止他们随意占道。为集市设置合理规模的停车场，不占用道路和集市场地，以减少集市空间的车流干扰。其次，从赶集者需求角度出发，完善农村集市配套服务设施建设。可以沿集市的主要空间节点设置垃圾桶、公厕等环卫设施，方便赶集人使用。管理人员要管理到位，常到集市视察监督，听取集市人员的建议意见，调解争端纠纷，为集市服务。

2. 给予适度补贴，采取灵活收费

在税费收取方面，不同地区根据管理需要有所不同。依据集市的地理位置、摊位的占地面积、摊点的所在位置，每个摊位的收费也略有不同。在访谈中我们了解到，山东省日照市东港区临沂南路金家沟集市就以摊位面积作为租赁费的标准，一米 10 元，一月一收。当前的农村集市收费标准还是比较明确，但是在经过创城建设改善后的许多集市仍存在收费普遍较高的现象，像金家沟集市，由原来

50元/月涨至240元/月,涨幅较高的前提下商家利润却没有随之大幅上涨。而且集市经营者多为低利润的低价商品,很难支撑起长期高额的税费。并且存在许多流动销售的摊点逃避收费,给集市固定缴费的经营者造成很大的竞争压力。

政府在创城政策的推行之下,应该妥善处理其负功能给农村带来的压力。针对农村集市基础设施更加完善带来的建设费用回流问题,物价局也应合理控制税费和物价的波动,从经营者的收益利润出发,对集市给予一定的补贴,促动农村集市贸易的发展。收费过程应当做到公开、公正、公平,收费中遵循村民意愿不可采取暴力威胁手段强取强收。收费标准应该明确,收费内容对村民进行解释和公示。再者,政府相关部门可以采取灵活收费的手段,以优惠的津贴、低廉的摊位费用等措施来降低非法摊贩的数量。最后,采用多种收费方式,分阶段分类型实行灵活收费。

3. 加强执法力度,进行规范管理

通过对农村集市的法制制度和执行力度建设,促使农村集市的规范化、法制化管理。相关部门应建立健全农村集市法律体系,并且以法律形式明确农村集市贸易的性质、管理机构,经营者的权利和义务等,实现有法可依。在集市访谈过程中,当谈及集市纠纷如何解决时,村民大多数情况是选择互相调和,在无法调和之际会选择村委会等政府机构让其裁决,集市管理部门和法律途径几乎是无人问津。所以,各级政府部门应管理到位,杜绝纵容、不作为的行为出现在行政队伍,对市场准入产品进行严格控制和监督,对市场纠纷进行及时有效的处理,尽责尽职。

(三)文化的传承创新:增强文化的潜在驱动力

1. 保留特色传统文化,防止特有手工艺消逝

农村集市之所以长期存在,不仅在于其调余补缺、平衡供需、沟通城乡的功能,还在于它承载着一个乡村的文化,沿袭着一代又一代人的传统,成了农村民俗生活展演的一个文化平台。新时期下,作为城乡流通体系中的枢纽环节的农村集市,已经成为社会主义新农村建设和城乡统筹发展的重要战略支点,它在发展农村经济、促进农村文明进步方面扮演着越来越重要的角色。

为了农村集市的可持续发展,为了集市免于在经济转型、城乡建设、市场竞争中遭受冲击走向消亡,首先要继承和保护当地传统元素和特色元素,鼓动并奖励有具有悠久历史的特色产品的商家的进入,甚至可以将其力创为特色旅游产业;组织当地村民对特色手工艺进行学习,着重培养青年一代,重点学习稀有手艺;围绕农村集市举办集市文化展览节等文化活动,加强相邻村户的经济文化交流。其次,由于目前农民的农副产品大部分都是直接进入集市进行交易的,没有将农产品进行深加工,也就不能树立其自身的品牌,无法形成地方特色产品,从而降低了

农副产品交易的成功率和长期存活率。所以应当以当地特色资源为依托,充分挖掘传统名、优、特、稀有品,开发创造名牌农产品,发展特色产品加工业,从而提高农产品的有效产出和商品的商业价值。

2. 顺应文化发展趋势,推动新兴创意品发展

随着农村市场经济的发展,农村集市也发挥着越来越大的作用。集市不仅服务农民生活,促进商品流通,引导农业生产,加快小城镇的建设步伐,而且还是农村精神文明建设的重要场所,具有重要的文化功能。在城镇化进程中,农村要找到凸显自身优势的模式与城市合理链接,而集市作为一个开放地点可以发挥其作用,顺应当前文化发展趋向,将文化创意品与农村生活方式结合在一起。

面对新时代环境,经营者要在继承传统文化的基础上,创新发展新文化,融入先进文化元素,提高文化产业在农村经济中的比重,充分挖掘农村经济的增长潜力,开发新兴产品,推动新兴创意品发展。在我们调查的集市小商品摊位有彩嵌陶艺、手工娃娃、挂件饰品、手绘T恤等手绘工艺,创意卡片、音乐专辑、影像设计等时尚生活产品,这样的手工打造、原创设计产品,与新时代文化接轨。

(四)科技的有力支撑:引进采纳科学技术,掌握科技生产力

1. 发展电子商务,开拓网络销售市场

在互联网的发展大势下,农村现代化发展离不开农村信息的建设与农村电商的普及。传统农村集市将面临网络化运行的挑战,农村特色产品可以通过电子集市进行销售,规模扩大、网络交易是农产品流通发展的必然。例如,近年兴起的淘宝村,它的存在和发展是带动消费的一个具体点和很大的增长点。农村集市要顺应商业模式和消费方式深刻变革的新趋势,加快发展电子商务,形成网上交易、仓储物流、终端配送一体化经营,实现线上线下融合发展,创新电子化集市平台,从而增强竞争优势,取得区域规模效应。

2. 采用多元科技,提高集市商品质量

我们的调查问卷显示,认为集市不足之处在于质量不佳的占了48.9%。另外,将近一半的受访者认为合理利用科学技术、提高产品质量有利于农村集市向更好的方向发展。通过对消费者的访问,发现越来越多的人对商品质量的要求越来越高。因此,经营者需要学习科学技术方面的知识,增强对科技的了解并应用于自己销售的产品中,逐步提高商品质量,不仅包括产品的性能、效用质量,还包括产品的环保、安全质量。

对于自产自销的农业商贩来说,要强化现代质量观念,提高科技因素在农业增长中的比重,不断创新和发展农业科学技术,不断提高商品质量,大力引进和推广优良品种,开发优质新品种,改进耕作方式,增强农业综合生产能力,提高农产

品的质量和商品化程度。

（五）三主体的能动性发挥：主动积极适应变化，促进自我改善

1. 适应政策调整，主动了解并支持政策

在城镇化进程中，农村集市是一个关键的结点，发挥着连接城乡关系的作用，它是社会主义市场的补充，能满足农村生产者和消费者在生产和生活方面的某些需要，能在农村内部互通有无或调剂余缺，并且是城乡之间物资交流的必要环节，那么农村集市贸易必然要顺应时代发展。不同地方的政策不一样，对农村集市实施的措施就不同。比如，山东省日照市东港区的农村集市，在创城的推动下，大多都建成了农贸市场或者集贸并存，这时候商贩就需要根据变动调整自己的经营，在新的环境下找到自己的立足点。调查问卷显示，大多经营者对集市市场管理不太了解。调查中发现有 2.69% 的经营者对集市市场管理程序很清楚，比较清楚的占 12.79%，不清楚的占 38.06%，一知半解的占 46.46%。

2. 依托当地资源，创建集市的特色产品

农村集市的发展方向越来越局限，面对这种境况，各地集市可以以当地特色资源为依托，发展当地资源加工企业，扩大农产品销售，加快“一乡一品”的地方特色市场和综合市场的建设步伐，建成有特色的专业市场化农村集贸市场，培养新的适应农村集市和商品经济发展的意识，促进农村集市向大型的特色农产品批发市场发展。

根据我们的调查，部分消费者建议各地集市要保留自己的地方特色，不要趋同，要因地制宜。比如，一个村以生产蓝莓、核桃、花卉为主，那么该地就可以重点发展这些为高效特色产业，而且经营者可以依靠本地资源和经济优势，根据市场需求合理实行多种经营，部分经营者可以把发展专业市场和种、养、加工结合起来，提高农副产品科技含量，形成贸工农、农工商的一体化经营，逐步形成一些有一定规模的农产品批发市场。在我们的调查中，山东省烟台市蓬莱市因为临海，所以其南王镇大王家集就有专门出售海鲜产品的分区；还有山东省日照市东港区金家沟集市现在发展为农贸市场，也已经建设有水产品批发市场。根据现在一些消费者的消费倾向，他们大多愿意购买当地手工制作品，所以集市经营者可以生产当地特色产品吸引更多的消费者前来购买，增加自己的收入。

五、从实际出发，实现集市管理的科学化

（一）健全集市市场法律法规

日照市山海天旅游度假区刘家楼集市上的孙奶奶在访谈中说，平常集市上会有纠纷，虽然很少有肢体冲突但吵得比较激烈的时候会引发很多好事的百姓来围

观。这一实情虽然没有严重的伤害事件,但这样的争吵会严重影响农村集市的秩序和正常运行,如果有相应健全的法律法规来约束管理买卖双方,那么农村集市会更好地适应社会发展,达到便民利民的目的。这个过程可以参考欧美国家城市法令中的相关条款,针对当前农村集市的不规范之处健全相应法律法规,就不同经营主体的法律地位及责任,消费者权益、行政监管、行政处罚等问题做出系统明确的规定,形成内容全面、程序适当、符合实情的政策法规来让不同参与主体有法可依、有章可循,保障农村集市的变迁与发展。

(二)理顺管理和监督职责

根据调查数据,有60.94%的人对当前城镇化趋势下农村集市向农贸市场转变这一现象持肯定态度,有15.31%的人对这一趋势持反对态度,有23.75%的人认为无所谓。由此可以看出,大多数人支持流动多变的农村集市转变为固定规范的农贸市场。国务院相关文件中也指出,关于“加快推进以城市标准化菜市场、生鲜超市、城乡集贸市场为主体的农产品零售市场建设”的问题,由商务部会同农业部、发展改革委、供销合作总社等部门负责落实。

因此政府相关部门要收集并尊重大多数人的意见,积极促进农村集市向农贸市场等更规范的存在形式转变。首先,要提供有力的财政支持,加强场地、水电、排污等基础设施建设。其次,借鉴欧美国家由警察管理集市和摊贩的经验,合理分配人力资源,设定专业管理监督人员,使其各司其职、科学管理,妥善解决摊贩与消费者之间的纠纷,为正常运行奠定基础。最后,要加强食品安全宣传,使农村集市中流通交易的食品有质量保障。新加坡对饮食摊点实施的摊位分级制度值得借鉴,即根据具体标准对食品摊位进行分级,提升业主自我约束的能力和社会舆论监督的力度。

(三)严格规范市场秩序

在我们的调查中,“您认为下列哪些措施有利于农村集市向更好的方向发展”这一问题答题人数共320人,其中有205人认为政府规范市场秩序,构建诚信交易体系有利于农村集市向更好的方向发展。可见大多人认为政府在严格规范市场秩序中扮演着不可或缺的角色。

首先,政府需规范零售商、供应商交易行为,建立平等和谐的零供关系,加快商业诚信体系建设。可以借鉴美国农夫集市产品在贩卖前由政府进行检测并颁发合格证书的做法,利用监管力量促进公平诚信交易,杜绝假冒伪劣产品,减少农村集市上缺斤少两、坑蒙拐骗的行为;其次,要具体问题具体分析,根据各地实际情况制定具体规范措施,解决直接关系广大群众切身利益、群众反映强烈的突出问题;最后,要加强宣传法律法规,使商贩懂法遵法,禁止贩卖法律禁止的物品。

(四)制定灵活收费标准

目前山东省内很多农村集市的收费标准由各集市承包者决定,并受物价影响存在着不合理成分。在城镇化背景下,农村集市的摊位费应更加规范化、合理化、多样化,降低摊贩进入市场的成本,保障摊贩的顺利经营。具体做法可借鉴澳大利亚的收费方法,即不收摊位许可费但却明文规定集市同正规市场一样缴纳税款;也可参照多伦多的集市摊位费用制度,根据收益率、通货膨胀率等指标自动调整。此外,还可以按经营种类或时间长短实行不同的收费方式,使收费制度更加多样灵活。

(五)科学规划集市规模

在我们的调查中,对"您对农村集市的一些变化有什么意见看法吗?"这一问题的回答中,有被调查者提出了"希望集市能够一直存在""建议早市离我家近点""其实最好是农贸市场那种形式,能遮风挡雨""并不是每个地方都适应农贸超市""既不失传统,又开拓创新"等意见。政府是集市变迁的规划者与指导者,其做出的对集市规模的规划对实际的农村集市变迁具有指导意义,因此应科学规划集市规模。不同的集市应根据具体的道路交通、市容环境、市民需求等实际情况进行合理规划。

首先,应稳定集市规模,控制摊位数量,消除集市占据街道,阻碍交通的现象。这一点可以借鉴日本福冈的街头饮食摊点、菲律宾宿雾市的街道集市实行的"零增长"政策,即从政府规定的截至日期之后不允许再有新的摊贩。其次,管理者需合理安排摊位布局,避免脏、乱、差,使农村集市更加干净整洁、有序便捷。最后,创新集市场所,可以借鉴鹿特丹集市大楼,使集市立体化,既能规范集市、节约道路空间,又能建设农村新社区,同时满足保留集市、离居民点近、遮风挡雨、创新等意见要求。

(六)增设主题集市

我们调查的农村集市都是传统的混合型集市,虽然有些集市上存在贩卖同一种类商品的摊位自然地聚集在一起的现象,但并不属于主题集市。而且我们的调查结果显示农村集市上赶集人中年轻人的数量非常少,山东省潍坊市诸城市枳沟镇北杏村集市上的一位阿姨也说现在的人什么东西都爱从网上买,尤其是小青年。随着城镇化的发展和人们生活水平的提高,人们的需求更加多样化,传统的集市不能满足所有需求,尤其是年轻人的需求,主题市集便具有弥补这一空缺的功能。而且,混合型集市缺少针对性,商品杂而不专,主题市集则具有很强的针对性,专而不杂。

国内目前虽然也有主题市集,但绝大多数是在大城市的年轻人之间,范围小、影响力小并没有达到随处可见的状况。因此可以向欧美许多城市学习,适当地增设主题市集,如工艺品集市、民俗产品集市、创意设计品集市等,使主题市集与传统的集市共存,以满足人们日益增长的物质需求和精神需求,使农村集市变迁更加多元、创新。

结语

城镇化的"新"就是要由过去片面注重追求城市规模扩大、空间扩张,改变为以提升城市的文化、公共服务等内涵为中心,真正使我们的城镇成为具有较高品质的适居之所。其本质核心是以人为本。20 世纪 90 年代以来,我国走的就是以集市或集镇为基础和依托的城镇化发展道路。因此,在城镇化背景下,改善农村集市的现状,使其向规模化、专业化方向发展,适应生产力的需要具有现实意义。

受城镇化的影响,目前的农村集市正逐渐走上合并扩大的道路,体现在空间观上则为我国传统的集市沿着"集市—集镇—城镇—城市"的路径不断转化,农村城镇化的进程不断加快;体现在时间观上则为农村集市开放时间的延长和增加;体现在传统节日下则为地方特色产品的增多。但从另一个方面来看,民众普遍反映年味等传统节日氛围减少,这与平房变楼房的政策不无关系。与此相对应,集市的摊主也就是经营者普遍反映集市改造成农贸市场后管理费用逐渐增加,经营者的经营成本也在提高。这其实需要经营者和消费者共同承担提高的成本。虽然物价在升高,但是农民们离不开这片深爱的土地,他们享受着传统集市下的朴实关系和讨价还价的乐趣。

现在的农村集市朝着农贸市场规范化方向发展,因此我们需要市场主体提供正确的市场信息,提供丰富的产品种类,构建诚信交易体系,分区规划产品。政府方面要完善集市的基础设施,给予经营者适度补贴,采取灵活收费的方式,加强执法力度,进行规范管理,合理处理交易矛盾。经营者更应该加强自身的经商能力,关注市场信息,了解地方政策,拓展销售渠道,创新经营方式,从而实现市场、政府、经营者三者的合力助推。另外更重要的是发挥集市的文化功能,保留传统文化精华,创新社会主义特色文化是我们这个时代的主旋律。

正如钟永兴所说,"集市是人与人、地域与地域、民族与民族之间联系的纽带,是促进城镇化的必经之路"。随着城镇化和农村现代化的推进,农村集市的数量已经有一定程度削减,但是不会完全消失。未来农村集市的发展趋势应该是朝着专业化、规模化、网络化、科学化方向发展。

参考文献

. [1]李德阳. 从城镇化的高度去认识和发展农村集市[J]. 湖南师范大学学报,1997(Z).

[2]邹农俭. 中国农村城市化研究[M]. 南宁:广西人民出版社,1998.

[3]王娇,毕玉. 当前农村集市发展的SWOT分析——以山东省台儿庄区涧头集镇为例[J]. 经济研究导刊,2016(28).

[4]张其春. 城市化进程中农村集市贸易的演变及政策取向分析[J]. 江西农业大学学报(社会科学版),2007(3).

[5]安东尼·弗卢. 新哲学词典[M]. 黄颂杰,译. 上海:上海译文出版社,1992.

[6]费孝通. 江村经济[M]. 北京:商务印书馆,2005.

[7]杜赞奇. 文化、权力与国家:1900—1942年的华北农村[M]. 王福明,译. 南京:江苏人民出版社,2003.

[8]张晓琼. 社会调查研究方法教程[M]. 济南:山东人民出版社,2011.

[9]龙云,杨燕曦. 非正式制度影响下的农村集市市场主体行为分析[J]. 湖南商学院学报,2006(2).

[10]郭建斌,朱浩阳,肖家美. 社会转型期农村集市的功能分析[J]. 西华师范大学学报(自然科学版),2015,8(8).

[11]王克强,周蕾,张欣. 借鉴国外广场集市发展经验规范中国街道设摊[D]. 上海:上海财经大学,2008.

[12]王旭. 山东蔬菜出口贸易发展现状及对策分析[D]. 泰安:山东农业大学,2006.6.

精准扶贫下的贫困户脱贫现状

——以新建里村为例

指导教师　苏明强①

思想政治教育专业学生　张玉雪

摘要:2020年是将要全面建成小康社会,实现第一个百年奋斗目标,同时达成脱贫攻坚宏伟目标的决胜收官之年。在此时期,对贫困户脱贫现状的深入调查研究具有独特意义和特殊价值。采用访谈调查法对新建里村的全部贫困户进行了入户走访,报告了扶贫政策落实情况、贫困户衣食住行基本状况、收入支出情况、心理精神状态、子女教育相关问题、社会波动对其影响以及现今脱贫状况等,调查了贫困户致贫返贫的原因,发现了在新建里村脱贫工作中出现的部分问题并尝试提出解决方案,最后探讨了如何将高校思想政治教育同脱贫攻坚相结合的问题。

关键词:精准扶贫　贫困户　脱贫现状

一、引言

精准扶贫是指针对不同的贫困地区特征,不同贫困农户状况,运用科学有效程序对扶贫对象实施精确识别、精确帮扶、精确管理的治贫方式。自2013年习近平总书记针对粗放式扶贫忽略扶贫对象切实生活需要而提出精准扶贫以来,中国脱贫攻坚战已经历经七个年头。七年风雨,从党和中央到基层干部,从总书记到人民群众,为在决胜收官之年打赢脱贫攻坚战,为交上一份人民满意的答卷,统一领导、贯彻落实,用苦功、下力气,踏石留印,抓铁有痕。而中国精准扶贫成效之显著在世界范围内消除贫困的努力中尤为瞩目。

在以往关于精准扶贫政策、贫困户脱贫现状的研究中,以省市为基本研究单位的相关论述居多,省市单位因其可调查范围广泛,贫困案例丰富而使调查结果具有地区代表性,对全国脱贫现状有较为良好、全面的反映,对"全国一盘棋"有较

① 苏明强(1984—),历史学博士,马克思主义学院教师。

大的指导作用。如马玉莹关于贫困农户对精准扶贫满意度的调查,是以江西省为例;张真琦关于新时期精准扶贫政策的现状问题及对策研究是以宁夏地区为例;黄秀林关于财政扶贫政策精准减贫的绩效研究中,对于精准扶贫工作中出现的问题有独特的看法。另外以往所做的研究,多是将精准扶贫政策与贫困家庭高校学生的思想政治教育相联系,而忽视了精准扶贫政策在普通高校学生思想政治教育中的宣传普及和教育研究。

新建里村位于山东省烟台市牟平区文化街道境内,是一个并不十分发达的典型城乡接合处。本文以新建里村为研究范围,主要通过访谈调查法对新建里村十四户贫困户进行了相关问题的走访调查。以一村为研究视角和基本单位虽然不能够做到全面反映现今扶贫状况和存在问题,但可以从侧面窥见我国扶贫政策落实情况的真实性、有效性,同时也能对贫困户的真正需求有直观性表达。

二、精准扶贫政策落实情况

(一)新建里村精准扶贫政策

1. 教育扶贫

家庭成员接受教育水平的高低不仅会影响其个人思维方式和思想深度,更会在很大程度上影响贫困家庭的日常脱贫生活,进而决定中国"造血式"扶贫的成就高低。提高贫困家庭的教育水平是中国贫困人口脱离困境的真正内在动力。物质上进行补助与精神上进行丰富,前者确有速效,然而"治标不治本",甚至有可能造成"贫困依赖";后者虽耗时,却能从根本解决中国贫困"不扶则倒"的顽疾。

新建里村教育扶贫相关政策主要为"雨露计划",该项扶贫政策是指对有子女接受中、高等职业教育的建档立卡贫困户家庭给予直接补贴,重点帮扶农村贫困家庭子女初、高中毕业后接受中、高等职业教育,贫困户新生成长劳动力创业就业能力逐步提升,实现一人长期就业、全家根本脱贫的目标,"雨露计划"职业教育扶贫项目补助标准为每生每年3000元,所需资金由县级财政足额安排。

2. 金融扶贫

金融扶贫作为在脱贫攻坚决胜战中一项最具较快再生能力的政策,具有不可代替的巨大作用和长远意义。妥善利用相关政策得到金融帮扶,贫困人口可以以其为本金进行创业、就业等,丰富家庭经济收入来源,增加个人财富收入,进而实现家庭劳动力的再利用和充分利用,最终脱贫目标真正达成。

新建里村的金融扶贫政策分为两种:

(1)“富民农户贷”

富民农户贷是指相关金融机构如当地各大银行,向有劳动技能或劳动能力、有确切致富愿望、有生产经营项目、有贷款需求的建档立卡农村贫困人口发放5万元以下、3年以内、免抵押、免担保、基准利率、财政全额贴息、以加快农村贫困人口增加家庭收入为目的的各种贷款产品。

(2)“富民生产贷”

富民生产贷是指相关金融机构向各类经营主体如企业、商户发放,按每带动1名农村人口给予5万~10万元优惠利率贷款、财政年贴息3%,以带动农村贫困人口实现稳定就业或稳定劳务或稳定增收为目的的各类贷款产品。

3. 就业与社会保障扶贫

新建里村坚持精准扶贫、精准脱贫基本方针策略,在精准识别的前提下,对建档立卡贫困人口因各人因各地、因不同贫困原因、因贫困类型分类施策,集中开展相关就业与社会保障精准扶贫工作,帮助有条件有意愿的建档立卡贫困户实现转移就业;对劳动年龄以内、仍然具有劳动能力与意愿并有培训意向的贫困户进行免费培训,实现“愿培尽培”“能培尽培”;确保居民基本养老保险基础养老金按时按额下放,逐渐提高基础养老金标准,逐年提高贫困人口大病保险报销比例,实现“应保尽保”“能报尽报”,努力使贫困人口有工作、有收入、有保障。

4. 健康扶贫

个人脱贫情况与劳动力身体健康息息相关,同时值得注意的是因失去劳动力而贫困的帮扶对象很大可能都需要健康保障和扶助,因此健康扶贫政策就变得十分有必要。

新建里村持有健康服务卡的患病贫困人口在牟平区定点医疗机构(滨医烟台附院、牟平区中医院、牟平区皮肤病结核病精神病防治院及各镇街卫生院)就诊,享有以下优惠政策:

(1)门诊

对新建里村持有健康服务卡的患病贫困人口就诊提供相应便民惠民服务,实施“两免两减半”惠民政策。即:免除个人普通门诊挂号费、免收诊察费(含一般诊疗费),专家门诊诊疗费以及大型设备检查费减半收取。

(2)住院

对新建里村持有健康服务卡的患病贫困人口住院实行“先诊疗、后结算”机制,在新建里村定点医疗机构设立综合服务窗口,实现基本医疗保险、大病保险、疾病应急救援、医疗救助“一站式”信息交换和即时结算,贫困患者只需在出院时支付自付医疗费用即可。

5. 扶贫特惠保险

保险精准扶贫是金融扶贫不可缺少的重要组成部分，是防止和解除贫困群众风险的必备手段。为更好地发挥保险业务的风险保障功能，帮助贫困群众尽早稳定脱贫，自2017年起，牟平区按省市统一要求开展实施扶贫特惠保险工作。牟平区扶贫特惠保险险种主要包括三种：医疗商业补充保险、意外伤害保险、家庭财产保险。

6. 扶贫孝德基金设立

贫困户通常是以一个家庭为单位进行统计，而其子女作为已经独立出去的个体另组家庭，无论从中国传统孝德文化背景出发，还是从扶贫脱贫的实际出发，在子女满足条件和父母自愿的情况下，子女应该赡养贫困父母。在此基础上，牟平区设立"孝德基金"鼓励子女帮助父母脱贫致富。

孝德基金主要奖补对象为区内农村60周岁（含）以上，需被赡（抚）养的建档立卡贫困人口（以下简称赡养对象）。凡其子女及时、诚信、足额缴纳赡养费用并签订相关赡养协议，孝德基金将主要依据赡养对象家庭人均纯收入与当年度本区低保线标准差数额予以分档奖补。

不签署赡养协议或签署赡养协议补差后赡养对象人均收入仍达不到低保脱贫标准线的不纳入基金补助范围。

（二）精准扶贫政策落实情况

中央对彻底解决贫困问题的决心之大、力度之强，伴随而来的是大量资金从财政部涌入各省各地政府。截至2020年4月，中央财政部称已累计下达中央财政专项扶贫资金1396.36亿元。与此同时各地政府纷纷响应号召，出台与当地实情相符相关的精准扶贫政策，为坚决打赢脱贫攻坚战添砖加瓦。但是，巨额资金带来巨大诱惑，扶贫专款所到之处层层盘剥的现象屡见不鲜，贫困人口真正得到的帮扶资金严重不足，甚至还出现村干部以为村民申报低保、救助救济以及低保复核等名义，收受贫困户现金、土特产品等的恶劣现象。就此，特调查新建里村14户贫困家庭的精准扶贫政策落实情况。

精准扶贫政策的颁布只是解决扶贫问题以完成全面小康目标中的一步，只有将政策落到实处，才能切实做到施惠于民、普济贫困。新建里村村委会于仁己主任全职负责本村的精准扶贫政策落实，他表示相应的政策扶助已经按时按量发放给本村14户扶贫户。在走访过程中，我们首先关注的问题就是政策是否如基层干部所说得到落实，比如，资金是否到位，物资是否发放、村干部服务是否到位，等等。

其中，王如涛同志的妻子在谈论这个问题时，提到一个情况侧面反映出新建里村政策落实的相关情况。她说："我看新闻里报道烟台有的地方村官都贪污了，少发了钱，然后人家都说应该发多少，我这一对比啊，就知道咱们村没少发，没贪污。"

同时从贫困家庭得到的物资情况中，可以相互印证冬季的棉被、生活小家电、油米面都及时等量发放到贫困户手中；村干部以月为单位到访家中，询问贫困户生活情况，每周以电话形式关心贫困户身体状况。

精准扶贫政策侧重精准，不仅在贫困户的识别上，还体现在相应政策对应相应状况。如有成年工作子女的贫困户会签订赡养协议，以赡养基金来帮助贫困家庭摆脱困境；有子女在读书的贫困家庭可以通过"雨露计划"得到相关学费补助减轻家庭负担；有积极致富愿望的家庭可以通过"小额信贷"贷款获得启动资金，发家致富。

精准扶贫政策从教育、金融、医疗、保险等方方面面为贫困家庭提供尽可能多的帮助，新建里村的政策落实情况比较良好。

虽然精准扶贫政策得到了良好的落实，但是不容忽视的问题还有几个，一方面贫困事实是否存在作假情况，另一方面，贫困户是否存在顶替的问题。走访过程中，仔细观察贫困户的家庭情况、居住条件就能够发现，大多数贫困户家具较为老旧，有的家庭甚至可以称为简陋，在下文贫困户基本情况的介绍中也不难发现，其在衣食住行等方面确实符合贫困标准，并无作假情况。

三、贫困户基本情况

（一）衣食住行情况

1. 食品与服装

"民以食为天，食以安为先"，国家无论志多高远，社会不管如何向荣，老百姓的衣食住行都是维系稳定中值得注意、不容忽视的方面。在全面小康的道路上，贫困落后的家庭们是否解决了吃好穿暖的问题，是基本并且根本的。新建里村的14户贫困家庭全部可以解决自身的基本生活需要，并不存在"吃不上饭"的情况。

老人们表示由于年龄身体等方面的因素，对于食物在"量"上的要求较低。但是，同样从年龄和身体方面考虑，贫困家庭的食物要求不应该仅仅停留在"足量"上，更加要注重"高质"。受2019年上半年猪瘟和下半年疫情的影响，可以明显看出肉蛋等居民基本生活必需品价格上涨，且涨幅令人瞠目，普通家庭已经受到一定影响，何况是收入甚微乃至没有收入的贫困家庭。

在走访中我们了解到，仅有少部分贫困家庭可以在肉蛋等价格上涨的情况下负担起"顿顿吃肉"的情况，甚至有几户贫困家庭表示从上半年以来再也没有购买过猪肉,而有几户是亲戚朋友关照时才能得到少量猪肉,14户中仅有1户表示还可以正常购买猪肉,但是频率很低。(政策的调整性弱)

由于14户贫困家庭中的帮扶对象大部分都是老年人,对于服装的要求重点关注在冬季保暖上。走访时,老人们全部穿着整洁干净保暖,不存在衣衫褴褛或者过于单薄的情况,以观察来看,衣服的款式较为老旧,但都还是比较新的。帮扶对象们也表示穿衣问题并不会对他们的生活造成影响。

2. 住房和交通

新建里村的贫困户们大多数拥有自己的房产。这是由于在帮扶对象的人生历史中大多数并不是从一开始就出现贫困的,同时牟平区也仅仅是一个小城镇,因此,大多数贫困户都有房可住。但是还存在因为贫困而卖掉原有房产改为租房居住的情况,房屋租金成为生活中一笔不小的开支,这无疑使贫困家庭经济状况雪上加霜。

住房情况除了水电需要以外,由于北方冬季寒冷的原因,取暖成为贫困家庭最关心的问题。部分家庭居住在平房,采用烧煤取暖方式过冬,居住在楼房的贫困户都能使用集体供暖。总体上来说,他们的冬季采暖问题可以解决。

从交通情况的调查中可以了解到,大部分贫困家庭只有自行车、电动车等简易交通工具,小部分连简易交通工具都没有,去较远的地方只能依靠公共交通工具或者步行,这对于身体状况不容乐观的部分帮扶对象来说,不是最好的却是最无奈的选择。

从衣食住行来看,贫苦家庭虽然不至于太过窘迫,但也并没有达到普通家庭的水平。特别是在社会波动的情况下,生活必需品的价格起伏时时刻刻决定着他们能不能吃得“高质”。国际上将恩格尔系数作为评价生活水平高低的指标,贫困家庭的食物支出比重不可谓不高,降低贫困家庭的恩格尔系数,让贫困家庭真正踏稳小康之路,是下一阶段努力的目标之一。

(二)收入支出情况

1. 收入情况

新建里村14户贫困家庭中,有13户因为重大疾病或者肢体残疾丧失劳动能力,同时因为新建里村的经济状况,全部居民没有土地耕种,因此贫困户们除了低保金和扶贫项目资金或者亲属帮扶,没有其他收入来源。剩余1户的刘春英同志由于身体疾病不能从事高强度劳动,虽有收入但很少,根本不能满足她独自供养两名大学生的需求。

2. 支出情况

收入情况不容乐观,支出情况亦然。大部分贫困家庭都存在看病、吃药的情况，住院治疗也是家常便饭。即便社会医疗保险对贫困户有特殊照顾，但还是有一部分费用需要自理，这部分费用对于没有收入的他们来说，只能从嘴里省、向儿女要、在别处借，有部分药品因为是进口药，不在社会医疗保险的报销范围内，一般来讲这些药品的价格又相对较高，成为甚至超出食物支出的消费项目。据了解，李汉琴同志因病常年透析，这对她的家庭造成了不小的负担，丈夫精神患有疾病，早年家底已经在几次磨难中消耗殆尽。此外，前面提到的取暖费用无论是集体取暖还是烧煤取暖，都是不小的开支。

（三）心理精神状态

在走访中可以观察到的是，大部分贫困家庭虽然经历痛苦，但是帮扶对象们还是怀着巨大的热忱和对生活的希望努力活得更好。于正己同志和王丕雯同志都表示十分感谢政府和党："现在政策好啊，不然哪里有人管我们这些老家伙啊！"对于政府给予的帮助，贫困家庭们有感激的同时也有不满的地方。退伍军人刘绍铭同志身体残疾患病，认为国家应该对退伍军人给予更多不同于一般人的补助。这不但反映出他们目前的心理状态，也可以窥见政策的部分不足。

马斯洛需求理论中最基本的是生理需求，也就是人们最基本的需求就是能够活着，目前新建里村的贫困家庭们已经满足。但是在更高的层次上就有帮扶对象开始出现不满足的情况，马斯洛需求第二层次中安全层次包括人身安全、健康保障、财产安全、工作，作为贫困家庭固然能保证自身人身安全、财产安全，但是帮扶对象的健康保障和工作只能视具体情况而定。

关于健康保障，健康扶贫中每个贫困家庭都签订了"家庭医生"协议，定点医院每年都会组织贫困户进行全面体检，如果贫困户不能到院，家庭医生会负责上门帮助其检查。

新建里村提供村级扶贫公益专岗，与14户中的于正己同志、刘春英同志、宋坤生同志作为村级保洁员签订了《村级扶贫公益专岗管理协议》，优先扶助贫困户中尚能够进行轻微劳动的帮扶对象。在帮扶对象力所能及的情况下，尽量满足贫困人员的工作需求。

马斯洛需求理论的社交需求包括亲情、爱情、友情。这14户贫困家庭中有5户是独自一人生活，成为"鳏寡"的不在少数，老人们的生活或许还能过得去，但是精神上的慰藉却无从谈起。

最后，普遍被帮扶对象们担心着的问题是2020年全面小康扶贫攻坚战打赢后他们该何去何从？也就是政策的后续问题，比如，"会不会有新政策出来帮助我们？""新政策什么时候出现？会是怎么样的？""帮助的力度会比现在大还是小？"等等。

(四)子女教育问题

从调查情况来看,贫困户的子女受教育程度普遍较低。一方面是因为在当时的大背景下,我们的调查对象大部分都是老年人,他们的子女至少已经处于中年阶段,早已经脱离了受教育的年龄。在19世纪70年代的大背景下,对子女受教育的重视程度远不如现在,因此贫困家庭的子女有很大一部分都在初高中之前就辍学工作。另一方面,贫困家庭的家庭条件不能支撑子女继续学业。如于连永同志已经缠绵病榻多年,对于子女的教育问题可能也是有心无力,子女孝顺体谅父母,也主动辍学,打工支撑家里。

但是一个非常向好的现象就是,随着国人对教育问题的重视程度与日俱增,经历过上一辈人的积累,贫困户家庭的小辈,如孙子、孙女,已经因为家庭情况的好转等都得到了较好的培养。如果符合相关扶贫政策,他们可以申请精准扶贫政策中关于教育的部分,这对于整个家庭的脱贫是一种长远而又有效的扶助。

(五)现今脱贫状况

总体来讲,新建里村的贫困家庭现在处于一种虽然指标达到,但是依然"僵持"的状态。一方面政府帮助的资金在源源不断地流入贫困家庭,解决一些生活难题;另一方面资金又因为各种原因流出贫困家庭,难以保留。难点在于贫困家庭的自生能力大多较差,没有稳定经济收入而全靠补助生活。目前来看,精准扶贫政策就像是一剂"强心针"支撑着贫困家庭的"心脏跳动",如果"停药不治",想让其"自力更生",难度是很大的。

四、贫困户致贫返贫原因分析

通过调查发现,在14户中部分很早就进入低保行列,而部分2019年才进入扶贫名单,因此可见:一是致贫原因具有突然性,一场突如其来的疾病就有可能导致小康家庭跌入贫困行列;二是脱贫现状艰难,存在"久扶不立"的尴尬困境。以下为14户贫困人口家庭现状:

于连永同志,因为先天性肢体残疾一级,无任何劳动能力,生活不能自理,全凭亲属照顾。

于正己同志患有心脑血管疾病,常年吃药,无劳动能力,无经济来源,全靠低保及子女救助。

刘春英同志丈夫病逝,子女全靠其独自抚养,本人体弱多病,无劳动能力,全靠低保和补助生活。

宋坤生同志患有精神疾病二级,无劳动能力,无经济收入,全靠其姐姐照顾生活。

王丽君同志患有老年痴呆症,独自一人,现居住儿女家,无任何收入,不能自理生活,全靠家人照顾。

于连刚同志妻子体弱多病,常年吃药,无劳动能力,本人肢体残疾,行动不便,患有慢性病,常年吃药,无其他经济来源。

王如涛同志夫妻二人年事已高,无劳动能力,妻子行动不便,属于二级残疾。本人听力有问题,属于听力二级残疾,有慢性病,常年吃药,无任何保障。

王宏同志有精神障碍,常年居无定所,后被救助于福利中心,儿子由其父母代为照顾,无劳动能力,无经济来源。

王丕雯同志丈夫和女儿都病逝,全靠女婿照顾,有慢性病,常年吃药,无劳动能力,无经济收入,全靠低保和补助生活。

李汉琴同志患尿毒症多年,常年透析,一周三次,丈夫患有轻微抑郁,夫妻二人无工作,无劳动能力,无经济来源,靠低保和临时救助生活。

曲滋东同志夫妇二人均肢体残疾,无劳动能力,无经济收入,只靠低保、救助生活。

刘绍铭同志肢体残疾三级,妻子体弱多病无劳动能力,无住房,常年租房,只靠低保和补助生活。

王守楧同志肢体残疾,行动不便,妻子患有肝癌晚期已经病逝,有一女在外地工作,照顾不上,全靠低保生活。

以上,我们可以总结出,新建里村的贫困人口大多是因病或因残致贫,而这样的致贫原因无疑大大增加了脱贫难度。子女教育水平不高,工资普通,在现今生活压力下自身都难以顾及更遑论贴补贫困父母。新建里村不存在农民因交通不便而导致瓜果蔬菜卖不出去的问题,它作为一个城乡接合处并没有山田可以供贫困家庭种植,因此贫困家庭想要脱贫致富十分艰难,可以说到了"走投无路"的境地。

五、精准扶贫政策与高校思想政治教育

精准扶贫政策作为中央实施的关注民生的重要政策,已经经历过很多年头,已经进入收官之年。但是就目前来看,对于相关政策和落实情况,只有贫困户们或者贫困大学生较为了解,比如,什么政策、什么标准符合扶贫要求,扶贫现状如何,等等。当代大学生即将成为社会中最有活力、最具锐意的新生力量,很有可能走上为人民服务的岗位。如何让高校学生的思想政治教育同精准扶贫政策结合起来,更好地宣传普及政策的同时,提高高校大学生思想政治教育水平,关注国家

发展大事、民生问题解决等是一个值得关注的问题。

(一)学校社团宣讲普及精准扶贫政策

学校社团作为活跃在学生群体之中,同时本身也具有接受新鲜事物并将其与学生生活相联系的有志大学生群体,在高校中宣传精准扶贫政策有着“一马当先”的影响力和宣传力。通过学校社团的相关演讲和及时宣传,可以更大范围更快速地在学生中间为精准扶贫政策增加热度,提高大学生对其熟知程度。

(二)班会、讲座普及精准扶贫政策

班会作为高校行政单位具有其特殊性,其宣传时的严肃程度较学生社团更高,高校教师和班干部带头作用更加明显,而讲座宣传则可以以更高的科学性来解释我国精准扶贫政策的“来龙去脉”,使高校学生对相关政策有着更深入、更透彻的了解。

(三)社会调查研究精准扶贫政策

高校学生作为有生力量,不仅要有关于精准扶贫、打赢脱贫攻坚战的充足、完整、科学理论知识储备,同时要更加注重将学习到的相关知识灵活运用于社会实践,进行相关的社会调查。这样不仅对其自身是良好的锻炼机会,能够对政策有更加立体实际的理解,更能为国家政策的发展完善提供自己的一份力量。

参考文献

[1]黄林秀,邹冬寒,陈祥,等. 财政扶贫政策精准减贫绩效研究[J]. 西南大学学报(社会科学版),2019,45(5).

[2]向运华,罗家琪. 大病保险助推精准扶贫的现状、问题与对策[J]. 决策与信息,2019(12).

[3]刘亚楠. 基于扶贫客体的精准脱贫及其影响因素[J]. 北方园艺,2019(16).

[4]沈承放,莫达隆. 精准扶贫形势下农村贫困户脱贫现状调查研究[J]. 当代经济,2020(1).

[5]甘团粒,欧文忠. 甘肃庄浪县金融支持精准扶贫精准脱贫的现状与思考[J]. 山西财经大学学报,2016,38(S2).

03

政治建设理论与实践调研篇

新时代大学生马克思主义信仰教育面临的挑战及对策

指导老师　刘宝杰①

思想政治教育专业学生　胡淑芬

进入新时代,由于社会迅速发展、思想日新月异以及大学生群体的特殊性,大学生马克思主义信仰教育出现各种问题。现在,问题不仅没有得到合理解决,而且具有新的表现。为了应对大学生马克思主义信仰教育面临的挑战,增加大学生对马克思主义的尊崇感和信服感,本文探讨了相关的解决方法。但是在此之前,必须先弄明白信仰、马克思主义信仰和马克思主义信仰教育的内涵,以及为何要对大学生开展马克思主义信仰教育。

一、相关概念

(一)信仰及马克思主义信仰的内涵

1. 信仰的内涵

人们关于信仰的界定到目前为止都没有形成统一的说法,国内不同的学者对信仰做出的定义也各不相同。顾协国认为:"信仰是人类社会中最基本最深刻的精神现象,其表现为社会成员对一定世界观、人生观、价值观等观念体系的信奉和遵行,是统摄、指导其他一切意识形式的最高意识形式。"张国臣教授认为:"信仰是指人们对某种事物、主义、学说的高度信服和景仰,极度地推崇和追求,并把它奉为自己的精神寄托和行为准则的自我意识。"林雪原认为:"信仰是主体人对他们自认为表达出了他们关于生命和宇宙最高价值的某种理论、某种主义或者某种想象出来的神灵等信仰对象所产生的极端信服的一种心理状态。"尽管不同学者对信仰做出的定义不同,但不难看出,信仰是属于意识的范畴,是人们从内心深处

① 指导教师简介:刘宝杰(1983—),男,哲学博士。现为曲阜师范大学马克思主义学部副教授,硕士研究生导师。

坚信不疑和十分信服的自我心理状态,它可以支撑人们的思想,指引人们的行为。

2. 马克思主义信仰的内涵

如何理解马克思主义信仰的内涵?可以通过与宗教信仰的对比获悉。马克思主义信仰追根溯源来自社会实践活动,宗教信仰也来自社会实践活动,然而两者的本质不同。宗教信仰是对宗教的信奉,对神灵上帝的追捧,把现实生活中难以解决的问题和对美好生活的希冀寄托在从人们头脑中所虚构出来的神身上,乞求借助神的力量、依靠祈祷来实现自己的愿望,是一种依靠神灵上帝,悲观被动的心理状态。而马克思主义信仰是对马克思主义和共产主义的信赖和信服,因此也被称为共产主义信仰。它主张一切活动都要通过现实的人的社会实践,并且特别强调现实的人的物质生产活动的重要意义,所以说,现实性是马克思主义信仰的本质特性。马克思主义信仰是一种可以通过人的活动把理想转化为现实的信仰,是一种乐观主动、踊跃向上的心理状态。

(二)马克思主义信仰教育的内涵

在我国,马克思主义信仰教育就是指教育者依据中国特色社会主义社会的要求,向受教育者传授马克思主义,建立受教育者的马克思主义信仰,把他们培养成中国特色社会主义社会所需要的人的活动。它在本文中包含了三层意思。第一,马克思主义信仰教育必须坚持社会主义方向不动摇。我国是社会主义国家,坚持社会主义方向是一切教育活动的基本原则,可以吸收借鉴外来优秀成果来完善和丰富马克思主义信仰教育,但是绝不可动摇社会主义方向。第二,这里的受教育者主要是指当代青年大学生。也就是说,青年大学生是马克思主义信仰教育的主要对象。第三,马克思主义信仰教育主要依托马克思主义理论知识,培养大学生对马克思主义理论、马克思主义社会理想、马克思主义伦理以及马克思主义精神的信服和崇尚,帮助大学生巩固马克思主义理想信念,并指导大学生自觉运用马克思主义进行社会实践活动。

二、对大学生进行马克思主义信仰教育的原因

(一)实现大学生人生价值的需要

马克思主义是科学理性的信仰,信仰马克思主义对大学生自身来说具有重大意义。大学生只有建立马克思主义信仰,才能在学业、工作、生活出现挫折和困难时,保持乐观心态,以必胜的信心砥砺前行,找到幸福的真谛;才能够增加知识储备,提高做人的修养,提升精神境界,完善自身人格;才能够判断事物的是非曲直,认识事物发展规律,对人生重大问题进行抉择,学会辨别是非、善恶与美丑。马克思主义信仰教育对大学生的必要性显而易见。

（二）建设社会主义现代化强国的需要

马克思主义信仰教育活动在大学生当中展开是建设社会主义现代化强国的需要。习近平总书记在中国共产党第十九次全国代表大会（以下简称“十九大”）报告中明确提出决胜全面建成小康社会，开启建设国家新征程，并对此做出新的战略安排。这表明，一方面，我国对实现两个“百年目标”不仅具有巨大的决心，而且具有强烈的信心。在马克思主义思想的指导下，我国将会在方方面面获取重大成就，中国人民将会体验到在马克思主义思想指导下国家给我们带来的自豪感、优越感和获得感。此时，对大学生进行马克思主义信仰教育便会增强新时代大学生为实现中华民族伟大复兴的责任感。另一方面，社会主义现代化强国绝对不是轻而易举就能实现的，在建设的过程中我们会遇到复杂多变、无法预料的难题。这时候把握时机对大学生开展信仰教育，让大学生抓住我国发展机遇，促进社会主义现代化发展就显得格外重要。因此，有必要使马克思主义信仰成为大学生建设社会主义现代化强国的精神动力和精神支柱。

三、大学生马克思主义信仰教育面临的挑战

（一）马克思主义信仰教育受到社会思想文化的冲击

1. 西方社会思想向中国渗透

在当今世界，西方发达资本主义国家从未放弃过对我国开展意识形态渗透和思想文化入侵的活动。正处于思想观念形成关键时期的大学生毫无疑问成为资本主义意识形态渗透和思想文化入侵的首要对象，严峻挑战摆在大学生马克思主义信仰教育面前。

第一，西方资本主义国家以天赋人权、自由平等为外衣，向我国肆意宣扬资本主义民主思想、政治制度和价值观念，以达到让人们曲解社会主义意识形态、社会主义政治制度以及共产党的目的。在这种情况下，有些大学生可能会潜移默化地向往西方资本主义意识形态，抵触我国所倡导的爱国主义、集体主义和社会主义，甚至对社会主义制度和道路产生怀疑。

第二，西方资本主义国家借助大众传播媒介向我国鼓吹资本主义思想文化。西方国家将拜金主义、享乐主义和极端个人主义等非理性主义融入影视、报纸、游戏、新闻等传播媒介，侵蚀大学生思想，导致大学生思想观念、价值观念和行为方式发生扭曲。

总之，在大学生不断被西方资本主义意识形态和思想文化冲击的情况下，马克思主义信仰教育面临着严峻挑战。

2. 腐朽思想文化在中国依然存在

进入新时代，虽然我国社会主义文化获得了大发展，中华文化展现出蓬勃生机和活力，但是腐朽思想文化在我国依然存在。其典型表现是封建主义腐朽思想，包括邪教、污秽色情等。它已经成为影响大学生思想的一颗毒瘤，让马克思主义信仰教育面临亘古未有的挑战。

第一，以功利性和丑恶性为特征的腐朽思想文化污染大学生思想，扰乱马克思主义信仰教育。腐朽思想文化背叛人类理性，凸显人类的贪婪欲望，扭曲人性。思维尚未定型、社会经验缺乏的大学生面对来自父母、学业、工作和社交的压力，会产生焦躁、愤怒、无助等负面情绪，从而经受不住腐朽思想文化的诱惑，导致马克思主义信仰缺失。

第二，以隐蔽性和欺骗性为特征的腐朽思想文化侵蚀大学生思想，消解马克思主义信仰教育。腐朽思想文化模糊大学生思想观念、道德观念和价值观念，致使大学生缺乏批判精神，丧失辨别能力，难以辨别正确思想方向，远离马克思主义信仰。

总之，腐朽思想文化是马克思主义信仰的对立面，它对大学生马克思主义信仰产生巨大危害，会增加马克思主义信仰教育的复杂性，成为马克思主义信仰教育的绊脚石。

（二）马克思主义信仰教育面临实效性差的难题

1. 高校马克思主义信仰教育实际情况脱离教育目标

高校马克思主义信仰教育是思想政治教育工作的本质体现。高校思想政治教育课致力于传授马克思主义理论知识，培育大学生运用马克思主义理论知识处理现实问题的能力，促进大学生全面发展，帮助大学生坚定信仰。但是，我国高校的思想政治教育课实际情况脱离教育目标，马克思主义信仰教育实际效果不明显。

第一，实际情况与知识目标不符合。教师作为马克思主义理论知识的传授者，在教学活动中，应该认真准备教学工作，但个别教师上课时缺少热情，教学方式单一，对马克思主义理论知识只是机械灌输。第二，实际情况与能力目标不符合。高校思想政治教育课设置的马克思主义信仰教育的内容比较晦涩抽象，与大学生的生活实际难以找到契合点，形式化和理论化的马克思主义信仰教育内容无助于大学生解决实际生活中遇到的困扰，难以培养学生处理问题的能力。第三，实际情况与情感目标不符合。马克思主义信仰教育的最高要求是促进大学生的全面发展，坚定大学生建设社会主义的信念和实现未来共产主义的信心。但是在实际教学过程中，马克思主义信仰教育是针对大学生整个群体，对所有大学生按照统一标准进行教学活动，没有对大学生划分层次，未能对大学生做到具体问题具体分析，就难以实现大学生的全面发展，建设社会主义和实现共产主义只能沦为空洞的口号。

2. 高校马克思主义信仰教育方法缺乏亲和力

思想政治教育课作为高校马克思主义信仰教育的主要方式，面临着实效性差的难题，其中，教育方法缺乏亲和力是马克思主义信仰教育面临的棘手问题。

第一，高校依然固守传统的教学方法，采取“填鸭式”教学方式向学生机械地灌输知识，教师与学生的双向互动变成了教师对学生的单向活动，这种教学方法忽略学生的主观能动性，是单调枯燥、机械单一的一种方式。第二，在新时代多媒体环境中，多媒体给教学提供便利，但是过度使用多媒体会大大降低马克思主义信仰教育的实际效果。过度依赖多媒体教学方式，教师与学生之间缺乏情感交流，会让马克思主义信仰教育缺少生动性、亲密性，师生之间难以产生关于马克思主义信仰的共鸣。第三，面对高校思想政治教育课中大学生低头玩手机，不听课等现象，教师为吸引学生的注意力，不注重理论知识的科学性和严谨性，采取讲授低俗趣味故事或者一味讲授个人经历的方式，不仅不能让大学生把马克思主义信仰当成内心信仰，反而会适得其反。

马克思主义信仰教育方法缺乏亲和力难以树立起大学生对马克思主义信仰的尊崇和信任，这也是马克思主义信仰教育面临的突出问题和挑战。

（三）马克思主义信仰教育对象存在认知的不足

这里的马克思主义信仰教育对象主要是指大学生。大学生对马克思主义信仰教育的认知存在严重的不足。

1. 大学生未能积极认真学习马克思主义理论

帮助大学生建立马克思主义信仰主要是通过马克思主义信仰教育，而马克思主义理论课是大学生马克思主义信仰教育的直接方式。在“关于大学生对马克思主义理论课的看法”的问卷调查中显示，大学生未能积极用心学习马克思主义理论。问卷调查结果显示，34. 23% 的学生认为学校安排的马克思主义理论课“勉强可以忍受”，43. 24% 的学生认为“不多不少刚刚好”，10% 的学生认为“有点少，我没听够”，这表明 87. 47% 的学生对学校开设的马克思主义理论课是持可以接受的看法。但是在回答“上课时您通常能听多久的课?”这一问题时，只有 22. 52% 的同学“全部认真听讲”，34. 23% 的同学“偶尔拿出手机玩玩”，28. 83% 的同学“刚开始听，听一会儿就不听了”，14. 42% 的同学“大体上没听过课”。这说明大部分学生并没有专心听讲，认真学习马克思主义理论，马克思主义信仰教育的难度了然于目。在回答“是什么因素促使您学习马克思主义理论课?”这一问题时，

42.34%的学生认为"修学分而已",19.82%的学生认为是"应对考试",相比之下,只有14.41%的学生认为是"个人爱好",可见,出于个人爱好主动学习马克思主义理论的学生少之又少,大部分学生处于被动状态,对马克思主义理论课只是要求修满学分或者是成功应对考试。在整个马克思主义信仰教育过程中,大学生欠缺研习马克思主义理论的主动性,不能用心学习马克思主义理论,是摆在马克思主义信仰教育面前的巨大挑战。

2. 大学生难以坚定马克思主义信仰

大学生身处时刻发生变化的新时代,新鲜事物新鲜理念以及新鲜思想层出不穷,无时无刻不在影响大学生的信仰状况。新时代竞争更加激烈,在教育逐渐商业化市场化的现状下,大学生思想也会逐渐功利化,他们会更加注重切身利益,比如考试成绩、资格证书以及所学知识是否有利于将来就业,信仰金钱至上、权力至上等错误观念,从而导致马克思主义信仰淡化,难以坚定马克思主义信仰。新时代思想多元,事物、观念更新速度快,大学生在面对新时代变化带来的挑战时,难免会遇到挫折困难,产生心理压力,这时意志薄弱的大学生可能会信仰宗教,寻求心理慰藉,放弃马克思主义信仰。在利益发生冲突,需要做出选择时,思想不成熟的大学生可能会为了追逐利益,动摇马克思主义信仰。大学生难以坚定马克思主义信仰是放在马克思主义信仰教育面前的又一重大挑战。

四、应对大学生马克思主义信仰教育挑战的对策

(一)巩固马克思主义在我国意识形态领域的主导地位

十九大报告特别强调巩固马克思主义在我国意识形态领域的主导地位,只有这样,才能够捍卫马克思主义意识形态的主阵地,我们要缓解错误社会思想对马克思主义信仰教育的冲击,帮助大学生建立马克思主义信仰。

1. 大力建设和监管大众传播媒介

大力建设和监管大众传播媒介,必须抵制错误思潮的渗透,借鉴西方优秀文明成果,传播健康舆论内容,用马克思主义信仰占领思想政治教育的阵地;必须完善相关法律制度,严厉打击各种肆意宣传不良思想的组织和机构,加强舆论环境治理,给予马克思主义信仰教育法律保障;必须规范网络环境,加强网络治理,充分合理利用网络,让网络成为马克思主义信仰教育的阵地;必须综合利用各种大众传播媒介,肃清资本主义意识形态,为大学生马克思主义信仰教育创造良好环境和优秀平台,引导大学生建立马克思主义信仰。

2. 积极开展和加强思想道德建设

民族的希望和国家的力量都有赖于大学生心中崇高信仰的形成。积极开展和加强思想道德建设,需要大学生努力学习科学知识,果断抵制腐朽思想文化侵蚀;坚决同反对科学、反对社会主义、反对中国共产党的言论做斗争;培养大学生文明思想和高尚道德;提高大学生辨别是非、抵抗挫折的能力;营造文明向上的文化氛围,加强大学生对马克思主义信仰的决心。

(二)完善高校马克思主义信仰教育的模式

大学生马克思主义信仰教育必须在明确思想政治教育课要达到什么样的目标、培育出什么样的学生这个根本问题的基础上,使教育活动的实际情况符合教育目标,创新教育方法,增强马克思主义信仰教育的亲和力。

1. 落实马克思主义信仰教育目标

第一,通过提升教员总体素质落实知识目标。聘用优秀教师,严格把关教师选拔过程;积极开展教师培训活动,提高教师人格魅力,提升教师教学水平,增强教学的科学性和生动性;投资教育经费,提升教师的生活质量,改善教师工作条件,调动教师教学的积极性,增强教师教学的使命感。第二,通过改善马克思主义理论课程落实能力目标。通过增加马克思主义课程的实践性来弥补马克思主义信仰教育的不足,遵循理论联系实际的原则,创设教学情境,创立实践教育基地,开展信仰教育特色实践活动,将马克思主义信仰教育与生活实际相结合,锻炼大学生运用马克思主义解决实际问题的能力。第三,通过划分学生层次落实情感目标。在对大学生信仰状况调查的基础上,找出学生短板,根据信仰的不同状况调整教育目标、教育内容以及教育手段,循序渐进促进大学生全面发展,指引大学生建立马克思主义信仰。

2. 增强马克思主义信仰教育方法的亲和力

第一,尊重学生的主体地位。教师只是教学的引导者、启发者,马克思主义信仰教育应该以学生为主,坚持"以学生为中心"的教育理念,发挥学生的主观能动性,激发学生学习热情和兴趣,增加师生互动。第二,合理利用多媒体教学。在教学过程中,通过播放相关视频、背景音乐等方式加强学生之间、师生之间的交流,引发大学生对马克思主义信仰的思考。第三,增强理论的感染力。在坚持马克思主义理论科学性的基础上,通过增强语言的感染力,让理论变得具有哲理性、生动性以及艺术性,让大学生欣然认可马克思主义信仰,从而增强大学生对马克思主义信仰的尊崇感和信服感。

(三)发挥大学生群体之间的影响力

大学生群体之间的互动对其思想行为会产生重要影响,正确发挥大学生的作用，可以加强马克思主义信仰教育的实际效果，抑制不良影响，使大学生在不知不觉中主动学习马克思主义理论并坚定马克思主义信仰。

1. 树立先进榜样人物事迹

通过在大学生之间树立先进榜样来激发大学生学习马克思主义理论的积极性。在大学生群体中树立榜样，突出榜样的权威性、可信任性以及易变性，能够改善马克思主义信仰教育。一是选择真实榜样，榜样的事迹必须是真实的，不仅要符合现实生活，而且要体现马克思主义精神，符合马克思主义信仰教育内容。二是给予榜样话语权，让大学生中的先进榜样现身说法，用自己的事迹开展马克思主义信仰教育，激发大学生了解马克思主义的主动性，增强说服力和影响力。三是采用大学生喜闻乐见的形式进行榜样示范，比如借助微信、QQ、微博等大学生经常使用的社交软件树立榜样，能有效促进马克思主义信仰的宣传，扩大马克思主义信仰影响力，从而调动大学生信仰马克思主义的积极性。

2. 增进群体之间的沟通交流

大学生群体年龄、心理十分相似，生活的时代背景相同，他们之间的沟通交流不受约束，较为自由，可以有效促进大学生之间的马克思主义信仰教育。大学生的思想观念、价值标准和行为规范会对其他成员产生影响，使大学生之间产生无形压力并发生认同。具有坚定马克思主义信仰的学生与其他成员进行良性沟通交流，有助于大学生在内心形成马克思主义信仰。一是必须培养和挑选出一部分具有坚定马克思主义信仰的大学生组成社团或组织，为大学生之间的沟通交流提供机会和条件。二是学会一定的沟通技巧，针对不同问题的同学采取不同的沟通方法，帮助同学克服对马克思主义信仰的质疑。三是大学生之间要建立和谐的人际关系，对遇到困难的同学表示理解支持，并运用马克思主义提出相应的解决措施，帮助同学坚持马克思主义信仰。

结语

信仰不论是对个人还是对社会的发展都会产生重大影响，它既不会凭空出现，也不能强行灌输，对信仰需要进行教育引导。大学生是中国特色社会主义社会发展的新生力量，关乎国家未来的前途，只有让大学生确立并坚持马克思主义信仰，才有可能夺得中国特色社会主义事业在未来的胜利。这就必须敢于直视大学生马克思主义信仰教育面临的巨大挑战，正视不正确的社会思想文化对马克思主义信仰教育的冲击以及高校马克思主义信仰教育实效性差和大学生对马克思主义信仰教育认知的不足。通过对马克思主义信仰教育面临挑战的分析，找到相应对策，采取巩固马克思主义在我国意识形态领域的主导地位，完善高校思想政治教育模式,发挥大学生群体之间的影响力等措施,指引大学生坚定马克思主义信仰。

参考文献

[1] 顾协国. 大学生信仰观教育读本[M]. 北京:海洋出版社,2013:26.

[2] 张国臣. 理想·信念·信仰[M]. 北京:中国社会出版社,2011:3.

[3] 林雪原. 高校马克思主义信仰研究[D]. 北京:北京交通大学,2013:24.

[4] 宋俊成,刘晶. 大学生马克思主义信仰教育面临的挑战及对策[J]. 思想政治教育研究,2006(2).

[5] 张妍. 当代大学生信仰教育研究[D]. 黑龙江:哈尔滨师范大学,2011.

[6] 习近平. 决胜全面建成小康社会夺取新时代中国特色社会主义伟大胜利——在中国共产党第十九次全国代表大会上的报告[R]. 北京:人民出版社,2017.

[7] 朱冬梅. 试论多元文化背景下当代大学生马克思主义信仰教育面临的挑战[J]. 世纪桥,2017(9).

[8] 曾杰. 21世纪中国大学生马克思主义信仰教育研究[D]. 云南:云南大学,2015.

[9] 张梅. 当代大学生马克思主义信仰教育研究[D]. 重庆:西南大学,2013.

[10] 周娟,董玉节. 新媒体时代增进大学生马克思主义信仰认同研究[J]. 学园,2017(16).

[11] 杨影. 大学生马克思主义信仰问题研究[D]. 黑龙江:东北石油大学,2013.

[12] 胡磊. 当代大学生马克思主义信仰现状及对策研究[D]. 辽宁:辽宁中医药大学,2014.

[13] 张文喜,杨影,方伟明. 高校马克思主义信仰教育面临的挑战及对策[J]. 教育探索,2013(11).

[14] 刘冬冬. 大学生马克思主义信仰教育面临的挑战及对策[J]. 湘南学院学报,2017(4).

[15] 汪永生. 当代大学生的马克思主义信仰教育[J]. 文教资料,2011(4).

[16] 王芬. 新形势下高校思想政治课的困境及解决对策[J]. 知识文库,2017(6).

[17] 庞桂甲. 论思想政治教育亲和力[J]. 思想教育研究,2007(5).

[18] 陈万柏,张耀灿. 思想政治教育学原理:第3版[M]. 北京:高等教育出版社,2015:221-228.

[19] 邓晓辉. 用马克思主义信仰占领大学生的思想高地[J]. 中国科教创新导刊,2008(22).

附录

关于大学生对马克思主义理论课的看法

亲爱的同学们:

大家好! 为了真实了解大家对马克思主义理论课的看法,特进行此次问卷调查。此次问卷调查采取不记名方式,按照您的实际想法填写即可,您的真实回答将会为我们的研究提供参考,感谢您的积极配合、踊跃参与!

1. 您现在所在的年级?

A. 大一　B. 大二　C. 大三　D. 大四

2. 您的性别?

A. 男　B. 女

3. 是什么因素促使您学习马克思主义理论课?

A. 个人爱好　B. 修学分而已

C. 应对考试　D. 马克思主义具有科学性

4. 您如何看待学校开设马克思主义理论课的数量?

A. 难以忍受,实在太多了　B. 勉强可以忍受

C. 不多不少刚刚好　D. 有点少,我没听够

5. 您对学校开设的马克思主义理论课的评价?

A. 完全没必要,学不到东西　B. 无所谓,我很少听课

C. 比较满意,能吸引我听课　D. 质量很高,内容很有意思

6. 您平时上课的次数是?

A. 每节都去　B. 基本上会去,偶尔会逃一两节课

C. 看心情决定　D. 基本上不去,能逃就逃

7. 上课时您通常能听多久的课?

A. 全部认真听讲　B. 偶尔拿出手机玩玩

C. 刚开始听,听一会儿就不听了　D. 大体上没听过课

8. 您对学习马克思主义理论课的看法是?

A. 是一种信仰　B. 有利于指导我们的实践活动

C. 是对当代大学生的精神洗脑　D. 没啥看法，学校要求学就学呗

9. 您认为当代大学生学习马克思主义理论的作用是？

A. 武装头脑的利器

B. 有利于学习本专业知识

C. 有利于树立正确的世界观、价值观、人生观

D. 没啥作用

10. 在马克思主义理论课上什么讲课形式更能吸引您的注意力？（多选题）

A. 播放与讲课内容相关的视频

B. 在讲课时播放音乐

C. 在讲课中穿插相关故事

D. 与学生进行游戏互动

E. 利用手机与学生进行互动

F. 其他

11. 您认为马克思主义理论课与你的生活有多大关联？

A. 有一点关联　B. 没有关联　C. 很有关联

12. 您现在所学的专业偏向是？

A. 文科　B. 理科　C. 艺术　D. 其他

社会互动视角下大学生“键盘侠”现象分析

——基于日照市大学城部分大学生“键盘侠”现象调查

指导教师　尹　雷①　杨世宏②

团队成员　雷　婕　吕林栖　刘　璐　罗巧玲

毕雪涵　吕心仪　马鑫蓓　滕　晖

绪论

(一)调研背景

随着网络技术的发展和人们娱乐方式的多样化,近几年来网民的数量呈快速上升的趋势,网络成为人们日常生活中不可缺失的一部分,伴随着网络的普及,人们参与其中的频率也越来越高,网络也需要人们参与其中进行互动来促进其发展繁荣,因此网络在人们的工作学习中扮演着重要的角色。

伴随着网络的普及,一些新的名词、流行语日渐出现在人们的视野中,比如,“佛系青年,扎心了老铁,人家拿小拳拳捶你胸口,精致的猪猪女孩”等,“键盘侠”一词也位于其中。“键盘侠”群体作为一个新兴的群体出现在网络中,成为一部分网民的专有代名词,这部分网民线上充满英勇义气,线下却缺乏真正的勇气付诸行动,表现得十分懦弱,这一群体的出现展现出新的时代背景下人们不同于以往的表达方式。无论是在新闻网站,还是在微博等自媒体客户端,我们都可以看到键盘侠这一群体的存在,他们的评论往往会主导舆论方向,甚至混淆大众视听,起到严重的误导作用。因此,在他们身上主要体现出来的是道德绑架和语言暴力,这些行为会破坏网络环境,乃至危害社会的和谐。换言之,键盘侠表面上是正义的化身,实际上发表的却是一些不符合实际的言论。

---

① 指导教师简介:尹雷(1984—),男,法学博士。现为曲阜师范大学马克思主义学部讲师,硕士研究生导师。

② 杨世宏(1964—),男。现为曲阜师范大学马克思主义学院副教授,硕士研究生导师。

键盘侠个体数量众多、力量十分强大,且在网络中发挥的作用十分显著,因此已经成为网络群体中不容忽视的一支力量。针对网络的普及以及键盘侠在其中所发挥的作用和造成的影响,我们从社会互动的角度,主要着眼于大学生这一群体,从键盘侠的现状、影响以及成因等几个方面入手,来对键盘侠这一现象进行剖析,通过访谈和问卷的形式了解人们对键盘侠的理解,深入把握键盘侠这一群体在网络环境下的作用及影响,分析键盘侠的两面性,并根据现状和原因提出相应的应对方式来缓解键盘侠所造成的负面影响,进而深入分析社会互动条件下人们的信息交流模式。

(二)调研目的

本调研旨在了解键盘侠现状,分析发达的网络社会中出现的键盘侠群体给人们的生活所带来的影响,并根据分析结果提出相应的应对措施来应对键盘侠所带来的消极影响,达到净化网络环境,促进社会和谐的目的。我们还将通过分析"键盘侠出现的根本原因""键盘侠群体发挥作用的方式",以及"如何做到在网络世界中游刃有余"等问题,来分析在互联网越来越发达的背景下人们心理的变化,即为何会出现键盘侠在线上与线下判若两人的情况。

在实际生活中,我们可以看到键盘侠发展为水军引导舆论,给事情本身所造成的压力,以及键盘侠的语言暴力给当事人所造成的负面影响。此外,本次调研着眼于大学生这一群体,由于大学生群体有更多的时间接触网络,能够熟练灵活地运用网络,并且大学生群体对此类事件有一些独特的见解看法,我们以大学生为代表来分析了解整个键盘侠群体,深入了解大学生群体在网络评论中的行为举动,使之更具有代表性。综合以上几点来深度剖析键盘侠现象,最终目的在于根据成因提出应对措施,以缓解键盘侠给人们的生活带来的负面影响,使其消极作用转变为积极作用,从而营造一种良好的网络氛围,进而对如今网络社会有更加深入的了解,为人们沟通互动打造一个良性的网络互动平台。

(三)调研思路

近几年网民的数量呈快速上升的趋势,网络成为人们日常生活中不可缺失的一部分,"键盘侠"群体作为一个新兴的群体出现在网络中,成为一部分网民的专有代名词。针对网络的普及以及键盘侠在其中所发挥的作用,我们从社会互动的角度,主要着眼于大学生这一群体,从键盘侠的影响、原因、措施几个方面入手来对键盘侠这一现象进行剖析,深入分析键盘侠这个群体,具体思路如图 1 所示。

图1 调研思路

首先,成员在搜集大量资料并进行简单的整理后,带着资料和问题到学校进行了试调研,希望借此实现理论与实际相结合,从而使调研方向更明确。其次,试调研后我们针对发现的新问题搜集资料,整合调研数据,随后对大学城部分大学生进行了实地访问。我们采用了访谈和问卷两种途径来进行调查研究,采访大学生获得第一手资料;在此基础上进行了资料的整理,开始撰写报告,初稿完成后,在老师的指导下,进一步修改和完善,并最终完满结束了此次调研。

(四)调研方法

1. 实地调查研究

(1)访谈法

本次调研,我们主要采用了问卷调查法,运用调查问卷,采访者通过一对一的形式在大学城内随机寻找访谈对象,通过访谈我们可以进一步了解社会互动视角下当代大学生“键盘侠”现象,收集到第一手生动、鲜活的个案资料,为深入了解当代大学生“键盘侠”现象提供具体生动的依据,同时也对问卷调查提供必要的补充。

(2)观察法

为了对社会互动视角下当代大学生“键盘侠”现象的现状有更为深入的了解,我们深入大学城内各个学校对不同的学生进行仔细的观察和了解。通过现场观察与访谈,不仅进一步加深了我们对调研主题的了解,同时也加深了我们对研究价值的认识。

2. 统计调查研究

本次调研,我们主要采用了问卷调查法,我们运用统一设计的《社会互动视角下当代大学生“键盘侠”现象研究的调查问卷》,以及网上问卷星的形式,进行线上线下同时调查。在线下调查时,我们按照随机抽样的方式,选取了大学城内的部分大学生来进行调查。在线上调查时,我们则运用问卷星进行非概率调查。通过对线上和线下调查数据的系统分析,我们深入了解了现阶段“键盘侠”的真实状况。

3. 文献法

在检索专著、论文、期刊资料的基础上,我们对相关文献资料进行了浏览、筛选、摘录和整理,并通过比较法、相关综合法等方法对文献进行分析,对社会互动视角下当代大学生“键盘侠”现象的现状来源形成了理论层次上的认识,为后期的调研指明了方向,也为报告的撰写奠定了基础。

(五)结果与评析

在网络媒体高度发展的当下,大学开放的校园环境使得拥有较多自由时间,以及具备一定的知识基础、重视个人观点阐发的部分大学生,发展成了网络“键盘侠”的一员。根据调研数据来看,总的来说,大学生家庭普遍具有稳定的收入来源,在校期间生活压力较小,与此同时网络平台自由、开放、虚拟等特点充分满足了大学生抒发精神、情感的诉求。随着 QQ、微信、微博等一系列网络平台逐步完善,覆盖面越来越广,大学生群体更是把这些应用软件作为学习之外的社交方式和了解社会的主要途径。因此,此次调研我们选取日照大学城内的部分大学生为调研对象,深入分析网络“键盘侠”产生的影响、背景以及对待该现象应当采取的正确态度和做法。

总的来说,此次调研大致达到了预定目标,具有较高的可信度与有效性,是一次很有意义的调查研究。此次调研我们以社会互动视角下当代大学生“键盘侠”现象为研究课题,针对日照大学城大学生共发放问卷 200 份,收回有效问卷 192 份,有效率 96%。根据观察、访谈、问卷的发放和回收结果我们发现,绝大多数大学生积极配合我们的调查工作,但是此次调研也存在着一些问题,比如,部分大学生缺乏对自身网络行为深刻的认识,这在一定程度上使问卷结果与实际状况出现一些出入。

21 世纪,网络媒体的发展成为不可阻挡的趋势,互联网的兴起振兴了民族经济,丰富了国民的日常生活。在此背景下,社会各类主体都应积极利用这一趋势,丰富自己、发展自己。相关监管机构、各类媒体人以及网民自身都应该正确发挥自己的社会作用,让网络、媒体成为社会监督、民众娱乐、消息传播、正能量弘扬的主要阵地。

一、键盘侠的现状含义以及表现

(一)键盘侠含义及表现

1. 键盘侠的含义

键盘侠(keyboard man)是一个网络词语,指部分在现实生活中胆小怕事,而在网上占据道德高点发表“个人正义感”的人群。键盘侠亦可衍生为平时躲避社会群体,一旦脱离人群独自面对电脑敲键盘或用手机进行网络评论及聊天的时候,可以毫无顾忌谈笑风生,对社会各个方面评头论足。键盘侠易盲目跟风,成为他人利用的对象。

键盘侠源于一则网络漫画,该漫画描述了部分网民在现实生活中胆小怕事,自私自利,却习惯在网络上大放厥词的一种现象,衍生为平时不爱说话,一旦脱离人群独自面对电脑敲键盘,或用手机进行网络评论及聊天的时候,可以毫无顾忌、侃侃而谈,让别人误以为此人满腹经纶、幽默风趣,可谓人前人后判若两人。

2. 键盘侠的表现

发表过激的言论的行为,并不关注事件本身但为博取他人眼球的行为,针对个人的言语人身攻击的行为,跟风刷屏带节奏等行为,都是键盘侠的表现。键盘侠是评论区的江湖侠客,只有摸到键盘才能开启侠客模式,他们现实中寡言少语,幽默风趣的侠士模式也只有在网上才能开启。对于键盘侠而言,他们可以说是生活中的路人甲。生活中的云淡风轻并不是甘于低调,只是没有太多展示的渠道,平常或许脑路过长,或许习惯了工作中一副高冷的外表,干脆把妙语连珠的技能用于网络,适当让自己的精神世界爆炸一番。

(二)键盘侠的现状

此项调查旨在通过对大学生"键盘侠"现象的研究分析,来明晰应对恶意"键盘侠"行为的有效措施。那么,接下来我们将通过对问卷数据的分析,来展开具体探讨。

1. "侠义"思维

通过图 2 我们可以了解到大学生中会在网络上发表自己观点的比例并不小,并且他们大多是出于自己认知中的正义或是出于自己的利益考量,这样的比例恰恰也印证了"键盘侠"们的"侠义"思维,他们都是自己认知中的正义之士。

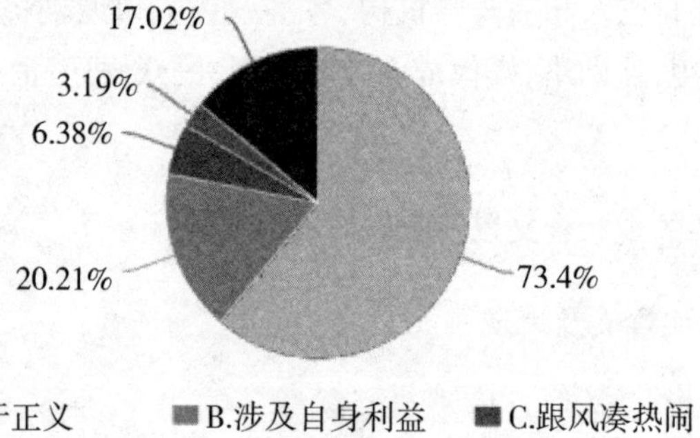

图 2 大学生发表评论原因

2.“键盘侠”的产生

从图3我们可以看到在受访者的心中,“键盘侠”产生更多是因为这些群体自身的因素,外界因素虽然也有一定的影响,但是其所占的比例远远不如内在因素。

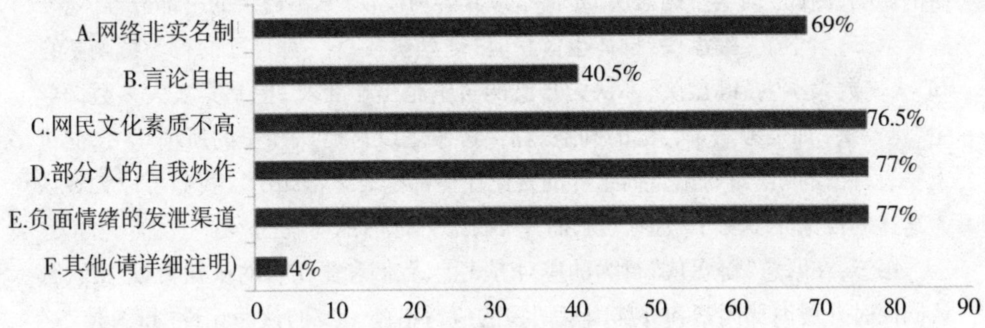

图3 “键盘侠”产生原因

3. 如何应对恶意“键盘侠”现象

从图4我们可以清晰地看到,即使大部分受访者认为“键盘侠”产生更多是因为内部因素,但在应对方式上,除了内部因素的调控,更多的人也认为外部因素的调控也能起到一定的作用。

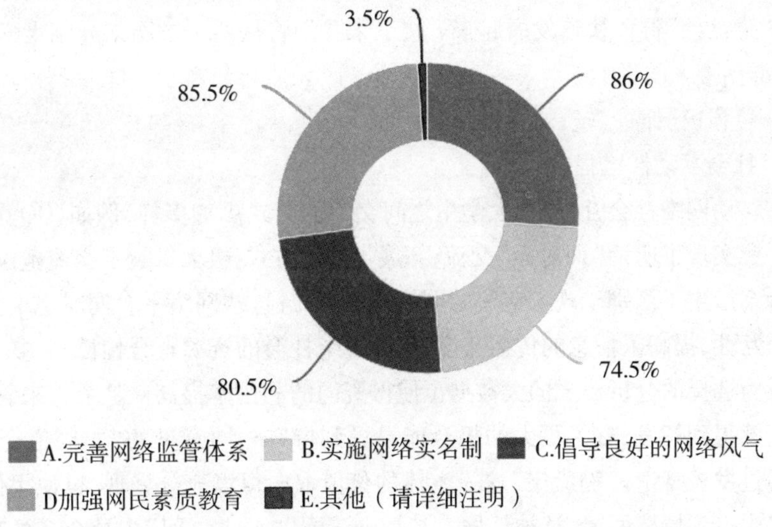

图4 恶意“键盘侠”行为应对方式

以上是对大学生“键盘侠”现状的大致描述,那么接下来我们将对以上数据进行大致的分析。

第一,我们认为,大学生“键盘侠”是极其不稳定的。大学生是一个信息集合体，每天接收着来自老师、同学、家人以及网络等各方面的冗杂信息，但是具体能够吸收哪些部分，还是要取决于大学生自身的认知能力。大学生同时又处在一个极其特殊的阶段，他们并没有成熟到可以完全主宰自己的思想，极易受到自己情绪的影响，因此大学生“键盘侠”是情绪极其容易波动的、不稳定的一部分群体。

第二，大学生“键盘侠”群体也像其他“键盘侠”一样，对自己的行为影响不自知，大多数大学生“键盘侠”都认为自己的言论是出于正义，但是其实大多数大学生“键盘侠”都是考量了自己的利益之后，再假之以自己认知里的所谓正义，向世人发表自己的“真知灼见”，而这样的言论往往都是失之偏颇的。我们可以大致认为这样的言论大多属于激情产物，而并非深思熟虑后的产物。

第三，在恶意“键盘侠”行为的应对方式上，我们和受访者的认知大致一致，都认同同时开展内部因素和外部因素调控的应对措施。我们认为无论“键盘侠”产生的原因是什么，我们都应该从多方面去遏制或是预防它的演化，毕竟依托网络非实名制而生的“键盘侠”们向来是“以法无禁止即可为”为终极信条的。

二、大学生“键盘侠”的影响

从信息共享的便利到社交网络的流行，互联网使中国和世界都发生了巨大变化，然而互联网的开放性、自由性、虚拟性却也使得“发表个人见解、伸张社会正义”的“键盘侠”群体快速发展起来。接下来我们将从两个方面来介绍大学生“键盘侠”群体带来的影响。

（一）积极层面

1. 社会互动性增强

在移动网络社会互动里，大学生之间交流的方式更加多样，例如，QQ、微信等网络平台实现了所谓“面对面”交流，拓展了交流方式，极大扩展了交流范围，使得人类社会产生了区别于现实交流的网络虚拟交流；这些网络平台同时也增强了信息的交互性，提高了信息的传播速度，使得整个社会的资源整合性提高，基于对大学生行为选择的分析形成的大数据也使得资源的利用率提高。从个人来看，大学生的情感得到抒发，有了更大的机会能寻觅到持有相同意见的“志同道合”的好友。通过发表言论，“键盘侠”这一主体的价值取向得以充分展现，也使得他们能在网络中得到情感回馈、精神认同。从社会来看，“一去一回”中社会各类观点得到充分融合、撞击。有利于形成更加开放、自由的社会环境。与此同时，各类信息的高速传播，使得数据获取更加便捷，数据分析更具有可信性。

当前，网民利用网络进行民主监督已经成为一种常见的监督方式，使得社会公平得到更加充分的实现。

2. 网络公共话题得到有关机构的重视

大学生“键盘侠”主体往往拥有较高的正义性和对时事热点的极高关注度，他们的意见、评论也代表了社会的一部分主流看法，对于有失社会公平的公共事件，他们极力发声，使得一些隐秘的违法事件展现在公众面前，推进了有关政府机关对相关事件的关注，督促政府机关提高办事效率，提出有效解决措施。政府机关也能借此更加了解人民的各种预期，并据此提出各种调整措施，推进行政体制改革。

(二)消极层面

1. 给被评论者造成伤害

很多时候在网络上看到的仅仅是事情的一部分而不是全貌，而“键盘侠”群体往往会忽视这个事实，他们仅凭自己所看到和理解的加上自己的主观臆断就连珠炮一般说出很多伤人的话，被评论者看到这样的话语之后会受到影响，甚至会怀疑自己从而产生极大的心理压力，对其身心造成严重的伤害。2018 年 1 月 12 日澳大利亚少女艾米的葬礼引发全国关注，14 岁的艾米曾是澳大利亚家喻户晓的广告童星，因遭受网络暴力而患抑郁症最终在 1 月 3 日用自杀结束了自己年轻的生命。“键盘侠”群体并不能亲身感受网络暴力对人的身心造成的伤害，因此他们在网络上肆意地用自己的话语去伤害别人却并不考虑承担后果，但是这些不够客观公正的评论却对被评论者产生了极大的影响。

2. 污染网络生态环境

随着电子科技的不断发展，网络成为现代人生活当中不可或缺的一部分，人们都希望在一个良好的网络环境中生活，但是“键盘侠”群体在发表一些评论的时候，有一部分人的用语极其不文明，这样的用语失范行为对网络生态环境造成了负面影响。大学生“键盘侠”群体的用语失范情况也大范围地存在着，该群体有一定的文化水平，但有一部分人他们在现实生活中的说话和行为习惯也存在着不文明现象，因此他们将自己在现实生活中的说话方式带到了网络环境中，从而对网络生态环境产生了不良影响；而网络生态环境中不仅仅有成年人，还有一部分未成年人，未成年人的价值观尚未完全成型，网络生态环境中的不文明用语会对他们的世界观的形成造成负面影响，这是“键盘侠”群体用语失范造成网络生态环境污染所带来的连环影响。

3. “键盘侠”群体的不当言论影响社会安定

网络使得社会的透明度大大提高，网络信息即时通信，信息的传播速度变得越来越快，这也使得社会上发生的事情很快就能传遍整个国家，当一个事件发生时，网民会在网络上发表评论，如果网民的评论都是正能量的，那么这件事情就可能会朝着好的方向发展，但如果其中有一部分“键盘侠”群体言论不当，那么这件事情就可能会朝着不好的方向发展。从中可以看出，网民的评论在某种程度上可以影响社会事件的发展趋势和方向，从而影响着社会的安定。

4. 影响国家形象

在现代，网络是一扇打开世界的窗，我们可以通过网络了解别的国家，别的国家也能够通过网络了解我们，网络文化的发展程度也在一定程度上影响着国家形象。一个国家的网络并不是只有本国的人在使用，同时还有很多别的国家的人会登录，试想一下，一个外国友人登录了中国的网站，他在这个网站上看到的是“键盘侠”群体充斥着不文明用语的不分青红皂白的评论，那这个外国友人还会觉得中国是一个“礼仪之邦”吗？从这里我们就能看出，网络环境其实也是国家形象的一部分，中国要塑造一个负责任的大国形象，着力整治网络生态环境也是很重要的一部分，现如今网络科技发展迅速，在未来，网络的重要性还会不断地提高，为人们提供一个良好的网络生态环境变得至关重要。

三、大学生“键盘侠”产生的原因

大学生“键盘侠”的产生是多种因素共同作用下的结果，我们根据回收的问卷数据总结出以下几点。

(一)互联网本身特性

2014 年 7 月 21 日，中国互联网络信息中心在京发布第 34 次《中国互联网络发展状况统计报告》(以下简称《报告》)，《报告》显示，截至 2014 年 6 月，中国网民规模达 6. 32 亿，其中，手机网民规模 5. 27 亿，互联网普及率达到 46. 9%。网民上网设备中，手机使用率达 83. 4%，首次超越传统 PC 整体 80. 9% 的使用率，手机作为第一大上网终端的地位更加巩固。2014 年上半年，网民对各项网络应用的使用程度更为深入。通过以上数据，我们可以清晰地看到，我国互联网发展可谓一路高歌猛进，但是其中存在的一些问题，仍然为“键盘侠”的产生埋下了伏笔。

首先，我们从互联网本身来看，“键盘侠”群体应当是网络的非实名制与言论自由共同作用下的产物，那么何谓网络非实名制、何谓言论自由呢？网络非实名制，是不需要网络用户进行实名认证的一种管理方式。而言论自由是公民按照自己的意愿自由地发表言论以及听取他人陈述意见的基本权利，但要保证被议人员的人身权利和人格尊严。我们不难看出，网络非实名制给了“键盘侠”群体一个保护自己的壁垒，让他们能够在网络中畅通无阻地发表自己的“真知灼见”，自然，他们也并不会考虑任何后果。而言论自由则更给了他们一个夸夸其谈的理由，“言论自由是我的权利，我有权在网络上为自己发声”这样类似的话语成为“键盘侠”

们抵御其他网民炮轰的坚实盾牌。

其次,我们不妨来看一下网络的某些特点——自由、开放、平等、交互、虚拟。自由、开放与平等自然是我们上面提到的网络非实名制和言论自由所赋予的,而交互则是网络的原始性功能之一,虚拟则是我们要说到的“键盘侠”产生的又一大原因。虚拟让网络缺乏现实情境,以至于“键盘侠”们并不能直观地感受到对方的情绪,这也让他们逐渐丧失了在网络上考虑他人情绪的能力,他们开始更加顾及自己的感受,只以能表达自己的观点、认知为最终标准,而这也恰恰是导致他们成为“键盘侠”的重要因素。

(二)个人因素

除了互联网本身的特性影响之外,网民的个人因素也是使其成为“键盘侠”的重要因素。在此我们将对四个方面的因素进行陈述。

首先,我们认为“键盘侠”在网络上的种种表现,其实是为了找到一个领域来刷出个人存在感。“键盘侠”大多外表普通,社会地位不高,外部特征比较大众化,在社会交往中,他只是一个路人甲,往往被人冷置在一边。习惯了被冷落、被忽视,“键盘侠”在日常生活中常表现得安静、低调,但是这种表面的安静并不代表“键盘侠”甘于平凡。

实际上每个人都有表达欲,都希望得到关注和认可。“键盘侠”在网络中任意驰骋,不外乎是为了想要得到更多的认可。在现实世界里他们不善与人交流,而在网络世界里他们在匿名的掩护下,已经不需要再受现实的束缚,他们可以自由地表达思想,无所顾忌地畅所欲言,这样他们不仅可以展示自我,还可以从征服他人中获得一种快感,以达到心理上的满足。

其次,大学生“键盘侠”群体中也存在着一部分人,他们所受的感性教育少之又少,他们的思想深受自己成长的环境禁锢,固执地坚守着自己的一方天地,遇到与自己的思想相悖的言论,他们只会一味否定。他们受自己思想高度的限制,无法去吸纳新的思想,从某个层面来说,这也是极其可悲的一部分群体。

另外,近些年网络上产生了一种新群体——“网红”,这个群体靠流量获利,他们需要做的就是不断去博人眼球,以获得关注度,而这个群体中也不乏一些大学生。网红自然也有成功和失败的区分,成功的网红自然只需要坚守自己的阵地,而失败的网红如果还想要坚持走这条致富之路,那么他们就需要变着花样去博得观众的关注,于是他们在各个大V微博下评论,并且这些评论往往是和主流舆论的方向相悖的,这样就会有许多群众来抨击他们,他们以此来获得一部分关注度。虽然这种形式的“键盘侠”并不占多数,但不可否认的是这一类“键盘侠”往往更加让人反感。

最后,我们也需要予以重视的是,有一部分大学生“键盘侠”,他们只是为了发泄自己的情绪而成为“键盘侠”的一员。每个人都会有自己情绪不佳的时候,但是每个人处理自己情绪的方法也不同,有的人偏激,也有的人选择独自消化。那么这一部分的“键盘侠”就是处理情绪偏激的那一部分,他们将自己的情绪转化成激烈的语言,在网络上尽情发泄,并且因为匿名制的庇佑他们并不需要考虑任何后果,久而久之他们就习惯了在网络上这样发泄情绪,渐渐将自己推向了“键盘侠”的阵营。

(三)网民相互影响

在网络世界里,信息是没有壁垒的,我们每时每刻都可以接触到新的信息,无论它合理与否。在这种背景下,我们每个个体其实又是一个信息的集合体,我们每天接收着来自五湖四海的不同的人的见解,然后选取一部分内化到自己的思想里,影响着自己的行为模式和思维方式。

从这个层面来说,“键盘侠”就像是一种流感,是可以传染的,而大学生群体就像是未经世事的孩子,他们的思维是极其容易动摇的。举个例子,如果你此刻正处在一个不佳的情绪里,自己的思维本身就已经没有缜密与否可言了,那么在面对一个争议很大的事件的时候,你就极有可能会偏执地赞同某些“键盘侠”的观点,那么如果这个时候有其他网友试图以一己之力掰正你的观点,你很有可能会因当前思维的局限深陷“键盘侠”式思维模式。

一旦“键盘侠”的思维方式与你产生了呼应,你很有可能会不自觉地运用这种思维方式,而已经与他人有过争执的你并不一定能保证自己三缄其口。思维感染,有时候是一种更为可怕的病毒。

四、大学生“键盘侠”群体的应对方式

“键盘侠”群体在发表评论的时候,他们内心的愤怒,有时是在表达一种对世人冷漠自保的抗议,所以从某种程度上来说,这也算是一种较为可贵的品质,但是在讨论具体事件的时候,我们应该站在中立的立场,而不是偏向某一方;发表评论应该在了解事实情况的基础上,在讨论事件的正确与否的时候,我们谁都不应该绑架谁。威廉·米切尔说:“网络把交流空间予以分解,从而摧毁了地理代码这一法宝,并不存在哪一个地址更好的问题,即使人们看到你行走于合适的地方,同合适的人在一起,你也不能试图据此来定义你自己。”从这个方面来说,人们在网络空间的行为以及在网络空间所获得的评价并不能定义你这个人,网络空间有着局限性,因此,从网民个人来说,对于网络上接收到的信息应该辩证地看待。“键盘侠”群体从这个方面来说并不是一无是处的,但是他们的某些行为也是不可取的,

因此应该采取一些措施,将“键盘侠”群体的负面影响降到最低。

(一)完善相关法律,加强网络法制

要想规范“键盘侠”语言失范的情况,从大的层面来说,首先要做的是完善相关法律制度,以法制力量对网络不规范行为进行规范。而针对大学生“键盘侠”现象,有些大学生认为自己在网络上只是发表一些看法,属于自己的个人行为,却不知道在一定程度上已经造成了社会危害,构成了违法行为。因此,加强大学生的法治教育也显得非常有必要。通过法治教育,让大学生懂得自己作为一个社会人,个人的行为与社会紧密地联系在一起,让大学生懂得哪些行为是可为的,哪些行为是不可为的,在网络上遵守网络规则,不违法。大学生生活的主要范围是学校,各大高校要加强大学生法制意识教育,规范大学生网络行为,让大学生群体中的“键盘侠”认识到自己网络失范行为的危害性和严重性,从而在心理上规范自己的行为。

(二)加强网络思想政治教育工作

网络思想政治教育是指思想政治教育主体根据传播学原理和思想宣传的理论,抓住网络本质,针对网络影响,利用网络有目的、有计划、有组织地对大学生施加思想观念、政治观点、道德规范和信息素养教育方面的影响,使他们形成符合一定社会发展所需要的思想政治品德和信息素养的网上双向互动的虚拟实践活动。

网络环境中的行为活动具有较大的自由性,但是并不代表网络行为完全没有制约,2017 年出台的《中华人民共和国网络安全法》就是约束网民行为的法律,法律由国家强制力保证实施,因此在整个国家都具有强制性,是必须遵守的法则。但是法治是基础性的,要规范网络环境中的失范行为还需要更多的方法和途径,加强网络思想政治教育工作就是其中的一种,网络思想政治教育从网络的本质出发,对大学生进行思想教育,从而加强大学生道德认知能力,从教育方面规范网络失范行为。

(三)弘扬社会主义核心价值观

弘扬社会主义核心价值观,对规范“键盘侠”的失范行为来说至关重要。社会主义核心价值观,即富强、民主、文明、和谐,自由、平等、公正、法治,爱国、敬业、诚信、友善。这二十四个字分别是对国家、社会和个人的要求,从个人层面来说,在网络环境中要坚持慎独原则,要对他人抱有友善之心,在对任何事件和言论进行评论的时候尽量对他人抱有一定程度的善意,而不是恶意地去揣测别人,恶意中伤别人,这样对人对己都有负面的影响。

(四)大学生主动提升自身素质

从现实生活“键盘侠”的失范行为具体表现来看,之所以会出现这样的现象,最为根本的是大学生“键盘侠”群体的个人素质不够高引起的。因此,要想从根本上解决大学生“键盘侠”群体的网络失范行为,就要呼吁大学生从自身出发,提高个人素质。但是没有人会承认自己素质低,这时候就需要借助外在的方式对大学生“键盘侠”群体进行素质教育。大学生生活的主要场所是学校,因此对大学生进行素质教育的责任就落到了学校的身上,对大学生进行素质教育不仅可以依靠高校心理咨询室,还可以采取现代技术,比如采取线上的方式,抢占网络高地,开通网上心理咨询平台,通过线上的方式在一定程度上解决大学生的心理困惑,从而解决大学生的心理问题,提高个人素质。

(五)学校层面采取措施提高大学生个人素质

大学生生活的主要环境是学校,因此学校层面应该采取一定的措施,加强大学生的道德认知能力,从而减少大学生“键盘侠”群体的数量。具体而言,首先,丰富校园文化生活,增强师生之间的交流沟通。老师的文化水平较高,社会阅历丰富,在同老师交流的过程中能够增长见识,提高道德认知水平;学校丰富校园文化生活,可以让大学生从网络世界中走出来,感受现实世界的美好。其次,深化高校教学体制改革,增强学生辨识信息的能力。大学生“键盘侠”群体之所以会发表过激的言论,从根本上来说还是因为大学生辨识信息能力较弱,各大高校深化教学体制改革,注重拓展大学生的基础认知能力,从一定程度上能增强大学生的基础能力,从而增强辨别信息的能力。学校层面在教授给学生知识的基础上,更应该注重提升学生的基础能力,无论采取什么样的措施,只要对学生的基础能力提升有帮助,有利于社会发展就都是可以实行的。

(六)各级政府贯彻落实相关政策,务实工作

现如今科技发达,我们不仅需要现实生活的安全保障,还需要网络生态环境的安稳和谐,这时候政府应该发挥其职能,倡导良好的网络社会风气,贯彻落实国家关于网络生态环境的相关政策和规定,切实维护网络生态环境的清净;政府还可以完善网络监管体系,支持技术进步,加强网络环境中言论的技术过滤,从而保证网络环境的清净;政府还可以推动实行网络实名制,加强网民发表言论的责任心。

根据问卷调查结果,86% 的人认为应该完善网络监管体系,74. 5% 的人认为应该实施网络实名制,80. 5% 的人认为应该倡导良好的网络风气,85. 5% 的人认为应该加强网民素质教育。综合问卷调查结果,提出以上针对大学生“键盘侠”群体的应对方式。

结语

随着互联网的迅速扩张和强力渗透,在各种网络应用平台层出不穷的同时,以通过言语评论占据道德高点发表“正义感”为乐的“键盘侠”群体也应运而生,并成为网络行为主体之一。在网络社会中,以网络为主要阵地的“键盘侠”通过言语交流构成了一种新的社会互动模式。由于网络本身的特性、网民个人原因、缺乏相关法律法规等一系列主客观因素,“键盘侠”的存在给网络空间和现实生活造成冲击和影响,带来了诸多问题和一连串的连锁反应,并已经转化为一个不可忽视的社会问题。

实际上,“键盘侠”这一现象的产生和发展是各种主客观因素交互作用的结果。20世纪50年代末,计算机出现并逐步普及,把信息对整个社会的影响提高到一种空前地位。一方面,这是一个在移动互联网下人人都是信息源的大时代,遍布全球并仍向四处延伸的互联网络使得每一个人的声音都可以被世界听到,使得世界各地的机构、群体和个人之间的距离飞速拉近,三者日益紧密地联系在一起。没有了传统的喉舌和领袖,每个人的思想和意见通过最新的媒体光速传播,而互动和反馈就这样不停地在人与人之间发生。而由于网络本身的自由开放,在言论自由和非实名制的掩护下,“键盘侠”可以随心所欲地“大显身手”。另一方面,目前我国也颁布了规范网络空间安全管理方面的基础性法律,但是我国网络安全方面的投入仍然严重不足,也没有针对此现象的相关法律条文和政策,无法从根本上解决“键盘侠”这一问题。此外,从主观因素可以看出,网民的成长环境和个人素质也是诱发“键盘侠”现象的因素之一。

我们调研小组以日照大学城的学生为调研对象,运用发放问卷和个人访谈的方法,对“键盘侠”现象的发展状况进行了全景式扫描,对该现象存在的社会根源和产生的连锁反应进行了深入的研究调查。经调查发现,当前大学生“键盘侠”现象存在的问题较为严重,主要表现为网民人云亦云,没有自己的独立思考和态度;言语激烈,对他人进行人身攻击;通过网络发泄个人负面情绪,等等。通过分析调查结果,我们可以发现产生“键盘侠”现象的原因也是多方面的:互联网本身的特性——网络非实名制和言论自由;个人原因——网民素质低下,部分人的自我炒作或以此发泄个人负面情绪;其他方面——相关政策和法规不完善,网络监督力度不够,等等。这些主客观因素相互作用,使得“键盘侠”问题处理起来更加棘手。

近年来,一些基于网络而形成的集体行为事件让人们看到了网络舆论的力量。诸多难以实现的事件在网络舆论的推动下不断扩大其影响,并最终得以实现。由此可见,“键盘侠”给社会带来了积极的影响。他们往往怀着一颗行侠仗义的心,掌握多方面的信息,追求公平正义。只要秉持个人态度,以客观事实为基础,符合逻辑规律,这样的"键盘侠"并非社会的负能量。但是,"键盘侠"也会带来各种负面影响:对他人进行人身攻击,造成他人心灵上的创伤;以过激的言语发泄内心的愤怒和对现实生活的不满;故意扰乱社会秩序,破坏网络和谐;打着"行侠仗义"的幌子,却在现实生活中无所作为,形成"社会泛道德化"的思维倾向,造成社会道德评价和社会道德行为的严重脱节;更为严重的是,影响国家的外在形象。通过调查结果,我们可以进一步得出:"键盘侠"发表言论的时候,极少出于维护正义,更多的时候会实施网络暴力,视具体情况而定。因此,大学生"键盘侠"现象仍存在很多问题,如果不加以正确引导将会带来更加严重的后果。当代大学生对键盘侠的态度如图5所示。

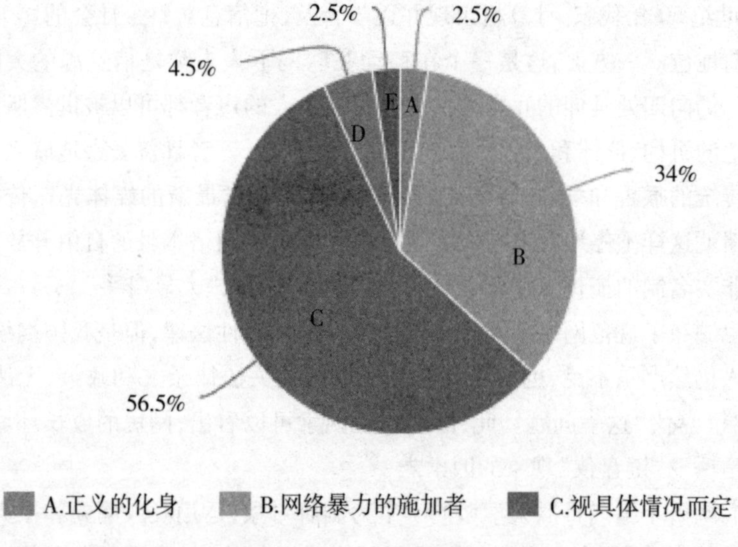

图5　当代大学生对于"键盘侠"的态度

解决"键盘侠"现象存在的各种问题,促使其健康发展是当务之急。对此,我们小组在分析总结调查结果后,有针对性地提出了如下解决方案:推进网络实名制建设;加强网民素质教育,健全道德建设激励保障机制;相关部门积极倡导营造良好的网络风气,进一步完善网络监管体系,有针对性地制定法律法规。希望以此使得当代大学生的网络行为更加符合道德规范和法规政策,进一步推进社会主义思想道德建设,弘扬社会正能量。

没有网络安全就没有国家安全,网民的合法权益也难以得到保障。当代大学生是庞大的网络行为主体之一,也难免深受"键盘侠"的影响。我们强烈呼吁更多的大学生以及其他社会力量能够从自身做起,严以律己,弘扬社会正能量,从根本上推动“键盘侠”问题的解决,营造更加清明的网络环境。

参考文献

[1]吴咏梅. 互联网时代社会互动的特点[J]. 新西部(理论版),2014(18).

[2]赵婧. 场域转换与模式转变:新媒体时代青年的社会化困境[J]. 中国青年研究,2016(5).

[3]李则宣. 键盘侠何以能驰骋网络世界[N]. 健康报,2017-04-21(6).

[4]周印. 当代大学生网络生活状况及其对策[J]. 山东省农业管理干部学院学报,2013,30(4).

[5]宋向乐. 约束“键盘侠”网络空间更清朗[N]. 河南日报,2017-06-08(17).

新时代大学生家国情怀培育研究

指导教师　杨世宏

思想政治教育专业学生　黄淑洁

摘要:家国情怀是中华优秀传统文化的基本内涵和重要范畴,培育家国情怀对于社会主义核心价值观的树立与践行以及大学生个人自身素质和全面发展都有着十分积极的理论意义和实践意义。针对我国大学生家国情怀培育现状,如何拓展、探索家国情怀培育新路径就显得尤为重要。鉴于此,可以在已有学术研究成果基础之上,运用问卷调查法对大学生家国情怀意识培育过程中出现的学习主动性,高校氛围以及社会宣传三个方面的问题进行深入分析和研究,并从高校、社会两大方面提出相应的解决对策。

关键词:新时代　大学生　家国情怀

引言:2020年新冠肺炎疫情席卷世界,对中国国家治理体系和治理能力是一次大考,也成为塑造大学生家国情怀观的一次重要机遇。目前学术界对于家国情怀的理论研究成果较少,主要停留在对于某一英雄人物的研究之中,对于以青年大学生群体为主题的家国情怀研究少之又少。笔者以新时代作为背景切入点,以青年大学生为研究对象,以全新的视角对家国情怀培育中存在的问题进行深层次研究并提出解决路径和措施。之所以选择这个主题是希望通过本课题的研究,能够给高校思想政治工作提供一些思路,以适应新时代培养创新型人才的需要。

一、家国情怀的内涵

家国情怀是指中国人民对于家庭和国家祸福相依、命运相连、休戚与共的情感体验,体现着个人对家庭、对国家的责任担当意识,是中华民族五千年以来重家爱国品质的历史文化积淀。

（一）家国情怀中“家”“国”的解读

感悟家国情怀关键在于“家”和“国”两字。“家”字由两个主要部分组成，上面的“宀”指的是房屋，下面的“豕”指的是猪。有了房子便有了遮风避雨的空间，有了猪便能满足基本的食物要求，单从这一点上看，“家”字具有解决饥寒的意思。在《颜氏家训·兄弟》中，曾这样介绍“家”：“夫有人民而后有夫妇，有夫妇而后有父子，有父子而后有兄弟，一家之亲，此三而已矣。”这也就是说父母子女共同构成了“家”。可以看出，“家”实际上是一种以血缘关系或婚姻关系为基础而聚居起来的集体的总称。我国关于“家”的概念内涵丰富，它既可以指一个个小的家庭还可以指个体或群体出生的“家乡”，有时还可以用来指国家。“国”字的产生与形成经历了多种形式。最早可以追溯到铜鼎铭文上的“或”字，“或”字由三部分构成，其中“口”指的是一个由围栏包围起来的地方，“一”表示土地，“戈”指的是古时的一种武器，用以保家卫国。到了周代晚期，人们在“或”的外部加了个“囗”变成了“國”，诸侯统治的区域称为“国”，大夫统治的区域称为“家”。后汉时又简化为“国”，“囗”中从“王”，有“普天之下莫非王”之意，宋元时出现了今天使用的“国”字，这个国家可以看作是由很多小家庭组成的大家庭。从政治角度上看，国家是指有着共同的语言文化背景，同属于同一种族，在血缘上一脉相承，有着固定的领土和统一集权的政府组织的社会群体。

（二）新时代以实现“中国梦”主题的家国情怀

家国情怀的含义和来源根源于“家国同构”一词，古时家国同构的概念是指家庭、家族和国家三者在组织、结构以及起源上的共通性。一个人只有不断提高和完善自身的修养，才能够将家庭治理有序，进而维持整个国家的安定。古代帝王将他的整个统治区域看作是一个家，有“家天下”之说。古代的家国观主要是为了维护传统社会的封建秩序，维护君主的权威，维持社会的安定，经常带有十分浓厚的封建、保守色彩。随着时代的变迁以及人们生活环境的改善，家国情怀观的内容及特征也会有所改变，呈现出新的特点。

相比于中国古代封建色彩浓郁的家国情怀，新时代家国情怀则更强调爱国与爱社会主义相统一，更注重中华儿女的民族自尊心和自信心。抗日战争时期，中国人民经历了长期艰辛的战役，受到了残酷侵略和欺凌的全体中华儿女无不渴望一个强大中国的出现。如今，在全体中华儿女的努力之下，中国进入了新的历史发展阶段，新时代的中华儿女已经能够牢牢地将家国一体的理念和情感植入自己的内心深处，即“国”的河清海晏对“家”的幸福美满十分重要，真正实现了爱国与爱家的统一。今天的家国情怀，不仅包含着自古以来传承下来的天下兴亡、匹夫有责的责任意识，还包含着对中国道路、理论、制度、文化的自信。新时代的家国情怀更加重视将国家的利益与民族的发展融为一体,重视将个人追求与社会变迁紧密结合。

二、新时代家国情怀培育的重要价值

(一)为培育社会主义核心价值观提供精神指引

党的十八大提出了社会主义核心价值观的内容,将社会主义核心价值观分为国家、社会、个人三个层面。这三方面的要求统一体现了家国一体的理念。一方面,两者在实现途径上具有一致性。家国情怀是以家庭作为逻辑起点,从家庭着手,由近及远,由小及大地教导大学生树立正确的家国情怀意识。社会主义核心价值观同样是强调以个人道德为基点,从最基本的个人要求到对国家和社会的责任,层层递进。为此,必须号召全体青年大学生共同参与到社会中去,将爱家爱国的传统文化品质体现在日常学习和生活的方方面面。另一方面,二者在目标追求上具有一致性。两者都是通过相应的德育教育培养学生的道德品质,让学生将爱家爱国的理念内化于心,外化于行,在实际生活中践行优秀品质,对社会和谐稳定、国家长治久安产生积极的影响,为在新时代奋力实现中国梦而提供不竭动力源泉。

(二)为弘扬传承中华优秀传统文化提供精神滋养

2014 年 4 月,教育部印发了《完善中华优秀传统文化教育指导纲要》。明确要求高校要"要以弘扬爱国主义精神为核心,以家国情怀教育、社会关爱教育和人格修养教育为重点,开展以天下兴亡,匹夫有责为重点的家国情怀教育"。从中可以看出国家对于家国情怀培育十分重视,通过良好的家国情怀观的宣传与教化能够增强青年大学生的民族文化自信心,增强民族自豪感,激发内心的责任意识,自觉弘扬传统道德文化,让新时代大学生领会到中华文化的独特魅力。

在五千年的中华文明史上流存着数不清的民族英雄、国家脊梁。中国古代就有文天祥宁死不屈,壮烈牺牲的故事;近代以来爱国志士林则徐一边与西方列强殊死抵抗,一边对生活疾苦的老百姓体恤关心,倾尽所有家当;"五四"运动时期,青年先进分子,为了祖国和民族的新生,为了人民大众的解放,"慷慨身许国,倜傥不为家";现在更有新冠肺炎疫情之下中华儿女齐力战"疫"的鲜活故事。无论是过去还是现在,家国情怀的事例数不胜数,这些可贵的资源不仅是教育资源更是中华民族传统美德。新时代通过对大学生家国情怀观的培育可以使他们吸收中华文明的优秀传统资源,继承发展中华传统文化。

(三)有利于提升大学生自身素养,实现全面发展

当前,多数青年大学生思想品德素质、自身修养过硬,但是仍然存在着少数大

学生家国情怀意识淡薄,缺乏基本的社会责任感、国家荣誉感,认为国家发展与自身利益没有必然的联系,只顾自身发展不考虑集体利益。新时代背景之下,通过加强对大学生家国情怀观的培育能够使青年大学生认识到自己的小家与祖国的大家紧密相连,密不可分,不能够只顾自己的"小家"发展而忽视"大家"。适当的家国情怀宣传与培育活动,能够使大学生提升自我修养,成为一名爱家爱国的合格的有理想、有道德、有文化、有纪律的新青年。当面临大型国家危机时,新一代的青年大学生能够积极主动地站出来为国家而战。比如,在2020年抗击新型冠状肺炎病毒的战疫中,面对这次的疫情大考,来自医生、护士、警察、大学生志愿者等无数"90后""95后"甚至是"00后"都站了出来,之前他们甚至还自称"宝宝""吃货",一副长不大的样子,但是面对严重的疫情,他们没有退缩,喊出了"我是党员,我先上",自愿奔赴一线,舍小家为大家,用坚守和奉献诠释了责任和担当,他们用自己的行动展现了新时代浓厚的家国情怀的同时也成全了他们自己,使他们收获了满满的自豪感和荣誉感。总之培育家国情怀有利于修身养德,通过向青年大学生灌输爱家爱国的观念,为他们自我提升、全面发展提供途径,有利于为大学生修身正己提供思想来源和方法途径。

三、新时代大学生家国情怀培育中存在的问题及路径选择

(一)家国情怀培育中存在的问题

为了了解新时代大学生家国情怀培育现状,笔者对日照地区高校的大学生进行了随机抽样问卷调查。此次调查共发放了300份问卷,其中有效问卷278份。在"您对家国情怀的了解程度?"一题中,78.43%的大学生选择了"十分了解"。14.6%的选择了"了解",选择"不了解"的占6.97%。"您认为自己是否具有国家认同感和归属感?"一题中82.26%的大学生选择了"有"。我们可以看到:当下大学生家国情怀意识主流是积极向上的、健康的,大学生们具备强烈的国家荣誉感和社会责任感。

然而,对于"您是否有了解以下大型会议?"中,对于笔者所设置的6项近年来重要国家会议和外交会议,只有较少的大学生全选,大多数大学生选择了2~3个选项。由此可以看出,大学生对于国家大事和社会热点的关注度不高。总之,我们可以得出以下结论:大学生非常认同家国情怀观培育的重要性,爱国爱家情感热烈,并且对于家国情怀的理解正确,认为其是指具备爱国奉献,修身齐家,责任担当的优秀品质。但是家国情怀在大学生学习积极性、高校氛围以及社会环境等方面还存在着一些问题,正确认识这些问题有助于我们更好地培育大学生的家国情怀意识。

1. 大学生学习家国情怀主动性不强

调查结果显示,多数大学生并没有主动学习家国情怀的意识和习惯。问卷中"您是否主动关注国家大事"一题中,74.14%的学生选择了否,选择"是"的只占25.86%。在"您主要通过哪些途径了解国家大事"一题中,多数学生选择了思政课,由此可见大学生学习家国情怀的途径相对单一且主动性不强。青年大学生们学习家国情怀的渠道主要是通过高校开展的与家国情怀主题相关的选修课程。理由是这类选修课程给分高,易通过,不需要耗费过多的精力,真正希望通过一段时间的学习提高自身家国意识的学生很少。究其原因主要有两个方面。一是新青年大学生多为"95后"且是独生子女,他们自出生以来生活环境就较为优越,不需要担忧基本的生存问题,这在一定程度上使他们容易安于现状,很少关心国家大事。青年大学生们不愿意也不主动了解国家大政方针,很少观看新闻节目,不关注国家的前途和命运。二是部分教师在思政课授课中讲授较为枯燥,教学内容不能吸引学生的求知欲和兴趣,并且难以将教学内容与学生的日常生活联系在一起,再加上师生之间沟通上的缺乏导致高校教师不易与青年大学生达成共识,学生在教室学习时效率低下,难以保持注意力,难以达到提升大学生家国情怀观的目标。

2. 高校培育家国情怀氛围不足

最近几年,很多高等学校已经开始重视大学生家国情怀观的学习,许多高校都新开展了包括家国情怀教育内容在内的优秀传统文化课程和相关的主题团课活动,对于大学生国家荣誉感、社会责任意识的培养提供了良好的学校环境。但是纵观家国情怀培育现状,高校对于大学生家国情怀的培育现状还并不乐观,还存在很大的上升空间,高校家国情怀培育氛围有待提升。

其原因在于:一是家国情怀观教育还没有真正完全融入大学生思想政治教育的主阵地中,还没有形成系统完整的课程体系与学业水平评价体系。在高校开设的四门公共课程中,都没有完整的家国情怀教育。其中只有《中国近现代史纲要》中涉及爱国主义的相关内容,但这显然是不够的,并且它未能紧跟时代的变化而继续更新。二是因为高校在对于大学生家国情怀培育上以理论教学为主,多数高校在课堂教学活动中,一直都是教师在讲台上讲述课本知识,很少会采取提问的方式,更不用说采取分组讨论、同学汇报以及课外社会实践等形式了,这种高校授课模式没有发挥大学生学习的主动性和积极性,青年大学生很少有机会真正深入社会去体验家国情怀理论。当前,高校对于家国情怀的重视程度还不够,需要逐步优化高校家国情怀培育系统。

3. 社会宣传家国情怀环境不良

当今社会是开放的,互联网、智能手机的出现和应用使信息共享能够不受到时间和空间上的限制,人际交流变得更加方便,这一方面促进了人们之间的交流以及社会经济的快速发展,但是在另一方面也造成了不小的负面影响。近年来社会中出现了一些不良媒体,他们为了获取大额利益,经常报道一些哗众取宠、华而不实的内容,甚至于有时候在微博、微信等网络平台还会出现一些诋毁民族英雄的事情。好奇心强的新时代大学生很容易受到网上不良信息的干扰,甚至还会出现部分大学生跟风宣传转发不实报道的情况,这在一定程度上会影响对大学生家国情怀观的培育,不利于青年大学生健康地成长成才。另外当前我国对于互联网地监管力度还不到位,对于网上出现的一些信息没有完善的惩罚机制,这会助长社会不良风气,容易使青年大学生们误认为那些所谓"正能量"的事情是正确的,是可以效仿的,从而误入迷途。

(二)新时代培育家国情怀的路径选择

对新时代大学生家国情怀的培养是一个长期、复杂的过程。需要高校、社会的共同努力才可能达到既定的目标。可以从高校授课模式、校园文化环境建设以及社会氛围三方面入手,提高大学生的家国意识和爱国情怀。

1. 融入高校思想政治教育课堂与实践教学体系

新时代必须高度重视高校在培育大学生家国情怀观上的主阵地作用,在保证第一课堂教学效果的同时,积极扩展第二课堂实践。在教学方面,思政课教师在教学中要积极采用鲜活生动的事例来调动学生课堂参与的积极性,不断丰富课堂教学内容,做到与时俱进。比如,根据新冠肺炎疫情制定两课时的主题教学活动,在上课之前让学生主动了解在疫情期间"令您最感动的人或事"并且在课堂上引导学生积极发言,营造轻松愉悦的课堂教学氛围。通过让学生自己讲授战"疫"故事来达到升华大学生家国情怀意识的目的。

除了课堂教学活动,新时代家国情怀的培育还要充分发挥实践的重要作用。只有让学生积极参与各类社会实践活动,才能使学生体验到树立爱家爱国观念对自身成长成才的重要价值。因此应当将家国情怀培育融入高校思想政治教育实践教学体系,在实践活动过程中有针对性地对学生进行培育。

一是组织大学生参观红色革命老区、历史博物馆等文化机构。现在,每个城市都会有博物馆或者红色旅游景区,但这些景区的游客以老年人为主,缺乏对大学生的吸引力。因此,各高校应该积极组织学生参观红色景区,让青年大学生了解近代中国是如何一步步沦为帝国主义列强的殖民地半殖民地,切身体会到抗战时期的艰苦生活,亲身体验当今国家和社会发生的巨大变化,认识到如今幸福生活来之不易，从而激发其内心深层的爱国情怀。

二是鼓励学生参与社会志愿活动。大学生志愿服务活动精神既是一种力量也是一种创新育人的手段。高校可以适时将学生参与社会实践活动纳入高校思想政治课程评价体系中，通过丰富的志愿活动使大学生明确自己的人生定位，引导大学生主动将家国情怀理念与实践相结合。比如，鼓励学生积极参与疫情防控工作、红色文化宣讲等志愿者活动，让学生学以致用，在不断提升自身实践能力的同时，提升社会责任感。

2. 融入高校文化建设体系

高校的校园文化氛围对于家国情怀的培育有着潜移默化的作用。高校可以以校园文化建设为切入点，通过合理地完善物质文化和精神文化两大方面，给学生营造爱家爱国的校园文化氛围。

在物质文化体系方面，通过将一些体现“家国一体”理念的人物事迹以图画、布告的形式应用在教室、教学楼走廊、图书馆、道路、墙壁等处，使大学生在校园的各处都能够感受浓郁的家国氛围，时时刻刻处于爱国的高校环境之中。另外还可以在学校教学楼的命名中体现家国情怀的理念，比如，厚德楼、弘毅楼等。

在精神文化体系方面，首先，可以通过学校党委团委各组织各学生社团组织承办的与家国情怀相关的主题活动，比如，微电影、征文比赛、演讲比赛等，加强大学生对家国情怀的感知。其次，积极发挥榜样带头作用。高校可以通过在广播台、微信公众号、微博等平台上及时发布最新的家国情怀事例，向学生灌输家国情怀思想。另外高校可以开展相应的奖励活动，对于具有强烈社会责任感意识并且积极参与社会志愿活动的大学生以物质或精神奖励。最后，可以邀请院校领导或者学术界相关专家来学校针对目前热点问题对学生进行家国情怀主题的报告会、座谈会。一方面可以纠正学生的错误认知，另一方面可以帮助大学生认清肩上的使命与责任。

3. 营造良好的社会氛围

社会存在决定社会意识，良好的社会氛围是推动新时代大学生家国情怀意识提高的重要决定因素。一方面，媒体要加大对于家国情怀的宣传力度。新时代大学生生活在“互联网+”时代，在这个信息互通的共享时代，充分发挥互联网对于家国情怀的传播作用具有重要意义。一般来讲，可以通过微博、微信、抖音等青年大学生经常使用的APP向大学生宣传爱国爱家观，向大学生阐释重家爱国，忠孝一体的家国情怀内涵，在全社会形成一种崇尚家国情怀的良好氛围。此外还可以通过扩大爱国题材电影资源，多拍摄一些高质量的爱国主题电影并且加强宣传力度，加强大学生的吸引力，使其主动地接受家国情怀教育。另一方面，政府要为践行家国情怀提供法律和政策支持。政府通过顶层设计出台的相关法律法规和政策文件是引导大学生提升家国情怀的有效途径，主要在规范和治理两个方面。从规范上来看，政府可以通过在官方网站上的宣传活动，出台一系列支持家国情怀主题活动的文件政策来引导大学生认识到爱家爱国的重要性，引导学生树立在家尽孝、为国尽忠的优良品质。从治理上来看，对于不尊敬老人、发表辱华言论等损害国家利益的大学生要依法进行惩处并且给予公示。通过规范和治理两个方面以强制力的手段激发学生的爱国爱家意识，增强社会责任感。

家国情怀培育研究既是加强和改进大学生思想政治工作的重要内容，也是新时代背景下高校"立德树人"根本任务的内在要求，具有积极的意义。本文在前人研究成果基础之上，结合中国特色社会主义进入新时代的历史背景，对大学生家国情怀的现状及培育进行了研究。依据时间顺序对家国情怀的内涵进行了深度分析，探究"家"与"国"两字的理论渊源并且对新时代背景下以实现中国梦为主题的家国情怀进行分析，阐释了新时代包含着对中国特色社会主义制度、理论、道路、文化自信的家国情怀。此外，本文依据调查研究的方法，根据理论与实践相结合的原则，分析当前我国家国情怀培育过程中出现的问题，认为有大学生自身学习主动性、积极性的问题，有高校对于大学生家国情怀培育过程不重视的问题以及社会上宣传爱家爱国意识力度不足的问题，并以此为依据，提出新时代背景下培育大学生家国情怀观的有效路径。对大学生家国情怀的培育可以从高校和社会三个方面入手：一是将家国情怀融入高校思想政治课堂中去，在课堂教学中与时俱进地更新内容；二是从物质文化和精神文化上入手完善高校文化体系建设；三是加强媒体的宣传和政府的规范和治理力度。希望通过以上几个方面的共同努力推动家国情怀培育工作的新发展。

参考文献

[1]江山．家国情怀 大师风范[M]．合肥：中国科学技术大学出版社，2016.

[2]李惠男，曾珺．跟着习近平学用典[J]．思想政治工作研究，2016(12).

[3]陈晓莉．中国梦的家国情怀[J]．思想政治工作研究，2013(7).

[4]李海晶．习近平的传统文化观研究[D]．南昌：南昌大学，2016.

[5]孟国芳．基于第二课堂的高校思政课实践教学研究[D]．秦皇岛：燕山大学，2014.

[6]何佳丽．高校思想政治理论课教学实效性研究[J]．西部素质教育，2017(5).

[7]范如国．复杂网络结构范型下的社会治理协同创新[J]．中国社会科学，2014(4).

04

文化建设理论与实践调研篇

儒家礼俗文化中小学生认知教育现状与引导策略

——基于山东省曲阜市的问卷调查报告

指导教师　陈文殿①

团队成员　罗丹　王珊珊

儒家礼俗文化源远流长，是青少年学生德育教育的重要资源。但在当今应试教育的影响下，大部分中小学生对儒家礼俗文化了解较少。调查问卷显示，仅有13.27%的人了解较多，68.49%的人了解较少（多为常识性且应试内容），18.24%的学生甚至不了解。作为中国特色社会主义文化建设的未来中坚力量，中小学生的"三观建设"不仅直接影响到个人发展，亦关涉着"中国梦"的实现。毛泽东指出，"我们这个民族有数千年的历史，有它的特点，有它的许多珍贵品"，"东方圣城"曲阜作为儒家礼俗文化的发源地，生于斯长于斯的中小学生更应自觉承担起传承弘扬礼俗文化的责任。2016年10月21日，习近平在纪念红军长征胜利80周年大会上指出："一个不记得来路的民族，是没有出路的民族。"儒家文化传统作为中华民族五千年的文化的重要组成部分，理应充分展现其活力与价值。

进入21世纪以来，随着计算机网络和全球化的发展，加之现代生活节奏不断加快，越来越多的西方文化、生活方式影响着青少年学生，青少年学生心灵浮躁，使儒家礼俗文化的传承受到冲击成为一种事实。因此，我们需正确对待儒家礼俗文化，明辨其内容，发掘其现实价值，探寻传承的正确途径与有效办法，促进中小学生的"三观建设"，推动中国特色社会主义文化建设的发展。

中小学生儒家礼俗文化的实证调查研究有三个方面：其一，关注主体为中小学生。这类研究总结了小学生与中学生对礼俗文化的了解现状，分析了在山东曲阜传播发扬的现状。其二，关注现状及传播途径。这类研究总结了礼俗文化的传

---

① 指导教师简介：陈文殿（1964—），男，哲学博士。现为曲阜师范大学马克思主义学院教授，硕士研究生导师。

播程度,分析了今后的传承途径。其三,比较性研究。这类研究通过小学生、初中生与高中生的纵向对比,展现了儒家礼俗文化近几年的传承状况,为今后的认知与转化提供借鉴。在继承与弘扬途径上,研究者主要采用文化性理论与事件性研究方法。这些关于儒家礼俗文化认知状况调查数据的分析为我们掌握其基本状况提供了借鉴。因此,我们需要思考的问题是:中小学生怎样看待礼俗文化,如何了解它,又有什么需求和行动意向。

鉴于此,课题组以儒家礼俗文化为主题,2018 年 4—6 月在山东省曲阜市进行了实地问卷调查。问卷调查采取分层抽样法,共发放问卷 1200 份,回收有效问卷 1145 份,有效回收率为 95.42%。基于这一调查数据的分析,本文尝试提出解决问题的措施。

一、主要调查结果

(一)中小学生对儒家礼俗文化的整体认知较为理性

1. 受访者对儒家礼俗文化的认知有较客观的判断,对其发展现状有着较冷静的分析

调查结果显示(见图 1):

中小学生对“当前我国儒家礼俗文化的存在现状”持熟悉态度(比较熟、非常熟)的有 26.50%,一般了解的占 52.37%,21.13% 的人仅略懂常识(比较陌生、非常陌生)。

受访者认为“当前儒家礼俗文化的传播程度与广度”到位(比较到位、非常到位)的是 23.58%,较为一般的占 43.20%,不到位(比较不到位、非常不到位)的占 33.22%。

受访者对“家人对于自身礼俗文化认知的影响”认为大(比较大、非常大)的占 20.16%,程度一般的占 58.54%,21.3% 的人认为影响小(比较小、非常小)。

总之,中小学生对于当前自身对儒家礼俗文化的认知状况有着较为客观的认识,对其发展现状有着较为冷静的分析。究其原因,首先在于应试教育的“根深蒂固”;其次是当前我国现代生活方式的转变与加快,导致青少年学生生活节奏的加快及生活压力的增加,从而内心变得愈加“浮躁”。

2. 中小学生对儒家礼俗文化现状整体持中立偏乐观态度,对传承状况持乐观态度

调查结果显示(见图 1):

中小学生对儒家礼俗文化的现状整体持中立偏乐观态度。24.36% 的受访者保持乐观态度(比较乐观、非常乐观),48.73% 的人认为一般,26.91% 的人持消极

态度(比较消极、非常消极)。

受访者对其未来发展状况整体呈乐观积极态度。与其发展现状相比,38.57%的学生对其未来发展表现出积极态度(比较积极、非常积极),50.28%的学生仍保持较冷静的态度,仅11.15%的受访者态度消极(比较消极、非常消极)。

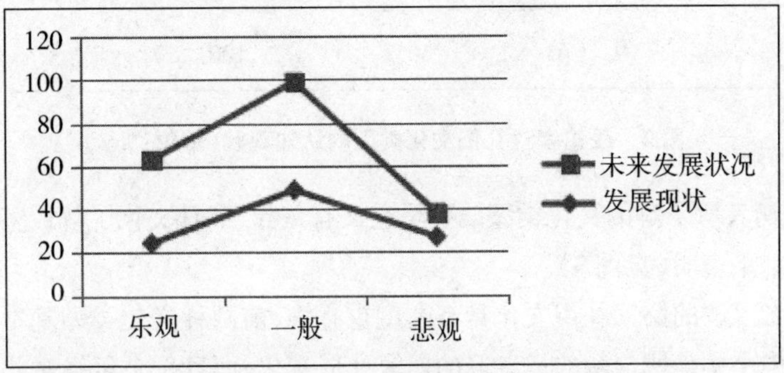

图1　受访者对礼俗文化发展状况持有态度的基本反映(单位:%)

总之,从以上调查及分析结果可知,部分中小学生改变自身想法更期待未来,同当前我国对儒家文化的大力倡导有关。近年来,中央政府大力发展经济的同时亦强调文化建设,提出一系列文化建设举措并落于实处。儒家礼俗文化作为中国传统文化的重要组成部分,其为人处世、修身齐家、治国平天下等理念对现代精神文明建设有着举足轻重的作用,故而受访者抱着自信积极的态度。同时,我们也应看到儒家礼俗文化传承中存在不少问题,如部分人态度消极等。当前,中国特色社会主义进入新时代,美丽中国建设,美好生活诉求,对儒家礼俗文化的继承发扬提出了更高的要求。

(二)受访者的认知现状与途径

受访者的认知程度不一,差异较大的特征;认知途径以节日活动为主。

1. 几乎所有中小学生了解至少两种礼俗文化,类型丰富且与学校教育相关

从调查结果看,受访学生所了解的主要文化类型分别是:节日文化(89.47%)、生活文化(54.58%)、婚姻文化(46.35%)、丧葬文化(32.86%)以及祭祀文化(15.37%)(见图2)。比例排名靠前的节日文化、生活文化以及婚姻文化均与其学习生活关系密切。礼俗文化影响的主体具有群体性特征,他们主要通过学校教育获悉礼俗文化。节日文化是了解最多也是最感兴趣的一类,影响人数多且范围广;而丧葬及祭祀文化同中小学生的关系不太密切,因此了解较少。

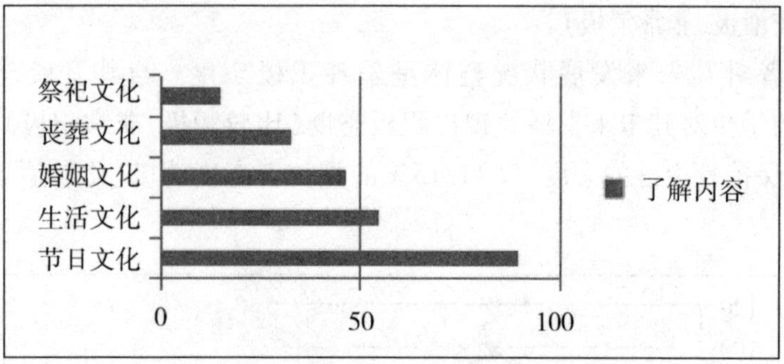

图 2　受访者对礼俗文化类型的认知现状(单位:%)

2. 受访者所了解的文化类型既有重叠又有差异,节日文化了解最多

调查结果表明(见图 3):

受访者了解的儒家礼俗文化具有高度重叠性,前两种文化类型基本一致。节日文化是中小学生所接触的最普遍的儒家礼俗文化,而且每个年级对此都有共同的认知,这与被调查者日常生活中的经历及传统观念有很大关系。

受访者所接触的儒家礼俗文化有一定的差异。从排序来看,中小学生接触文化类型在丧葬和祭祀文化的差异较为明显。中学生接触的丧葬及祭祀文化程度高于小学生,且丧葬文化比例高于祭祀文化。这种状况基于受访者接受的学校教育及家庭环境的差异,而鲜明的教育层次是重要的影响因素。

中小学生对西方文化的了解程度有的不低于对儒家礼俗文化的了解。进入 21 世纪以来,随着计算机网络及全球化的发展,“西化”之风愈加强劲,并逐渐占据人们尤其是中小学生的视线。而中小学生对这一现象仍不自知,有的甚至引以为荣,对我们的传统文化却嗤之以鼻。主流媒体对于“哈韩”“哈日”等文化的宣扬也是中小学生跟风的重要因素,并间接影响学生的价值观念。很多学生欢度西方“情人节”,却不知道传统的“七夕节”;热烈庆祝西方“圣诞节”,平静心态对待“元旦”;等等。这些现象的背后是中小学生对于礼俗文化的不重视。这为我们继承并发扬礼俗文化的工作敲响了警钟,提出了更高的要求。习近平总书记指出,“正确对待不同国家和民族的文明,正确对待传统文化和现实文化,是我们必须把握好的一个重大课题”。

3. 受访者对儒家礼俗文化的喜爱程度及关注度总体较低,多偏爱大众流行文化,但发展势头较好

调查结果显示(见图 3):

中学生对儒家礼俗文化的感兴趣程度高(比较高、非常高)的有 23. 67%,对其喜爱一般的占 56. 39%,19. 94% 的人不感兴趣(比较低、非常低)。与此同时小

学生对其认知状况有所好转:36.48%的小学生感兴趣(比较高、非常高);49.85%的小学生喜爱程度一般;13.67%的小学生不感兴趣(比较低、非常低)。

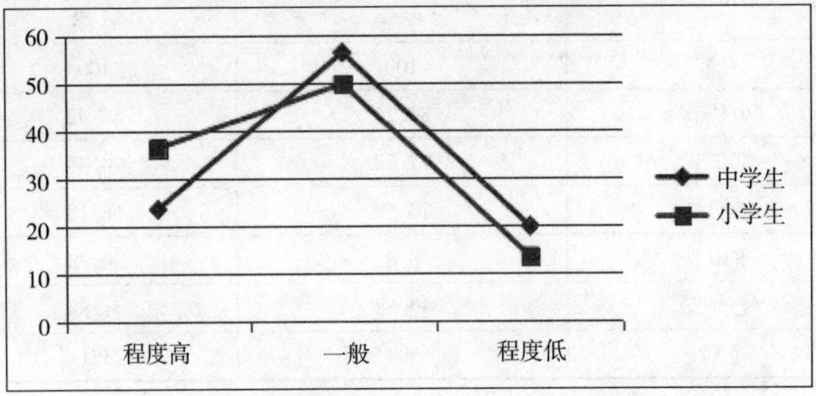

图3　中学生与小学生对礼俗文化兴趣程度比较(单位:%)

受访者尤其是中学生大部分时间在接受学校教育,其他时间解决课业及辅导班问题,这也是中小学情况不同的原因之一。

(三)认知与传承策略

通过小学与中学的对比,反映出儒家礼俗文化近年来的传承与认知状况有了一些改善,且其未来发展情况值得期许。

1. 中小学生了解儒家礼俗文化以学校为主、家庭及社会环境为辅

(1)学校教育是所有学生了解礼俗文化的共同且主要方式,并对受访者产生了潜移默化的影响

调查结果显示:从其了解途径来看,所有受访者均通过"学校教育"这一方式认知并习得他们关于礼俗文化知识结构的大部分内容。通过老师在课堂上的讲解及知识拓展教学活动,中小学生对节日文化、婚姻文化及丧葬文化等有了一定的知识积累,尤其是节日文化(兼有日常生活环境的熏陶)。以下为受访者关于节日文化认知状况的详细反映(见表1):以春节(100%)独占鳌头,接下来的顺序依次为中秋节(86.59%)、端午节(75.84%)、清明节(68.35%)、重阳节(54.62%)、七夕节(45.73%)。但中小学间又有不同。其中中学生对于以上节日(除春节外)的了解状况为:中秋节(84.26%)、端午节(77.35%)、清明节(70.52%)、重阳节(58.86%)、七夕节(49.58%);而在小学表现为:中秋节(88.92%)、端午节(74.33%)、清明节(66.18%)、重阳节(50.38%)、七夕节(41.88%)。但同学们对于"六一儿童节"的喜爱程度有的甚至不亚于一些传统节日的了解(尤其是在小学)。

表1　中小学受访者所了解的礼俗文化类型（单位:%）

文化类型	中小学样本	
	中学	小学
春节	100	100
中秋节	84.26	88.92
端午节	77.35	74.33
清明节	70.52	66.18
重阳节	58.86	50.38
七夕节	49.58	41.88
(N)	594	551

据受访者反映,教师会在教材涉及礼俗文化的篇目适当拓展延伸,以便深入理解教材内容。除此之外,学校还会举办一些关于儒家礼俗文化的活动,如关于礼俗文化的知识竞赛、猜字谜、相关讲座等活动;而且学校也为儒家礼俗文化的传播营造了良好的环境氛围,无形中加深了同学们对于儒家礼俗文化的印象。

(2)家庭及社会环境的影响也是礼俗文化弘扬的重要举措,其中又以家庭环境影响较大

调查数据表明(见表2):

所有受访者中仅14.83%的学生认为其受家庭环境影响大(比较大、非常大),72.64%的学生受其影响一般,12.53%的学生不受影响(比较小、非常小)。而作为一名曲阜市市民,竟有35.47%的受访者没有去"三孔"(孔府、孔庙、孔林)旅游过,可以说家庭在其中有着不可忽视的影响。与此同时,我们亦折射出社会礼俗文化的氛围之差。

表2　家庭环境对中小学生的影响（单位:%）

影响程度大小	所占比例
影响大	14.83
程度一般	72.64
影响小	12.53

2. 继承并弘扬儒家适宜适时的礼俗文化是多数中小学生的共同意愿

继承并弘扬儒家适宜适时的礼俗文化是多数中小学生的共同意愿,且对儒家礼俗文化的未来状况持乐观态度。调查结果表明(见图4):

46.85%的受访者其未来发展状况持乐观态度(比较乐观、非常乐观),43.27%的成员保持中立,仅9.88%的受访者态度悲观(比较悲观、非常悲观)。这表明礼俗文化在中小学生这一群体中接受程度不断提高,也反映出多数学生具有儒家礼俗文化意识。身为传承者,大多数中小学生对其发展弘扬是肯定的;而且作为其共同意愿,继承发扬礼俗文化的任务将逐渐过渡到他们的肩膀之上,成为我国社会主义文化建设的一份坚定力量。

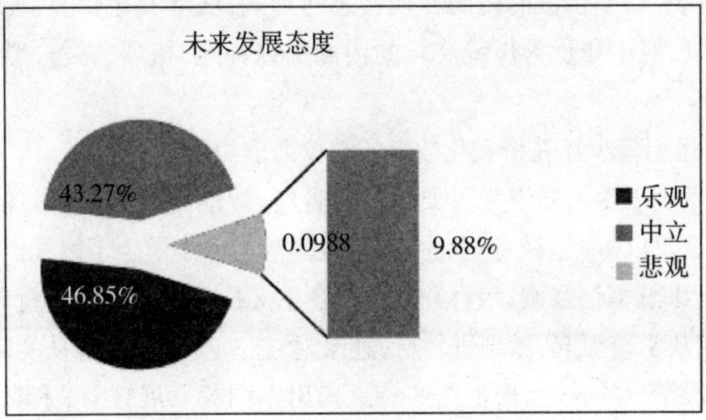

图4　受访者对礼俗文化未来发展状况的态度(单位:%)

三、反思与总结

中小学生对于儒家礼俗文化的认知越正面,越折射出他们对文化建设与发展的信心,这一现象间接地反映出礼俗文化现代化建设取得了良好成效。

基于问卷调查数据得出的结果,我们要尊重这一事实:一方面,社会现代化发展中伴生的传统文化意识的缺失是社会发展的成本和代价,中小学生对儒家礼俗文化的发展状况有较为理性、客观的认识,说明他们的文化意识在逐渐增强;另一方面,一些礼俗文化类型传播程度较浅,引起了部分学生的忧虑,但没必要夸大这种消极悲观的看法。儒家礼俗文化的现状为我们提供了文化发展与创新的新的契机与突破点,最终推动社会不断地前进。

据调查结果(以山东省曲阜市调研学校为例),当前中小学生如何继承并弘扬儒家礼俗文化的措施有以下几点。

总体上应坚持以学校教育为主、家庭及社会影响为辅的总体路线。

1. 科学认知并辩证看待儒家礼俗文化的作用

2013年11月26日,习近平来到历史文化名城山东曲阜,参观考察孔府、孔子文化研究院并同专家学者座谈时强调,中华优秀传统文化是中华民族的突出优势，我们要讲清楚中华优秀传统文化的历史渊源、发展脉络、基本走向，讲清楚中华文化的独特创造、价值理念、鲜明特色，增强文化自信和价值观自信；要认真汲取中华优秀传统文化的思想精华，深入挖掘和阐发其讲仁爱、重民本、守诚信、崇正义、尚和合、求大同的时代价值；我们要通过学校教育、理论研究、历史研究、影视作品、文学作品等多种方式，引导人们树立和坚持正确的历史观、民族观、国家观、文化观；要对传统文化进行创造性转化、创新性发展，要按照时代特点和要求，对那些至今仍有借鉴价值的内涵和现代表达形式，激活其生命力；要按照时代的新进步新进展，对中华优秀传统文化的内涵加以补充、拓展、完善，增强其影响力和感召力。

2. 有效运用青少年礼俗文化教育的学校渠道功能

学校是学生以学习知识为首要任务的处所，故能为其提供良好的学习环境。虽然学校教育仍以“应试教育”为主，但这也是当前中小学生了解礼俗文化的主要途径。“习近平总书记强调，培育和弘扬社会主义核心价值观要进行教育引导，要从娃娃抓起、从学校抓起，做到进教材、进课堂、进头脑。”教育者从实际出发，尊重不同年龄阶段学生的特点，根据这些特点提出不同的发展任务，采取不同的教育方法和内容，进行针对性教育，以便更有利地促进他们个性的发展。小学低年级学生的思维活跃，教育者以培养学生的兴趣为重点，开展礼俗文化的启蒙教育；小学高年级的学生已经形成了雏形的价值观，教育者可以以提高感受力为重点，开展礼俗文化的认知教育；初中阶段的学生，已经对社会有了初步的认识，教育者应以增强理解力为重点。在具体举措上，中小学教育者应围绕立德树人的根本任务，利用自身丰富的教学资源，组织相关实践活动，调动广大学生的积极性。在实践过程中，尽量选用容易被中小学生接受的形式，引导学生尊重各民族传统文化习俗，努力使青少年从“仁”“学”“礼”的礼俗文化中受到教育。与此同时，曲阜市中小学应因地制宜，充分发挥其地方特色文化优势，使同学们感受到礼俗文化的浓厚氛围，并培养同学们对礼俗文化的兴趣。除此之外，学校也应在保证教学任务完成的情况下，多举办关于礼俗文化的课外活动。如学校可以适当举办相关讲座，举行一些关于礼俗文化的知识竞赛、演讲比赛等活动。不同学校间也可互相交流，从而增强同学们的文化意识。

3. 精心设计和建设民间礼俗文化教育引导机制

高度重视传承和弘扬传统文化的国民教育基础性作用，必须精心设计和推进民间礼俗文化教育机制建设。推进传统礼俗文化教育，要依据和围绕社会主义核心价值观宣传教育来展开，引导青少年树立和坚持正确的历史观、民族观、国家观、文化观；要对传统礼俗文化进行创造性转化、创新性发展，按照时代特点和要求,借鉴其价值内涵,优化其表达形式,激活其生命力,增强其影响力和感召力;要系统梳理传统文化资源,让收藏在禁宫里的文物、陈列在广阔大地上的遗产、书写在古籍里的文字都活起来;要区分层次,突出重点,利用各种时机和场合与人们日常生活紧密联系起来,落细、落小、落实;要建立和规范礼仪制度,组织开展形式多样的纪念庆典活动,增强青少年的认同感和归属感。

4. 有效引导家庭生活中的礼俗文化教育

家庭环境及其教育与学校教育的配合程度直接影响学校的教育作用。家庭的经济情况,父母的文化水平,家庭的人际氛围都对受教育者有潜移默化的促进作用。儒家礼俗文化的教育需要家长的重视,青少年的成长和家庭教育密不可分。作为孩子的第一任老师,父母对其各方面影响均是潜移默化且深远持久的。因此首先父母要为孩子树立一个榜样,在家可以多引导孩子关注传统文化及相关活动,为其营造一个良好氛围。家长要充分认识到自己的义务和责任, 通过言传身教, 使孩子学会理解他人,懂得感恩,孝敬父母、尊敬师长、友爱同学、礼貌待人。同时,家庭教育要配合好学校教育,家长要积极陪同孩子参与礼俗文化体验,主题教育等相关实践活动,以此来增强孩子的民族认同和文化认同。

5. 有效发挥网络媒体的教育引导作用

打造全媒体融合新机制,发挥网络媒体的合力作用。网络媒体的教育引导作用对青少年礼俗文化了解与认知十分重要。随着中央电视台对传统文化的重视,《中国诗词大会》《朗读者》等一系列大众喜闻乐见且影响较大的文化类节目进入公众视野,为礼俗文化的传播提供了良好契机。习近平指出,优秀作品“既要有阳春白雪、也要有下里巴人,既要顶天立地、也要铺天盖地。只要有正能量、有感染力、能够温润心灵,启迪心智,传得开、留得下,为人民群众所喜爱,这就是优秀作品”。社会文化氛围则为中小学生提供了更广大的环境,并可反映出文化发展方向及影响程度。

结语

由点及面,综合本次调查问卷可以看出,当前中小学生对儒家礼俗文化的认知较少,程度较浅,既能以比较客观冷静的态度看待儒家礼俗文化的现状,也能够对其未来发展状况持积极乐观的态度。因此,我们要加强青少年对传统礼俗文化的了解与认知。优秀传统文化是中华民族的文化基因、精神标识和深厚的软实力,是我们的“根”和“魂”,但传统文化中过时的、腐朽的东西要进行清除,要进行转化。我们必须依据马克思主义文化观,明辨其良莠,用辩证的眼光去看待,在“去其糟粕”的基础上“取其精华”,使儒家礼俗文化与时俱进。

我们要"志于道,据于德,依于仁,游于艺"(《论语·述而》),按照时代特点和要求,要按照时代的新进步新进展,借鉴儒家礼俗文化中有价值的内涵,激活其生命力,加以补充、拓展、完善,增强其影响力和感召力。通过发掘、传承儒家礼俗文化,我们要提高对中华优秀传统文化的认同度,增强传承弘扬中华优秀传统文化的责任感和使命感,增强做中国人的骨气和底气,这对于延续和发展中华文明,增强国家文化软实力,具有重要意义。

参考文献

[1]毛泽东选集:第2卷[M]. 北京:人民出版社,1991:533.

[2]习近平. 习近平在纪念红军长征胜利80周年大会上的讲话[EB/OL]. 新华社,2016-10-21.

[3]习近平. 习近平在纪念孔子诞辰2565周年国际学术研讨会暨国际儒学联合会第五届会员大会开幕会上的讲话[EB/OL]. 新华网,2014-09-24.

[4]凝魂聚气 强基固本 立德树人[N]. 光明日报,2014-04-18(7).

[5]习近平. 习近平在文艺工作座谈会上的讲话[EB/OL]. 新华社,2014-10-15.

新时代沂蒙精神的传承与弘扬

指导教师　张玉珍①

思想政治教育专业学生　厉小宁

摘要:沂蒙精神是中国共产党革命精神的重要组成部分,是中国共产党和中国人民集体智慧的结晶,有着深厚的内涵和独特的精神特质,文章从整理沂蒙精神的形成和发展过程出发,分别对沂蒙精神在新民主主义革命时期的萌芽阶段、社会主义建设和改革开放时期的完善与发展阶段以及对其新时代的发展状况进行系统整理分析,从多种角度分析新时代弘扬和发展沂蒙精神对国家和人民的意义,并结合沂蒙精神在新时代全面建设小康社会和疫情防控阻击中所发挥的作用来阐释它的时代价值,为沂蒙精神在新媒体时代的发展寻求路径。

关键字:沂蒙精神　时代价值　中国梦

习近平在视察临沂时指出:"沂蒙精神与延安精神、井冈山精神、西柏坡精神一样,是党和国家的宝贵的精神财富,要不断结合新的时代条件发扬光大。"②沂蒙精神自形成以来无时无刻不发挥它的指引作用,它是党和人民战胜各种艰难险阻的伟大精神动力,在新时代,沂蒙精神以其独有的价值继续指引人民为社会主义事业而奋斗,具有重要的时代价值,因此,沂蒙精神的传承和弘扬在当今时代仍然有深刻的意义。

一、沂蒙精神的形成与发展

"沂蒙"这个概念最早起源于抗战初期,是时任中共苏鲁豫皖边区省委书记郭洪涛在创建"沂蒙山区根据地"时于1938年5月30日致毛泽东的一封电报中首

① 张玉珍(1964—),女,曲阜师范大学马克思主义学院副教授。

② 中共山东省委.贯彻党的群众路线贵在知行合一[J].求是,2014(10):25-27.

次提出的①,自此,"沂蒙"这两个字就不再仅仅是一个地理概念,更多的是代表了我们沂蒙人民的精气神,并且随着时代的发展,它也被赋予了越来越多的内涵。沂蒙精神内涵丰富, 其形成和发展具有一个漫长的历史过程。

(一)萌芽与形成阶段:新民主主义革命时期的爱党爱军保家卫国精神

沂蒙精神萌芽于沂蒙革命根据地的建立,形成于新民主主义革命时期,其精神主要体现在爱党爱军保家卫国三个方面。

1. 拥护中国共产党的领导

十月革命给经历多次摸索仍处于黑暗中的中国带来了新的生机,带来了拯救中国的新理论,马克思主义从此在这片华夏大地上茁壮成长,一些有识之士意识到改变中国命运的时候到了,便开始对马克思主义进行宣传,中国共产党一次大会代表王尽美是最早在这片沂蒙大地上进行理论宣传的人,在 1921 年中国共产党成立后,许多有志青年加入中国共产党。1927 年 4 月,一批共产党员回到家乡沂水,成立了沂蒙地区最早的党支部——沂水党支部,党员们通过各种方式传播马克思主义,自此,革命的火焰在沂蒙大地上开始熊熊燃烧,革命根据地开始在各地生根发芽,党带领人民积极抗战,人民看到了翻身的希望,沂蒙人民也坚定了心中的政治信仰,一心一意跟党走,朴素的沂蒙人民也用行动来表达对党的支持与信任。

2. 踊跃参军参战

沂蒙精神成长于战争年代,在面对着侵略者的野蛮屠杀和疯狂掠夺,沂蒙地区的人们拿起了手中的武器与敌人做斗争,大批英雄人物也应运而生,书写了无数动人心弦的英雄事迹,沂蒙地区人民的革命热情从未间断,在抗战初期参军人数就达1.5 万余人,到解放战争期间更是高达58.9 万余人。② 电影《沂蒙六姐妹》中有段感人至深且十分悲怆的故事情节:一个老妇人的丈夫和两个儿子参军抗战,后来都牺牲在战场上。故事是虚构的,但是它来源于现实生活,这样的事迹在沂蒙地区就是真真切切存在着的,临沂市莒南县坊前镇聚将台村的一位农民刘永良,把三个儿子全部送上战场,这几个儿子全部牺牲在战场上。这样的事迹不胜枚举,每一个朴实的沂蒙山区的人都怀着对侵略者的痛恨和甘愿为祖国、人民奉献牺牲的家国情怀,为新民主主义革命战争的胜利贡献出自己的一份力量。

---

① 韩延明 . 擿论沂蒙精神的本源、本质、本色与本分——学习领悟习近平总书记关于沂蒙精神的重要论述[J]. 理论学刊,2019(1):48 – 55.

② 中共临沂市委党史资料征集委员会 . 中共临沂地方史:第 1 卷[M]. 北京:中共党史出版,2009:293.

3. 积极支前保家卫国

陈毅元帅曾说:“我就是躺在棺材里也忘不了沂蒙山人。他们用小米供养了革命,用小车把革命推过了长江!”沂蒙地区是中国革命的坚强后盾,在沂蒙地区一直流传着这样一段话:最后一粒米做军粮,最后一块布做军装,最后的老棉袄盖在担架上,最后一个儿子送上战场。沂蒙地区人民的抗战不仅仅是前方的将士,更有后方沂蒙红嫂们的默默奉献:明德英奶奶救助战士;水中架“火线桥”的李桂芳;“沂蒙六姐妹”的故事,等等。据统计,在抗日战争和解放战争中,沂蒙妇女共做军鞋315.13万双,做军衣121.68万件,碾米磨面烙煎饼11715.9万斤,动员参军39万人,救护伤员5.9万人,掩护革命同志9.4万。① 在孟良崮战役中,解放军参战部队有27万人,而身后沂蒙支前大军有92万人,其中随军常备民工7.66万人、二线常备民工15.4万人、临时民工69万人。② 淮海战役中沂蒙人民用小推车运送粮食物资,在烽火中筑起了希望之路。

(二)完善与发展阶段:社会主义建设和改革开放时期的开拓奋进精神

在社会主义建设时期,自然条件的恶劣并没有阻挡沂蒙人民建设新中国的热情和决心,他们继续发扬沂蒙精神,向自然界开战,发挥开拓进取、不惧困难的精神,在贫瘠的山区土地上创造了一个又一个奇迹,树立了一个又一个典范。其精神主要体现在两个方面:

1. 建设时期的王家坊前精神和厉家寨“愚公精神”

王家坊前人民响应国家号召,新建农村生产合作社,在遇到困难时,齐心协力,主动地把家中有用的物品拿到合作社组织生产,齐心协力发挥合作社的集体优势,社员们自觉地参与集体劳动,获得了丰产丰收的成果,毛泽东于1955年9月做了批示:“发动社员投资,解决合作社生产资金不足的困难,是完全可能的。”以此号召全国人民学习建立合作社的经验,机动灵活地解决在实践中遇到的各种困难。

党支部书记厉月坤带领村民治理土地,平整沟壑,整修水沟,把曾经的穷山恶水变成标准的高产梯田,彻底改变了曾经靠天吃饭的局面,毛泽东在1957年还做了“愚公移山,改造中国,厉家寨是一个好例”的批示,让全国人民学习这种敢于同恶劣环境做斗争的精神,积极改善生存条件,在全国掀起了大规模的整山治水运动。

① 中共临沂市委宣传部,等. 水乳交融生死与共——弘扬沂蒙精神与践行群众路线理论研究[M]. 济南:山东人民出版社,2014:66.

② 沂蒙精神教育读本[M]. 济南:泰山出版社,2018:53.

2. 改革开放后的九间棚精神

改革开放伊始,为改变沂蒙山区贫困落后的面貌,沂蒙地区的人们发扬沂蒙精神,进行大规模经济建设,勇于克服困难,致力于使人民群众更真切地感受发展带来的成果,带领沂蒙地区的人们与贫困做斗争,走上脱贫之路,坚持推进农业现代化,大力发展工业,发挥开拓创新,奋勇前进的精神,一时涌现出诸多典范,1984年,在九间棚地区的人们在党组织的带领下,积极改善农业和生活条件,顺利实现高山水利化,后又积极搞工程,抓住机遇,兴建农业科技园,实现脱贫致富,形成了著名的"九间棚"精神,这一精神也被争相参观学习。

(三)沂蒙精神的再发展:新时代攻坚克难的奋斗精神

在新时代,沂蒙精神以其独特的精神特质继续指引沂蒙地区的人民克服新时期面临的挑战,也必将以高昂的姿态指引人民走向更加灿烂的未来,为实现中国梦而奋斗。

1. 坚决打赢脱贫攻坚战的攻坚精神

进入新时代,打赢脱贫攻坚战是我们面临的首要任务,到 2020 年实现全面脱贫,实现全面建成小康社会的奋斗目标,为此,沂蒙地区的人民继续坚持发挥攻坚克难的斗争精神,狠抓落实脱贫攻坚精准到人的政策,着力协助农村贫困地区利用各地的地理优势来发展生产。进入新时代,临沂地区作为全省脱贫攻坚重点市之一,对贫困人口实施精准排查,进行具有针对性的帮扶,在新时代争取全力打赢脱贫攻坚战,到 2018 年已经实现 50 多万贫困人口脱贫,贫困村全部摘帽,基本完成脱贫任务。

2. 坚决战胜疫情的克难精神

刚刚迈入 2020 年,新型冠状病毒肺炎席卷全国,由于新冠病毒传染传播能力强,传播速度快,恰逢春运期间全国人员流动极大,新冠病毒在国内迅速蔓延,对此,习近平总书记指出,要求各级党委和政府及有关部门做好疫情防控,坚持"生命第一"的理念,要求把人民群众的生命安全和身体健康放在首位,全力做好诊疗工作,坚决打赢这场疫情防控阻击战。湖北省作为疫情最严重的地区,需要全国各地的支援与帮助,沂蒙地区的人们继续弘扬沂蒙精神,紧急驰援湖北,仅临沂地区就先后派出三批医疗队,共计 77 人到抗疫一线去,与武汉和黄冈人民一起抗击疫情,与时间赛跑,与病魔较量,不惜代价救治病人,用实际行动生动地诠释了攻坚克难的沂蒙精神。

二、沂蒙精神独特的精神特质及其当代价值

(一)沂蒙精神独特的精神特质

党的革命精神是在战火和斗争中淬炼而成,凝聚了党和人民的智慧,自中国共产党成立以来,革命精神就不断地形成、丰富和发展,逐步形成了红船精神、延安精神、沂蒙精神等一系列优秀的革命精神,这些革命精神是在优秀文化的渲染下,在马列思想的指导下,在与中国具体实践的结合过程中逐步成长起来的,它们都体现了革命老区人民崇高的价值追求,无论从内涵还是特征等各方面都有类似之处,符合中华民族的精神特质,都是我们珍贵的精神财富,是我们应该继承和发展的,与此同时不同的革命精神由于诞生的条件不同又有各自独特的精神特质,沂蒙精神融合了地区特色的地域文化,它的存在不仅仅代表了沂蒙地区一方人民的文化,更是整个中华民族几千年文化凝练而成,由此形成了既统一又不同的精神特质。

1. 无私奉献精神

沂蒙精神扎根于齐鲁大地,这里有着深厚的历史积淀,一直受儒家思想渲染,自古以来就重视情义,讲正义,涌现的英雄人物数不胜数,沂蒙地区的人们从来不缺乏对抗不公和腐化的勇气,在这样的氛围下成长起来的沂蒙精神自有它独特的精神特质,沂蒙精神集中体现了人民对党和国家的热爱,对民族大义的牺牲奉献精神。在战争时期,人们无条件支援抗战,在国家建设时期,又积极投身国家建设,始终坚持为国家和民族无私贡献。

2. 开拓进取精神

沂蒙山区根据地的建立是党在北上抗日之后在东部地区站稳脚跟的重要一步,人民积极地开辟根据地,踊跃参加战斗,对于党在东部地区开展行动创造了有利的条件,奠定了坚实的基础,党带领人民不断开拓根据地,很快就与其他根据地一起形成了由点到面的大片根据地。在战争期间,沂蒙地区也是重要战场所在地,与党和军队一起取得了多次胜利,无论在根据地的开辟方面还是在战争方面,沂蒙地区的人民一直发扬开拓进取的精神,为全国解放做出重要贡献。

(二)沂蒙精神的当代价值

关于沂蒙精神,我们不仅仅要看到它的历史价值,更要注重发掘它的时代价值,只有同时代相契合,给予当代人以启示,才能不被历史所湮没,才能顺应时代的发展趋势,发挥它最大的价值。目前,我们已经进入新时代,沂蒙精神在新时代依旧有它独特的价值。

1. 实现"中国梦"的精神支撑

实现中华民族的伟大复兴是中华民族近代以来最伟大的梦想,是无数志士仁人梦寐以求,不惜以生命为代价想要去实现的理想,它是我们的"中国梦",而坚持和发展中国精神是实现中国梦的必要条件之一,沂蒙精神作为中国精神的重要组成部分,在实现中华民族伟大复兴的道路上起着重要的作用,一个突出的特点就表现为开拓进取、敢于斗争的精神,敢于同一切困难做斗争,面对国内外复杂的形势,在实现中国梦的道路中,必然会遇到很多困难和难啃的"硬骨头",这时需要发挥这种勇于斗争的精神,破除各种艰难险阻,坚定"中国梦"的必胜信心。

实现"中国梦"还需要发挥沂蒙精神的无私奉献精神,它不是某一个别群体的事,它需要全体中国人树立集体主义观念,着眼长远,将个人目标与集体目标融合在一起,把党和国家的利益放在首位,沂蒙精神在形成之初就很好地体现了奉献牺牲的精神,无论从人力、物力还是财力上,始终坚定地支持中国的革命,坚持国家利益至上,将无私奉献表现得淋漓尽致,为中国革命的胜利做出了巨大的贡献,这种精神在当今社会依然值得推崇,当代青年人更应该接受这种精神的洗礼,能够在国家和人民需要的时刻勇敢地站出来,为实现"中国梦"做出自己的贡献。

2. 激励当代人民共克时艰的精神动力

改革开放以来,在党和人民的共同努力下,中国的经济有了长足的发展,但还存在局部地区和人民的贫困问题,面对脱贫攻坚的艰巨任务,党带领人民坚定信心,共克时艰,争取早日实现全面脱贫,到2020年实现全面建成小康社会,在改革已经取得如此丰硕的成果时,我们仍面临许多问题。目前,我们改革仍处于深水区和攻坚区,面对一系列的矛盾和挑战,我们要以更大的政治智慧和政治勇气继续深入推进改革,不惧怕眼前的困难,发挥开拓奋进的沂蒙精神,积极推进重要行业和关键领域的改革,有效应对各种问题,早日向第二个百年奋斗目标前进。

同时,面对2020年突如其来的疫情,在这样危难的情况下,在抗疫初期医疗物资紧缺的情况下,需要全国人民众志成城,同心协力,既需要有关工作人员发挥不怕牺牲、无私奉献的精神,以巨大的决心和勇气去支援抗疫一线,同时也需要我们普通群众再次展现"小推车"精神,做好抗疫的后勤保障,使得在一线战斗的"战士们"能够毫无顾虑地与病毒做斗争,以此达到有效控制疫情的效果。

3. 坚定群众路线、保持党的先进性和纯洁性的动力源泉

习近平总书记在走访沂蒙革命老区,重温沂蒙精神时,将沂蒙精神高度概括为"水乳交融,生死与共",其中最重要的和最突出的就是"水乳交融",是党和人民构建亲密关系的生动展现,党坚持一心为民,坚持"一切为了群众,一切依靠群众,从群众中来,到群众中去"的群众路线,秉持着这样的理念切切实实与人民融

合在一起,人民也愿意跟随党,这也正是中国共产党一直所提倡和奉行的党和人民的关系,切实把人民群众的利益放在最重要的位置,正是依靠这种信念,我们党才能发动人民群众,采取人民战争的方式,打败敌人,才能实现革命的胜利,才能建立人民民主的中华人民共和国。中国共产党之所以能够做到如此,归根结底还是因为党具有的先进性和纯洁性,这是我们党所拥有的与生俱来的特点,在新时代加强党自身的建设,保持同人民群众的密切联系,使人民得以信赖仍然是十分重要的,党员要继续深入扎根群众,真切体会人民群众的生活,了解他们的真实状况,为人民谋福利应该始终放在党的心头,党员应该学习沂蒙精神中"水乳交融"的党群关系,拒绝腐败,切实为人民做事,不断提高治理能力,坚定地贯彻群众路线,加强作风建设,只有这样,我们才能继续取得一个又一个胜利,才能实现我们的中国梦。

三、新时代沂蒙精神再出发的发展路径

(一)大力发展红色文化事业和文化产业,形成多元化传播模式

党的十八大以来,党中央高度重视社会主义文化建设和社会主义精神文明建设,着力增强我国的文化建设,强调我们要树立文化自信和文化自觉意识。其中对红色文化的宣传必不可少,沂蒙革命老区有着丰厚的红色文化资源,对这一红色文化的宣传问题也应得到重视。发展红色文化事业,建设有关展览馆和教育基地,这一直是我们宣传沂蒙精神的主阵地,这些展览馆能够切实展现出沂蒙精神的风貌,有关地区应充分利用这些文化资源,组织群众进行免费的参观,尤其是对学生进行教育和精神熏陶,对于他们的健康成长具有重要意义。

在新媒体时代,对于沂蒙精神文化的宣传不能仅仅局限在传统的模式中,结合时代的发展趋势,对文化宣传进行创新,同时,大力发展文化产业,既能够进行文化宣传又能推进经济建设,要多管齐下。比如,拍摄相关的影视作品再现沂蒙精神的风貌,以人民群众喜闻乐见的形式更易于人们加深对沂蒙红色文化的理解,同时,应注意加强对有关影视化作品的审核力度,在一定的艺术加工下要更加真实地贴合实际,避免一些抗日神剧的出现,使人民更加真切地感受历史。

与此同时,要充分利用互联网传播速度快,传播范围大的优势,抢占文化高地,随着互联网的普及,人们对于信息的获取也多了一种更加方便快捷的方式,互联网俨然扮演着愈加重要的角色,在互联网上进行文化宣传更容易融入大众的视线,应注意的时候,要注意改变传统的喊口号式的宣传模式,创新宣传模式,利用互联网视频音像传播方便的优势,创建一些当代年轻人更容易接受的方式,以便于更好地进行沂蒙革命文化宣传。

（二）广泛宣传和发挥榜样模范作用

发挥先锋模范的带头作用进行思想文化宣传是我们党惯用的方式，同时它也是非常有效的方式，树立模范，抓典型，树标杆，给人民群众树立生动的榜样，以便于人民群众对榜样有更直观的感受，对于榜样模范的树立，要注重对传统经典模范的宣传，如沂蒙"红嫂"、支前精神等，他们是我们永远要铭记和学习的榜样，他们也是体现沂蒙精神内涵的典型代表人物，与此同时，还要注重发掘人民群众中的榜样，其实，榜样模范不仅仅存在于历史的教科书中，他们更多的是来源于生活，来源于方方面面的人们，来自基层群众，榜样的树立也要贴合人民群众的生活和实际，使人们都能更真实地感受到榜样的力量。

对于榜样模范的宣传要做有潜移默化之势，贯穿在社会生活的每个角落，使人们在生活中每时每刻都能感受到榜样的力量，敦促人民向榜样模范学习，以此作为自己的人生标杆，在自己平凡普通的岗位上创造不平凡的人生，在全社会形成良好的氛围。

（三）结合新时代发展境况进行更加深入的理论研究

沂蒙精神的成长和成熟经历了漫长的时间，它经受过战火的洗礼，也战胜过恶劣的自然环境，而今日，进入新时代，它也面临着全新的发展境况，同时，新时代我们也面临着新的挑战，在这种情况下，我们要鼓足干劲，努力发展生产，为实现共产主义事业做出自己的贡献，这时，必须对沂蒙精神的理论进行深入研究，理论是在实践中取得的，它存在的最终目的就是要应用于实际生活，使沂蒙精神化为我们发展的动力。

对于沂蒙精神的理论研究既要依靠于丰厚的历史材料，在原有发展基础上进行整合分析，又要致力于与新时代社会发展面临的问题相结合，培养理论人才，建立专门的研究机构进行理论研究，让沂蒙精神继续发光发热。

结语

实现中国梦要弘扬中国精神，沂蒙精神是中国精神的一部分，它体现着中国人民朴实的奋斗和牺牲精神，它的成长带着历史的印记，随着党的成熟而不断地成长，不断带领人民克服困难，在磨难中走向成熟，同时它又能在新时代的环境下熠熠生辉，不断丰富自我。沂蒙精神是鲜活的，是有着旺盛的生命力的，它既有革命精神所共有的精神内涵，同时它又有其独特的精神特质，并且在当今仍然具有重要意义，因此，对于沂蒙精神要大力弘扬，在继承沂蒙精神的优良品质下要继续深入发掘它的时代价值，让沂蒙精神在新时代继续发挥作用！

参考文献

[1]中共山东省委．贯彻党的群众路线贵在知行合一[J]．求是,2014(10).

[2]韩延明．摭论沂蒙精神的本源、本质、本色与本分——学习领悟习近平总书记关于沂蒙精神的重要论述[J]．理论学刊,2019(1).

[3]中共临沂市委党史资料征集委员会．中共临沂地方史:第一卷[M]．北京:中共党史出版社,2009:293.

[4]中共临沂市委宣传部,等．水乳交融生死与共——弘扬沂蒙精神与践行群众路线理论研究[M]．济南:山东人民出版社,2014:66.

[5]沂蒙精神教育读本[M]．济南:泰山出版社,2018:53.

[6]张少军．弘扬沂蒙精神 践行群众路线[J]．求是,2014(23).

[7]王世谊,李岚．沂蒙精神与“不忘初心,牢记使命”主题教育研究[J]．理论学刊,2019(1).

[8]陈永莲,孙海英．沂蒙精神与井冈山精神、延安精神、西柏坡精神之比较[J]．临沂大学学报,2016,38(2).

[9]中共山东省委党史研究室．中国共产党山东历史:第1卷（下册）[M]．济南:山东人民出版社,2017:828.

文化自信视域下唢呐文化传承现状及发展路径探究

——以山东省、山西省部分地市为例

指导教师　肖芳①

团队成员　曹　珍　夏明雪　郜妙思

孙文月　庞　玉　王　霞　王　璇

绪论

（一）调研背景

中华优秀传统文化积淀着中华民族最深厚的文化软实力，是民族的“根”和“魂”。现今，中华民族优秀传统文化在国内得到更加广泛的传播，并逐渐得到世界的肯定，中国传统文化开始逐渐复兴。保护和发展我国民间传统文化，是积极响应党的十九大号召的体现；增强全民文化自信，就是增强其在对时代发展潮流和中国特色社会主义伟大实践的深刻把握中，对中华文化价值的充分肯定，以及对中华文化生命力的坚定信念。

作为优秀民间音乐文化的唢呐艺术相对于以前来说已经取得了很大的发展，但是跟流行音乐和西洋音乐相比还逊色很多，仍然难以获得普通民众的广泛重视与更大范围的参与度。唢呐文化目前只是在有关唢呐文化的专业学术领域内有所发展，缺乏在社会上的广泛传播和创新。在学校和社会上，由于对于民族乐器，尤其是唢呐的认识不足，唢呐文化已经逐渐淡化出普通大众的视野。随着新农村的建设发展以及乡俗形式简化之风盛行，唢呐用于婚嫁、丧事的次数快速减少，唢呐文化在如今社会的现状岌岌可危。

① 指导教师简介：肖芳（1982—），女，法学博士。现为曲阜师范大学马克思主义学院副教授，硕士研究生导师。

（二）调研目的

通过对地方传统唢呐文化的研究，了解当代人对优秀传统文化认知认同及传承保护情况。进而以传统音乐文化为抓手，增强全民文化自信与文化自觉，加深了解并传播中华优秀传统文化，促进文化复兴与文化繁荣，助力民族富强。

探索当地传统音乐文化传播新形式，创新文化发展方式，使文化基因与当代文化相适应、与现代社会相协调，以人们喜闻乐见、具有广泛参与性的方式推广开来。

（三）调研思路和研究方法

调研团队以民间传统音乐文化为抓手，经过搜集资料查阅文献及简单的调研活动，针对大众对唢呐民间文化获取的基本途径、当前唢呐文化发展所面临的问题的看法以及对唢呐文化的前景发展设计相关问卷，并制定合适的访谈提纲，开始分项调查。通过资料的整理和调研结果的分析，撰写此篇调查报告，并不断修改完善。我们的调研思路可以概括为“三个步骤、三个方面”。三个步骤即确定选题；搜集资料，进行调查；撰写报告。三个方面即大众对唢呐民间文化获取的基本途径；当前唢呐文化发展面临的问题；唢呐文化的前景发展对策。

采用的主要研究方法是统计调查研究法；访谈法、观察法、历史文献法。

（四）结果与评析

以唢呐文化为对象的调研结果显示，唢呐文化在新时代到来的同时逐渐衰落，民众参与度与日俱减，优秀传统文化在被所谓新潮文化挤压，其价值也在时间变更中损耗。唢呐文化的乏人问津，归根结底是其赖以生存的民众生活方式发生了改变。经济全球化和市场经济功利思想的双重夹击下，传统文化发展越发困难。但不可否认的是在国家政策倾斜扶持及社会人士的竭力挽救等一系列保护措施下，唢呐文化得以保留及传承。于复兴、衰退、变异三种现象与结果中，唢呐文化究竟被归于哪一种，取决于今后我们做出的努力。不断寻找现代人生活方式与中国传统文化发展产生交集乃至最终重新融入彼此的方式，构建自媒体时代下网络微平台的合理设计与策划，需要广大民众参与到文化的传播与建设中，来完成基于自媒体时代的以唢呐文化为切入点的优秀传统文化的传承与创新性发展。

一、研究唢呐文化的价值及意义

唢呐文化作为中华优秀民俗文化，其传承和创新性发展是非物质文化遗产保护的重要组成部分。通过了解唢呐音乐的特点形式，我们可以更好地窥视到民族文化当中最为核心的精华部分，对于了解少数民族的历史文化发展具有重要的实践意义。

随着时代的变迁,唢呐演奏在历史文化的影响和淘洗下,一步步得到了继承与发展,唢呐的作品题材有了更大的发展空间,唢呐文化也渐渐从民间乐器蜕变为一种文化艺术深入到人们心中,它以独特的民族特色和超强的群众影响力成为一种深受我国人民喜爱的民间乐器。伴随着全球一体化、民族同质化的变革,许多民族音乐发展似乎遇到了"瓶颈"。未来如何能够更好顺应时代的要求,发掘、留存更多的音乐作品,一直是业内热议的话题。在"十二五"规划中就提升国家文化软实力方面进一步提出要求的背景下,对唢呐艺术的研究既是保护非物质文化遗产的现实需要,又对弘扬中华传统文化,丰富和增强文化软实力有积极意义。因此,研究这种课题,不仅具有理论实践的意义,还具有传统历史文化的意义。

(一)弘扬优秀传统文化,丰富农村文化活动

唢呐艺术是一个独具特色的文化符号,它与民俗活动一道,通过其特有的规范、维系、调节、教育等功能,对农民的思想、道德和行为产生着积极影响,如唢呐班参与的"祝寿""葬礼""祭祖"等民俗活动强化了老百姓"尊老重孝""慎终追远"的中华民族传统思想与美德。

1. 大众很容易在文化上陷入自我迷失

在现代化的狂飙突进中,大众很容易在文化上陷入自我迷失,从而找不到"我是谁、我从何而来、我又到何处去"的答案。要先行解决这个前提性问题,才能重新找回现代人的自己,重建现代人的自我,就不能不进行一番文化上的"寻根",重新接续大众同传统文化之间脐带般的关系。

中国特色文化迫切需要的是实现优秀传统文化的创新性发展,它不仅是我国文化底蕴的再积淀,也能拉动文化事业与产业的发展,是"发展"必不可少的主力军。

2. 民众生活方式发生改变

处在自媒体时代的民众生活方式发生了转变,大众的兴趣从传统民俗文化中脱离,开始被潮水般涌来的西洋文化、新潮文化所吸引,将那些古朴的、很少人搬弄的民间手艺、技艺抛之脑后。优秀传统文化一旦淡出人们的视野,传承甚至复兴就越发困难。关于唢呐文化传承现状的调研力图向民众呈现优秀传统文化传承及发展现状,在政策倾斜、经济资助、专设部门进行管理等措施的同时更大程度增强民众参与感。

调研活动旨在通过对地方传统唢呐文化的研究,了解当代人对优秀传统文化的认知认同及传承保护情况,深入揭示民众对传统文化发展的参与热情与措施,以微薄力量呼吁全民保护文化遗产。同时,以传统音乐文化为抓手,探索当地传统音乐文化新颖传播形式,使文化基因与当代文化相适应,与大众新的生活方式

相契合,以人们喜闻乐见的形式传播开来,从根本上吸引民众兴趣,助力开启“全民保护”“全民创造”的文化保护传承局面。于唢呐文化,于任何一种优秀民俗文化,都是国之瑰宝,不应在万物一新的时代蒙尘。留住唢呐文化、发展唢呐文化,使得优秀传统文化带有时代的印记,赋予其更有生命力的内涵。调研活动从身边特色民俗文化为起点,从唢呐文化传承与保护现状开始,探索其创新发展路径,呼吁更多民众的参与,助力整个中华优秀传统文化的复兴之路。

(二)发掘唢呐艺术价值,拓展民间音乐艺术价值

唢呐艺术可谓我国民间音乐中的瑰宝,它有着相当高的艺术价值。唢呐文化作为中华优秀传统文化的重要组成部分,对于当代思想信念重塑同样发挥着作用。中国优秀传统文化能够为当代中国人重新发现文化上的自我提供内在依据。

唢呐本身在曲目方面有独特优势。根据目前搜集到的资料统计,唢呐班曲目达到千首之多,按其年代属性来看,大致可分成传统与当代两个曲目系统。丰富的曲目无疑凸显了唢呐班音乐的传统性、继承性、广泛性。唢呐自身在演奏技法方面也颇具特色。此外,唢呐班在乐器制作、音乐传承、训练方式等方面也颇有特色。关于唢呐文化的调研旨在呈现文化实况,调动民众参与热情,寻找唢呐文化的创新性发展方式。

(三)发现唢呐班存在的问题,引领唢呐班更好发展

唢呐班源于农村并服务于农村,其表演内容与形式贴近农民的生产生活,深受人们喜爱。因此,对唢呐班的研究,就是要努力探讨唢呐班作为政府开展农村文化活动有益补充的可能性,并就如何发挥其在满足农村基层群众基本精神文化需求的优势方面进行深入系统的考察和总结,提出今后应注意的关键问题。进而为其他可以作为政府开展农村文化活动有益补充的民俗活动提供参考和借鉴。

二、唢呐文化保护传承中的现状及存在的问题

(一)唢呐文化的现状

唢呐俗称喇叭,是中国历史悠久、流行广泛、技巧丰富、表现力较强的民间吹管乐器。它发音开朗豪放,高亢嘹亮,广泛应用于民间的婚、丧、嫁、娶、礼、乐、典、祭等仪式伴奏。唢呐是世界共有的乐器,在很多地方生存、发展。唢呐在中国长期扎根落户、兴旺不衰,唢呐演艺队伍的不断发展壮大,都是因为中国广大农村有唢呐长期生存的优越条件和最适宜的发展空间。

唢呐有许多分类,可按音高分类、长短分类,也可按地域分类。按地域分为客家唢呐、周家班唢呐、子长唢呐、闽南大唢呐、沁阳唢呐、大竹竹唢呐。依照地域和技艺风格,沁阳境内的唢呐整体上可分为四大家两大派。以沁河为界,分为沁北

派和沁南派。沁北派以张家、贺家、马家为代表,沁南派以贾家为代表。在四大家的影响下,沁阳境内的唢呐班社和艺人队伍规模不断增大。中华人民共和国成立至20世纪80年代,沁阳的唢呐呈现出乡乡有唢呐、村村有乐声的状况。1997年12月,沁阳市被河南省文化厅授予河南省"民间艺术之乡荣誉"称号,后又被文化部命名为"中国民间艺术之乡"。

但好景不长,当今社会正在急速转型,唢呐文化陷入了前所未有的困境中。当然,这是由多方面因素造成的,比如,农村红、白喜事和祭祀活动减少;现代娱乐方式丰富,对唢产生了巨大影响;大家的生活方式和审美发生了变化。许多人放弃唢呐,选择外出打工或务农等。唢呐班子里,基本上都是五六十岁以上的老人,年轻人不愿意学,所以唢呐就渐渐淡出了现代人的视野。因此如何让唢呐文化在工业文明的强力冲击下走出困境、发展传承,这是一个亟须解决的难题。"任何一种事物如果没有与时俱进的创新品质最终必将走向灭亡",因此,任务的核心在于怎样让唢呐文化改革创新,使其符合现代人的审美需求,适应新型社会的发展需要。

(二)唢呐文化的发展传承

"中华优秀传统文化是中华民族的精神命脉。"现在很多人对西方文化趋之若鹜,社会发展中种种因素冲击着民众对于传统文化的自信心。唢呐文化作为一种古老的文化艺术源远流长,在历史的长河中发挥着至关重要的作用,然而,当前中国传统音乐文化在不断"边缘化",唢呐文化的传承与保护面临困境。

1. 传承过程中存在的问题

唢呐文化曾经在中华民族的发展过程中大放异彩,而如今它却淹没于历史的长河之中,虽然唢呐艺术在保护与宣传之中已经取得了较好的发展,但是它仍比现在的流行文化与西洋文化逊色很多。唢呐文化的发展追不上经济发展的脚步,不能及时适应人们思维意识转变;受多元文化的冲击,社会影响力下降;老传统文化演奏者难以坚守;年轻人不愿接受等种种问题。

(1)经济不断发展,人们的思想观念发生变化

唢呐文化一直随着经济的发展而发展,由于我国经济发展水平不断提高,农村经济生活得到了极大的改善,这使得人们的思想观念发生变化,大众传媒的发展使人们开始追求新潮的音乐文化,"吹拉唱打"的鼓乐文化则越来越不受重视。在经济全球化的大潮中,西方资本主义思想日益渗透,广场、商场、酒吧、KTV等场所听不到唢呐的声音,唢呐文化受到了前所未有的冲击。农业生产方式的改变也使得老一辈艺人难以经常聚齐。

(2)多元文化发展,人们的审美意识多元化

大号、小号、萨克斯、电子琴等西洋乐器在传统鼓吹乐中普及,中西合奏的音乐表演形式能够吸引人们的兴趣,这降低了传统乐器的存在感,因而使唢呐的使用频率降低。前几年传入的日韩文化让大众,尤其是青少年趋之若鹜,这种新的文化形式也存在由从前的非主流转向主流的趋势,传统的音乐乐器便因此被搁置,传统的音乐文化也淡出人们的视野。

(3)老一辈艺人难以再次聚齐,缺少演奏的机会

老艺术家们心理上接受了唢呐文化萧索的事实。教授唢呐技艺的老艺术家多采取"口授心传"的教学方式,但是这种教学模式与现在的教学方式相悖,而逐渐被淘汰,新一辈演艺人学得一门技艺后只在意它能带来的功利,不再仔细揣摩其中所蕴含的神秘,从而使得传统的唢呐文化日渐消逝。

(4)年青一代学习外来音乐

年青一代对商业的流行文化趋之若鹜,认为外来文化就是时尚文化。在学校和社会上,由于对于民族乐器,尤其是唢呐的认识不足,导致了学生认为学习唢呐,只能是民间走事或者跑跑场子,几乎没有多大的用途了。

2. 传承过程中各方采取的积极行动

唢呐在现代传承中存在的这些问题实在让我们忧心,在中国存在了一千多年,会"说"中国话的"老土"乐器正在没落。面对这正在消逝的民族传统该如何更好地传承成为我们思考的问题。当今唢呐文化的传承不仅存在问题,还存在人们为保护它而采取的措施。唢呐文化发展的现状也有令人安慰的时刻。

唢呐表演者正采取各种方式对唢呐艺术表现形式进行创新,将其与现代乐器结合,既保留唢呐的独特演奏,又能让唢呐与现代乐器紧密结合。越来越多的传统音乐家以实际行动加入唢呐文化的保护与传承的队伍中,一些唢呐艺术家也成立了专门的唢呐协会。

各地的唢呐文化也正先后被纳入非物质文化遗产之中。枣庄薛城唢呐被纳入非物质文化遗产。为了推进薛城唢呐的保护与传承工作,薛城区不断加大投入力度,建立唢呐传承基地,大力开展关于唢呐文化的各种文化活动,着力打造有地域特色的文化品牌。云安、晋南等各个地区都在采取各种活动来保护与传承唢呐文化。

年青一代没有放弃传统的唢呐文化,仍有年轻人坚守传统文化的底线。从往年艺考来看,吹唢呐参加艺考的人并没有逐渐减少,而是呈现逐渐增多的趋势。

所以,虽然唢呐文化在现在的传承与发展中仍然存在许多问题,但是对于唢呐文化的传承与发展,我们一直在路上。唢呐文化绝不会随着历史前行的脚步而

悄然流逝，它的明天值得期待。

三、唢呐文化保护传承中存在的问题的原因分析

（一）西方外来文化冲击

1. 西方外来文化的冲击，唢呐文化传承发展遭遇阻碍

改革开放以来，西方文化的盛行给中国传统文化的继承与发展带来了冲击。近几年，西方国家更是对其文化大肆宣传，企图抹杀我们的优秀传统文化。

从图1可以看出，有70%左右的人认为外来文化的冲击使唢呐文化发展受阻。唢呐文化作为农业文明和乡土文化的产物，当中国从农业文明发展到工业文明，西方文化涌入，唢呐也日趋没落。

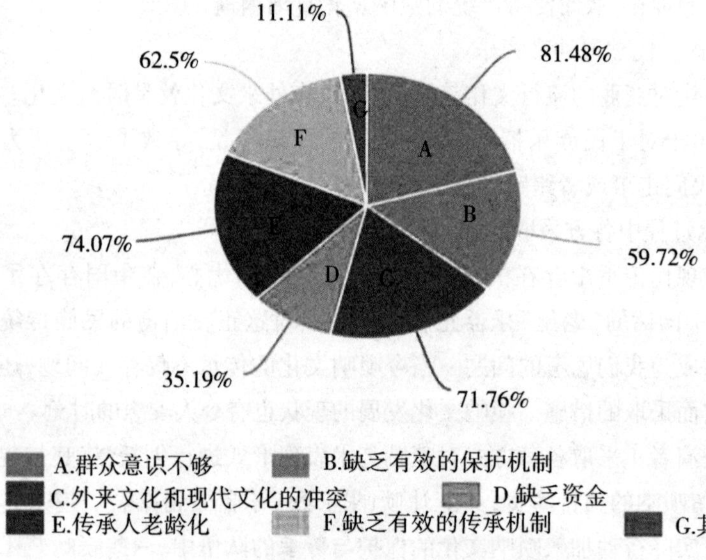

图1　唢呐文化面临现状原因分析示意图

2. 西方文明入侵，唢呐在婚嫁、丧事中的作用减弱

唢呐主要用于民间的婚丧嫁娶、迎神祭祀等活动，现在越来越多的地区倡导乡风文明，破除乡村陋习，婚丧嫁娶形式西方化，削弱了唢呐在婚丧嫁娶等事中的作用。

（二）社会

1. 社会礼俗文化，传统生活方式的凋敝和衰微

西方文化传入中国，社会传统礼俗文化和传统生活方式受到冲击。

调查数据显示，在多个因素中，有41.67%的民众认为传统生活方式的变迁使

唢呐文化发展受阻。随着社会发展,人们为了追随时代潮流,对许多流行的低俗文化趋之若鹜,而对于前人给我们留下的宝贵财产却弃如敝屣,社会礼俗文化、传统生活方式不断凋敝。

2. 当前教育缺乏传统文化课程的设置,缺乏相关人才培养机制

从图2可以看出,在学校学习中了解到唢呐文化的人少之又少,由此可以推测出在当前学校教育中很少强调唢呐等传统文化的重要性,而且相关课程稀少,没有对传统音乐进行系统介绍也缺乏相应的人才培养机制,使学生缺乏应有认识。

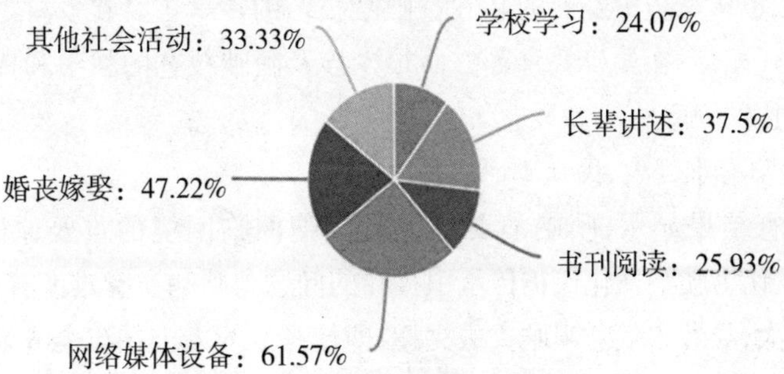

图2　了解唢呐文化的途径示意图

3. 民乐团的消失,唢呐文化传播面临问题

民乐团作为我国民族文化艺术的一个重要组成部分,是唢呐学习者赖以生存的地方之一,随着民乐团的减少,民乐系学生的就业也成了问题,就业率低致使一部分人迫于生计,放弃对于唢呐等民乐的学习而转向其他行业。使唢呐等民乐文化传承面临诸多困境。

4. 大众传媒不能发挥主流媒体优势,忽视优秀传统文化的传播

在大数据时代,大众传媒影响力越来越大,但是一些媒体只注重经济效益,忽视对传统文化的传播。

由图3可以看出,大众传媒是保护唢呐文化的主体之一,占比高达71.76%,在信息化的时代中,大众传媒对人们的生活和价值观念影响巨大。而现在有许多节目重经济效益轻文化效益,为了获得收视率增加一些没有营养的元素,忽视其传播优秀传统文化的责任。

(三)唢呐自身

1. 受唢呐传承方式限制,埋下了失传的隐患

民间唢呐艺人的学习方式主要有两种:一种是家族传承;另一种是通过拜师来学习唢呐。"就传统艺术教育形式上,类似于焦师傅所教授弟子的方法已经十

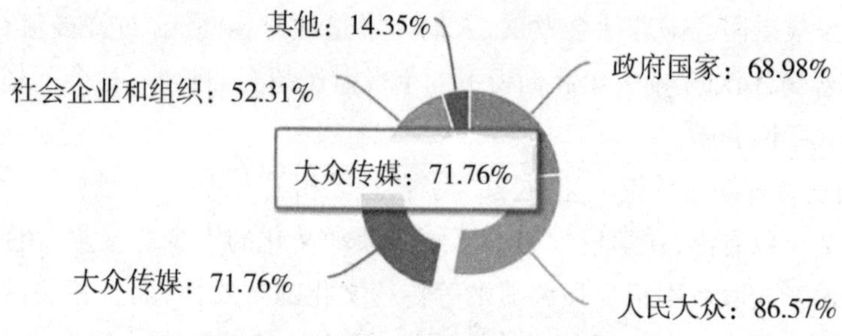

图3 保护唢呐文化的主体示意图

分落后，淘汰也将是历史发展的必然。”唢呐技艺的传承主要在乡村之间，主要是自家内的代代相传，在学校教育等方面很少涉及唢呐技艺的教学和传承，这为唢呐埋下了失传的隐患。

2. 唢呐演奏难度大，民众不愿接触唢呐

问卷调查结果显示，唢呐演奏难度是唢呐面临困境的重要原因之一。有25.46%的人认为唢呐文化保护传承中存在的问题与唢呐演奏难度有关系。唢呐的演奏难度大，导致人们对唢呐失去兴趣，即使是专业人士在演奏滑音、气拱音等高难度技巧往往也很吃力。不少学徒因为高难度的演奏技巧而放弃对唢呐的学习。

（四）群众

1. 唢呐文化了解少，意识上不重视

保护一种文化、传承一种文化，首先要对这种文化有一个基本的了解。通过问卷调查可知：在调查的人群中，不了解唢呐文化的人高达76.85%。基本了解的占21.3%，很了解的占1.85%。在快节奏的生活中，人们追求的往往是物质上的满足，而忽视精神上的需求，因此，群众对唢呐文化了解过少是导致唢呐文化传承中存在问题的主要原因。

2. 兴趣低，认为学习唢呐无用

在问到人们是否想了解唢呐文化时，只有11.11%的人很想了解，20.83%的人表示不想了解唢呐文化。比较想了解的占38.43%，勉强想了解的占29.63%。“在市场经济冲击下，民众只是把钱作为衡量传统文化有无价值的标准，没有认识到中国文化独特的民族性。”如果我们对唢呐文化没有任何兴趣，唢呐将在时间的长河里失去踪影。

3. 民间唢呐继承人减少

“受到传统模式的限制，唢呐技艺的继承者数量比较少。唢呐艺人在做学徒是没有收入，学成后能否以此养家糊口还要看受众对其技艺是否认可，因此，很多民间唢呐艺人不愿让其后代继承祖传的技艺，唢呐技艺后继无人的问题日益凸显。”选择唢呐文化的人逐渐减少，唢呐技艺继承人趋向老龄化是导致唢呐文化保存传承中存在问题的原因之一。

四、唢呐文化发展路径探究

（一）国家政府

1. 确认政府主导，引导唢呐文化与当代社会发展相适应

政府要积极引导唢呐文化与市场经济制度相适应，我们要开发唢呐文化，实现唢呐文化的经济价值和社会价值，保护、开发、复兴唢呐文化必须坚持采用市场经济模式，同时要加强宣传、教育，提高行政效率。

2. 构建完善的传承人保护机制，加强法律制度的完善

加大财政投入的支持力度，保障传统文化保护与传承措施切实到位。建议国务院在已有的唢呐文化保护意见的基础上，进一步出台加强唢呐文化保护的意见，制定非物质文化遗产保护的细化配套政策，形成城乡统一的文化遗产保护政策体系。培养相关专业人才和管理人才以及能够传承唢呐文化的人和民间团体；同时加强顶层设计，制定唢呐文化的保护、开发与复兴战略，加强立法，运用法律手段推动唢呐文化的保护与复兴。

3. 跨国跨地区跨唢呐文化合作，传播中国文明

积极实施“走出去”战略，向海外人民推广中国的唢呐文化和价值观。在传播上讲好中国故事、传播好中国声音、阐释好中国特色、展示好中国形象，互利共赢，让交流的双方受益得利，将我们的唢呐文化发扬海外。通过调查发现，有47.22%的人认为唢呐文化与西方现代文化并行不悖，说明唢呐文化也可以和西方文化一样走出国门，名扬海外。

（二）社会

1. 关注非遗传承人，呼吁“文化自觉，文化自信”

全社会要形成以中国唢呐文化为荣的观念，自觉尊重唢呐文化的继承人，不用异样眼光去看待他们，平等对待，要形成对中华民族自身文化的自觉和自信，增强对人类文明成果——唢呐文化的自觉和自信，保持高度开放包容的文化心胸，养成和保护文化多样性，要努力将其建设成社会主义核心价值体系以形成人们喜闻乐见的中国作风和中国气派。

2. 宣传唢呐文化保护工作

全社会要积极宣传唢呐文化，提升唢呐文化的知名度和认可率。

3. 学校开设相关类属课程的教学，加强交流与合作

在唢呐文化的传播中一个比较重要的受众就是青年学生，把地方学校的教育当作是传播传统文化的一个重要载体，通过学校教育将民族传统文化转化为教育资源，通过教学设计、校园活动等进行传统文化的传承和弘扬传统文化，各高校乃至社会、政府机构建立的文化传习馆也对传统文化的传播起到了极大的作用，并且可以加强对当地民族文化的研究与传播，弘扬传统文化。

4. 大众传媒发挥好传播作用

要加强大众传媒对于唢呐文化的传播，充分利用新媒体的优势，构建形成一个完整的传播阵地，从而使每一个接收到传统文化传播信息的人在自觉和不自觉的情况下，通过各种传播媒介，特别是新媒体去传播唢呐文化。

（三）唢呐自身

1. 适度改造唢呐，使其与当代音乐审美价值相契合

随着全球化的浪潮，当代音乐的审美价值不同以往，为保障唢呐文化更好地发展传承，唢呐需要打开国门、迈向世界，文化上实行合理的“对外开放”，从世界优秀音乐价值观中汲取养分，不断加强对自身的创新，并逐步迈向大众化。

2. 加强与现代流行音乐创新相结合，激发传统乐器独特的时代和昂扬魅力

唢呐由于有着特殊的社会印记的文化特色，这种特色在某种程度上也会成为唢呐艺术的发展阻碍，因此在与其他音乐的融合过程中，还要不断地革新唢呐艺术本身，来适应不断变化着的艺术审美情趣，在最大限度内保留唢呐艺术特征的前提下，做到更好的革新、促进唢呐艺术的融合创新。

（四）群众

1. 努力践行社会主义核心价值观

任何关于唢呐的文化产品、文化服务和文化活动，都要以弘扬社会主义核心价值观为宗旨。包含唢呐在内的中华民族优秀传统文化与社会主义核心价值观的培育和践行有着重大联系。重视民族传统节日的思想熏陶和文化教育功能，丰富民族传统节日的文化内涵，开展优秀传统文化教育普及活动，培育特色鲜明、气氛浓郁的节日文化。

2. 提高文化自觉，增强对唢呐文化的认同，自觉传播唢呐文化

探究促进唢呐文化发展的路径以推动唢呐文化的继承发展，要深刻认识到唢呐文化在中华优秀传统文化中的地位作用，要正确把握唢呐文化发展规律，要主动担当起继承发展唢呐文化的历史重任，提高文化自觉，增强文化认同，自觉传播唢呐文化。

3. 适当激发民众对唢呐文化的兴趣,感受唢呐文化魅力

唢呐艺术是中国传统文化的重要组成形式,蕴含着中华文化的博大精深。社会在发展,人们的思维方式也发生着变化。培养对唢呐文化的兴趣非常重要,其有效的方式便是从唢呐的演奏中亲自感受唢呐文化的魅力。美妙的唢呐演奏有利于激发人们对唢呐文化的兴趣,从而推动更多的人了解唢呐、传承唢呐。除此之外,开展一些关于唢呐文化的为人民大众所喜闻乐见、易于接受的活动也不失为一种培养人们对唢呐文化兴趣的有效方法。

结语

调研小组着眼于现阶段尤以十八大以来对中华优秀传统文化问题的关注,基于我们对山东、山西不同地市实地的调查研究分析,得出当前民间音乐(以唢呐为例)的存在与发展问题的主要表现。同时,我们通过在山东、山西两省不同地区的实际调研中,对唢呐自身特点的研究以及大众心理再加上对国家颁布的相关政策体制的解读,得出唢呐的继承与发展未能得到切实重视的内在和客观原因。最终,我们探索出解决唢呐发展问题的一些路径。

从政府角度讲,加紧做传统唢呐艺术的保护工作,在每年推出优秀唢呐艺人。政府利用报纸、电视台、政府网站宣传唢呐知识,宣传唢呐优秀艺人;从社会自媒体讲,各种自媒体要对传统唢呐艺术进行宣传保护,群众的审美品位与官方和自媒体的持续宣传是有密切关系的。

随着市场的不断发育成熟,随着社会各界对优秀唢呐艺术的扶持与认知的提高,随着唢呐艺人自身素质的真正实质性提高,唢呐市场的良性发展是可以期许的。山东、山西地区唢呐市场的良性发展也是假以时日可以实现的。

参考文献

[1]王祖文. 陕北唢呐市场现状及发展建议[J]. 陕西青年职业学院学报,2017(1).

[2]王小锋. 文化人类学视野中的陇东鼓吹乐[J]. 中国校外教育(理论),2008(S1).

[3]陈铭道. 一时多少豪杰——民族音乐学学科人物[J]. 中国音乐学,2010(1).

[4]张振涛. 一支唢呐,一种文化的象征[J]. 西安音乐学院学报,2010(1).

[5]王博. 庆阳唢呐艺术探析[J]. 歌海,2010(2).

[6]史文霞. 唢呐·喇叭[J]. 民间文化旅游杂志,2003(Z1).

[7]陈小平. 于都客家唢呐艺术之研究[D]. 南昌:江西师范大学,2009.

[8]杨秀兰. 民间艺术现状分析及传承探索[J]. 读天下,2016(15).

[9]杨鲁平,温桂生. 赣南于都客家唢呐音乐的传承与发展[J]. 艺海,2009(3).

[10]何小兰. 浅谈于都唢呐的现状与发展[M]//文化部艺术服务中心. 中国民间文化艺术之乡建设与发展初探. 北京:中央民族摄影艺术出版社,2010.

[12]杨帆. 唢呐绝响:《百年朝凤》的乡土风格及文化传承[J]. 电影评介,2016(20).

[13]李冰燕. 从《百年朝凤》看传统文化的传承困境[J]. 电影文学,2016(18).

[14]赵梦. 论传统技艺在当代的传承——以唢呐演奏为例[J]. 新乡学院学报,2017(8).

[15]郭柱. 高职高专院校唢呐教学研究——以山西戏剧职业学院为例[J]. 黄河之声,2017(7).

[16]陈福伟. 中国唢呐艺术的文化内涵审视及理论思考[J]. 音乐时空,2015(22):37.

[17]郝晓东. 郝玉岐唢呐作品赏析[J]. 中国民乐,2004(2).

[18]张志可. 民间唢呐曲创作的文化内涵初探[J]. 沈阳音乐学院学报,2005(1).

[19]牛玲. 庆阳唢呐初探[J]. 沧桑,2014(5).

[20]耿立涛. 庆阳唢呐艺术参加中国文联春晚节目录制[N]. 陇东报,2008-01-19.

[21]赵宴会,赵康延. 重视"徐州唢呐艺术"的研究——有感于徐州唢呐入选国家级非物质文化遗产名录[J]. 文教资料,2011(15).

[22]王庆铃. 解读言、象、意在演奏唢呐中的作用与意义[D]. 太原:山西大学,2014.

新时代提升大学生文化自信的路径研究

指导教师　李芳云

思想政治教育专业学生　赵传蕾

摘要:高校是培养人才的主阵地,是坚定大学生文化自信的坚强堡垒。提升大学生文化自信是高校坚持文化育人的价值理念、大学生成长成才的内在要求,是建设社会文化强国、是实现中华民族伟大复兴的必然要求。当前,大学生文化自信总体上呈现良好的态势,但也存在一些亟待解决的问题,在新时代的背景下,提升大学生文化自信的新思路主要从以下几方面着手:以社会主义核心价值观为引领,把握教师和学生两个着力点,坚持贴近实际、生活、学生的原则,从而引导大学生树立高度的文化自信,努力培养担当民族振兴重任的时代新人。

关键词:新时代 大学生 文化自信 路径

文化是一个国家、民族发展的根本。绵延几千年的中华文化,是文化发展的深厚基础,是文化自信的底气之在。坚定"四个自信",最根本的是坚定"文化自信"。大学生是社会主义现代化建设的主力军,是实现"两个一百年"奋斗目标的重要力量。在新时代条件下,文化的冲突、碰撞,大学生价值观受到冲击,文化传承与创新意识薄弱,文化自信缺失。在此背景下,提升大学生文化自信,促使其践行社会主义核心价值观,坚定其理想信念,成为高校文化育人极为重要的一个时代课题。

一、大学生文化自信理论概述

(一)文化自信概述

1. 文化与自信

习近平总书记在十九大报告中明确指出:"文化是一个国家、一个民族的灵魂。"①文化是一个非常宽泛的概念,内涵丰富。文化有广义和狭义之分,广义的

---

① 习近平. 决胜全面建成小康社会 夺取新时代中国特色社会主义伟大胜利——在中国共产党第十九次代表大会上的报告[M]. 北京:人民出版社,2017:40.

文化是指人类在社会历史实践中所创造的物质财富和精神财富的总和;狭义的文化是指社会的意识形态以及与之相适应的制度和组织机构,主要是指精神文化。“自信”是一个心理学名词,自信本身就是一种积极性,是一种对待事物的积极态度。主要从两方面理解,一方面是针对自身而言,相信自己,对自己表示肯定;另一方面是一种坚守的能力。当然自信不是自大、自傲。当自信的对象指向了文化,即构成了文化自信。① 当自信与文化联系起来,两者并不是简单的堆砌,有了更深层次的含义。

2. 文化自信的内涵

习近平总书记在庆祝中国共产党成立95周年大会上的讲话中,针对“四个自信”,进一步强调了“文化自信,是更基础、更广泛、更深厚的自信”②。那“文化自信”的具体内涵是什么?根据学术界的主流观点可以概括为:文化自信是一定的主体对自己国家文化价值的充分肯定和积极践行,并对自身文化的生命力与未来发展持有的坚定信心、以一种理性的态度对待外来文化。这个主体根据不同层次可以分为:国家、民族、政党以及个人。在新时代背景下,文化自信就是对我国中华优秀传统文化、红色革命文化、社会主义先进文化的充分认同和积极肯定;在继承中践行文化理念,在发展中合理吸收外来文化,不断进行文化创新和创造。

(二)大学生文化自信概述

1. 大学生群体的特点

新时代的青年是担当民族复兴大任的主力军,是国家的希望、民族的脊梁、社会的灵魂。青年一代的文化自信程度是国家文化竞争力的重要体现。大学生是文化自信的主体,是文化的传承者和践行者,也是未来社会主义事业的建设者和接班人。

新时代大学生具有自己的特点:第一,较强的独立性。一是学习上的独立,学习上具有很大的自主性;二是思想上独立,对待问题有自己独特的看法和见解;三是生活上的独立,对家庭的依赖减少。第二,一定的可塑性。大学是世界观、人生观、价值观确立的重要时期,在这个时期,大学生容易受教育和周围环境的影响,因此必须有针对性地开展文化自信教育,优化校园文化环境。第三,较强的开放性。大学生是接受外来文化的主要群体。随着信息化、网络化时代的到来,世界经济全球化速度加快,外来文化的大量涌入,部分大学生热衷于西方的节日,追逐潮流,盲目崇拜外来文化。

---

① 石文卓. 文化自信:基本内涵、依据来源与提升路径[J]. 思想教育研究,2017(5):44.

② 习近平. 在庆祝中国共产党成立95周年大会上的讲话[N]. 人民日报,2016-07-02.

2. 大学生文化自信的内涵

大学生文化自信的内涵主要是指大学生在接受一定的学校教育以及自我教育的基础上,大学生对当前我国文化价值和理念充分地肯定和认同,继承并创新中华文化,推动社会主义文化的繁荣和发展。具体到以下三点:首先,充分认识并继承中华优秀传统文化、红色革命文化以及社会主义先进文化,在充分认知的基础上加以认同。其次,以开放、宽容的态度对待外来文化,合理借鉴吸收外来文化,取其精华,去其糟粕,以我为主,为我所用。最后,坚持社会主义核心价值观,以实际行动自觉践行文化自信,进行文化传承、文化创新,树立高度的文化自信。

(三)提升大学生文化自信的必要性

1. 加强意识形态建设,应对世界多元文化冲突的必然要求

当前经济全球化深入、世界文化多元化背景下,一些大学生思想受西方错误思潮的冲击,文化自信缺失,价值取向产生偏离,对中华文化产生怀疑,主流意识形态受到冲击,甚至对马克思主义产生怀疑。只有提升高校文化自信教育实效,牢固树立文化自信,才能巩固马克思主义在意识形态领域里的指导地位,应对多元文化的冲击。

2. 推动社会主义文化繁荣,建设社会主义文化强国的必然要求

在党的十九大报告中,习近平总书记强调:“没有高度的文化自信,没有文化的繁荣兴盛。”①文化自信是文化繁荣的根本,文化自信作为一种强大的精神力量,能够指导实践。大学生在接受文化自信教育的过程中,思想觉悟不断提高,自觉进行文化创新和创造,投入到文化建设中,进而推动文化的发展与繁荣,加快建设有中国特色的社会主义文化强国的步伐。

3. 高校树立以文化人理念,坚持文化育人价值取向的必然要求

“高校立身之本在于立德树人,只有培养出一流人才的高校,才能够成为世界一流大学。”②高校是思想政治教育的主阵地,同样也是文化自信教育的主阵地和坚实堡垒,是培养大学生文化自信的主渠道。目前高等教育的功利化倾向、庸俗的实用主义倾向在一定程度上挤占了人文教育的空间。培养大学生文化自信是高校坚持以文化人、以文育人的理念的必然要求。

4. 大学生坚定自信心,成长成才的必然要求

在新时代,对大学生提出了更高的要求,高校文化自信教育可提升大学生的

---

① 习近平. 决胜全面建成小康社会 夺取新时代中国特色社会主义伟大胜利——在中国共产党第十九次全国代表大会上的报告[M]. 北京:人民出版社,2017:41.

② 习近平. 习近平谈治国理政:第2卷[M]. 北京:外文出版社,2017:377.

文化素养,端正其行为和态度,健全其人格。青年的价值取向决定了未来整个社会的价值取向①,培养大学生文化自信是帮助大学生树立正确的世界观、人生观、价值观,促进其全面发展,坚定其人生目标、理想信念,助推其成长成才的迫切需要。

二、新时代大学生文化自信的现状

当前,高校对大学生文化自信关注度逐步提高,新时代大学生总体上以一种积极的态度接受文化自信教育,大学生文化自信总体上呈现一种良好的态势,但高校学生也受到各个方面的影响,在接受文化自信教育过程中也存在一些亟待解决的问题,大学生文化自信程度有待提升。

(一)大学生文化自信呈现的良好态势

1. 大学生文化自信关注度逐渐提高

(1)社会范围内对文化自信关注度提升

自"文化自信"提出以来,习近平总书记曾多次强调文化自信的重要性:"坚定文化自信,是事关国运兴衰、事关文化安全、事关民族精神独立性的大问题。"②文化自信在大范围内得到了密切的关注,培育和提升高校大学生文化自信成为一个重要的时代课题,高校进行大学生文化自信培育处在一个良好的社会氛围中。

(2)高校对文化自信关注度提升

目前高校思想政治理论课融入了文化自信的内容,坚定大学生文化自信是开展思想政治教育工作的内在要求,提升思想政治教育实效对于提升大学生文化自信具有重要意义。大学生文化自信的价值导向与高校思想政治教育的任务是一致的,文化自信内容在高校思想政治理论教育中占据重要地位,大学生文化自信得到了广泛关注。

2. 大学生文化自信的积极表现

针对新时代大学生文化自信的现状,学术界进行了多样性的调研。有研究者认为,当代大学生总体上对中国优秀传统文化以及社会主义先进文化持肯定和认同的态度,总体上对西方文化持一种包容的态度。③ 还有研究者根据调查认为,

① 习近平. 青年要自觉践行社会主义核心价值观——在北京大学师生座谈会上的讲话[M]. 北京:人民出版社,2014:9.

② 习近平. 习近平谈治国理政:第2卷[M]. 北京:外文出版社,2017:349.

③ 王明. 当代大学生文化自信培育路径研究[D]. 兰州:兰州交通大学,2018.

当前大学生文化自信总体呈现了一种良好的状况、积极向上的态势。① 目前,大部分大学生能够感受到中华文化的博大精深,正在逐步认同我国的文化价值观,在生活中也愿意参与到文化实践中去,大学生总体上正以积极的态度接受文化自信教育,文化自信意识也在逐渐增强。具体到以下三个方面:

(1)对中华文化总体上认同和肯定

首先,对中华优秀传统文化总体上持肯定的态度。目前大部分大学生对中国传统节日、传统风俗、传统建筑等都有一定的了解,知晓以儒家、道家、佛家文化为支撑的中国传统文化,能感受到中华文化的博大精深,在心理上也能认同中华优秀传统文化,需要传承文化的精髓和精华。其次,对红色革命文化的总体上认可。在党和人民伟大革命斗争中孕育的红色革命文化闪耀着光芒,充分彰显了文化自信。当前大学生对革命事迹、革命精神如长征精神、井冈山精神、延安精神、沂蒙精神等都有一定的了解,认为红色革命事迹、革命精神值得学习,大部分大学生也比较愿意参观革命遗址、革命纪念馆等红色革命文化基地。

最后,大学生总体上对社会主义先进文化的总体上持信任态度。社会主义核心价值观是社会主义先进文化的高度总结和精华浓缩。绝大部分高校大学生对国家的价值目标、社会的价值取向、个人的价值准则有着正确的认知,在一定程度上理解社会主义核心价值观的深刻意蕴和时代价值。目前大部分大学生对"中国梦"有一定的信心,"了解社会主义先进文化的内容,总体上认同社会主义先进文化的时代价值"②。相信社会主义先进文化一定能繁荣与发展,对文化强国梦有着坚定的信心。

(2)对西方外来文化持开放态度

文化是民族的,也是世界的。在发展民族文化的基础上也要加强文化交流与合作,互鉴共进。大学生在接受西方外来文化方面是比较积极的群体,对外来文化持开放、包容的态度,对西方的节日、服装、电影作品关注度较高,生活方式、交往方式也受到外来文化的影响。甚至有少数大学生产生"全盘西化"的想法,这值得我们警惕。在培养大学生文化自信过程中同时也需要关注西方外来文化,引导大学生取其精华,去伪存真,坚定对中华文化的自信。

(3)文化自信实践参与度逐步提高

文化社会体验活动能加强大学生对文化自信的情感体验和价值认同。目前

---

① 秦明月,姜丹溪. 大学生文化自信现状调查及对策分析[J]. 教育与教学研究,2019,33(5):43.

② 邓世杰. 高校学生文化自信培育研究[D]. 重庆:重庆工商大学,2017.

部分大学生在生活中、学习中也愿意参与到文化活动中去，与专业相关、生动有趣的文化活动受到了大学生的青睐。例如，革命文化宣传活动、古诗词大会等相关活动。还有部分大学生具有的文化传承与创新意识，积极进行文化创造，立志推动中华文化走出去，做中华文化的继承者和传播者。

（二）提升大学生文化自信存在的问题

1. 面临多元文化冲突，高校文化自信教育效果减弱

在世界范围内的多元文化冲突中，尤其是在西方文化冲击之下，西方的“普世价值”对高校大学生产生了影响，部分大学生价值观受到一定的冲击，对主流意识形态产生怀疑，弱化了文化自信教育效果。部分大学生受到西方文化的吸引，忽视中华优秀传统文化，盲目跟风，追逐潮流，热衷于西方的节日、影视作品、交往方式、生活方式等，引发文化认同危机。

2. 高校文化自信教育内容零散，教学方式陈旧

目前，高校培养大学生开展的文化自信教育内容整体性不足。第一，高校人文课程设置较少，仅仅是通过思想政治理论课、公共选修课、通识课，在教学过程中简单涉及文化自信内容，没有形成一个完整的教育体系，因而大学生对文化自信的理解、认识也停留在表面。第二，高校开展文化自信教育主要是采用传统的教学方式，教师通过课堂传授理论，文化自信教育方法单一，不能有效吸引学生主动学习，而是被动接受教育内容，不利于提升大学生的文化素养，文化自信教育效果大打折扣。

3. 部分高校教师队伍文化自信素养有待提升

大部分高校在文化自信教育方面师资力量薄弱，部分教师对中国优秀传统文化认识不够深入，自身专业知识和文化储备不足，自身文化自觉和文化自信程度有待提高。“很多教育工作者教学不严谨，信仰不坚定，严重削弱了公共选修课的影响和所达到的效果。”①甚至部分教师观念不完全符合主流意识形态，容易使文化自信教育脱离轨道，甚至起到相反的作用。

4. 部分大学生主体意识薄弱，文化判断力低

部分大学生对中华文化价值认知性欠缺，大学生在行动中自觉性不高，文化使命意识不强。② 部分大学生文化判断力较低，受西方价值观念侵蚀，对西方外来文化盲目认同；对优秀传统文化、革命文化的渐忘，对先进文化的漠然置之，对文化自信的价值认知性不足，没有真正意识到自身是文化发展的继承者和创新

---

① 郝瑞芳．新时代大学生文化自信培育研究[D]．大连：辽宁师范大学，2018.

② 蒋晨菲．思想政治教育视域中大学生文化自信教育研究[D]．天津：天津师范大学，2015.

者,是文化自信的主体。

三、新时代提升大学生文化自信存在问题的原因

目前提升大学生文化自信存在一些问题,那出现问题的原因是什么?从现实来看,主要受外来文化的影响、高校自身重视程度不够、文化自信教育整体性不足以及大学生自身的原因等因素的影响。因此,要全面分析出现问题的原因,进一步探寻提升大学生文化自信的新路径。

(一)信息时代的复杂化,西方文化的强烈渗透

1. 网络化时代的影响

信息化时代的到来,网络的普及化,信息传播的速度加快,互联网以同步实时的传输功能令所有的其他传统媒体望尘莫及。信息传递的高速化,大学生通过网站、微博、微信、等各种平台快速获得大容量的信息,但由于互联网的自由和开放,各种信息鱼目混珠,良莠不齐,部分大学生不能有效地辨别信息,在获取信息的同时不可避免地受到一些不良信息的干扰。这些不良信息极易造成大学生文化素质低下、价值取向迷失,不利于大学生的成长与发展。

2. 多元文化带来冲击干扰

大学生本身具有较强的开放性,容易接受新鲜事物,也是接受外来文化的主要群体。西方许多国家在经济全球化的进程中,时刻利用网络宣传其意识形态以及价值观,部分大学生文化安全意识、忧患意识不强,难以认识到西方价值观的欺骗性和虚伪性。大学生的思想受到了很大冲击,部分大学生产生"民族文化虚无主义""全盘西化"的倾向。"无论历史虚无主义指向何处,以何种方式表现出来,其目的都是想割裂文化精神的连续性,动摇中华文化的根基。"①这些都将动摇大学生的文化自信,引发信仰危机,削弱了文化自信教育的效果。

(二)高校对大学生文化自信重视程度仍然不够

1. 大学生文化自信专业化的教师队伍不够完备

习近平总书记在北京大学师生座谈会上指出,要将中国特色社会主义"四个自信"转化为办好中国特色世界一流大学的自信。大学的自信要落实到大学生的自信和教师的自信。目前,高校文化自信教育师资力量薄弱,大学生文化自信教育专业化的教师队伍不够完备,在思想上和行动上对大学生文化自信都不够重视。教师承担着最庄严、最神圣的使命,然而一些高校教师没有意识到提升大学生文化自信的重要性,没有起到相应的引导作用,高校教师自身的文化自觉和文

---

① 魏传光. 破除历史虚无主义的思维迷障[J]. 红旗文稿,2018(22):39.

化自信程度不足也严重影响了大学生文化自信的效果。

2. 教育的实用主义倾向弱化了大学生文化自信效果

教育的目标就是培养德智体美全面发展的“四有新人”,高校思想政治教育的基本任务就是要帮助大学生坚定理想信念,就是要坚定大学生“四个自信”,更本质的便是坚定大学生的文化自信。而目前高校课程的设置目前偏重于实用性,重视物质教育利益,追求学生高就业率,在一定程度上忽视了人文教育。“高校办学目标的功利取向偏离了文化传承的定位”①,导致大学生发展的片面化。高校过度的实用主义倾向直接影响了大学生过于追求物质利益而忽视对精神文化的漠视,这在一定程度上影响了大学生文化自信培育。

(三)大学生文化自信教育整体合力有待提升

1. 系统的文化自信教育体制不够健全

目前,“高校文化自信教育还处于初级阶段,没有形成独立的学科,没有专门的教材,也没有系统的教学方式。”②高校大学生文化自信的教育目标不明确,没有建立全面的文化自信教育的评价体系,文化自信教育体制不完整;高校文化建设薄弱,文化自信教育内容仅是穿插在思想政治理论课、公共必修课中,教育内容零散化、分散化;文化自信教育内容未与大学生的就业、升学、情感需求相联系,脱离实际,文化教育效果不明显;高校教师大都采用单一的教学方式,传统的灌输式教学,学生兴趣不高,容易产生逆反心理,阻碍了大学生树立文化自信。

2. 文化自信教育整体性不足

除了学校教育之外,家庭文化教育和社会文化教育对大学生文化自信有着重要影响,良好的家庭的文化氛围和社会文化环境有助于提升大学生文化自信。目前高校文化自信教育未与家庭文化教育、社会文化教育相结合,未形成教育合力,因而大学生接受文化自信教育整体性不足,削弱了文化自信教育的整体效果。

(四)大学生文化自信意识淡薄

1. 大学生文化认知能力不足

受应试教育的影响,大学生主要时间花费在与考试、升学、就业相关的专业课程与书籍上,对于人文类课程、书籍涉猎甚少,因而文化知识积累相对较少。大学生普遍存在对优秀传统文化认知不足的现象,加之在多元文化冲击之下,价值观受到冲击,忽视本民族文化,丧失民族自尊心和自信心。部分大学生心理素质不够成熟,理想信念不够坚定,容易受到外来文化的影响,陷入文化迷茫,难以对社

① 庄婷. 新时代大学生文化自信现状及培育研究[D]. 西安:西安理工大学,2019.

② 孙向前. 新时代大学生文化自信教育途径研究[J]. 文化创新比较研究,2019(8):84.

会主义先进文化充满信心。

2. 大学生参与文化自信实践的主动性差

目前,高校对大学生进行文化自信教育主要是理论教育,大学生被动地接受教育内容,部分学生在学习过程中趋于应付,学习态度不够端正,难以主动将文化知识应用于学习、生活中去,文化情感体验差,难以产生真正的认同感。很多大学生过度注重升学、就业,忽视了远大理想,文化使命意识不强,文化创新意识不强,参与文化实践的积极性不高,没有充分发挥作为文化主体的作用。

四、新时代提升大学生文化自信的新思路

中国青年是新时代建设的生力军,是实现“中国梦”的攻坚力量。高校要把培养和提升大学生文化自信放在重要位置,针对大学生文化自信出现的问题和原因,进一步探寻提升大学生文化自信的新路径。本文认为高校要以社会主义核心价值观为引领,准确把握教师和学生两个着力点,坚持三个贴近的原则,才能达到提升大学生文化自信的目标,培养承担民族复兴大任的新时代大学生。

(一)强调一个引领——社会主义核心价值观

习近平总书记多次强调要建设社会主义核心价值体系,培育和践行社会主义核心价值观,“社会主义核心价值观是当代中国精神的集中体现,是凝聚中国力量的思想道德基础”①。文化自信最根本、最重要的就是对社会主义核心价值的自信。高校要始终把社会主义核心价值观放在第一位,把握核心价值观的丰富内涵,融入文化自信教育体系中、融入校园文化建设中,将社会主义核心价值观始终贯穿于提升大学生文化自信之中。

1. 全面建设文化自信教育工作体系

(1)建构“以文育人”的价值取向

文化的兴盛支撑一个国家、一个民族的强盛,中华文化发展繁荣是实现中华民族的伟大复兴的重要条件之一,中华文化的发展繁荣需要新时代大学生的文化传承和创新。高校要把提升大学生文化自信与核心价值观的培育与践行结合起来,要充分认识到提升大学生文化自信的重要地位,转变教育理念,确立大学生文化自信的目标。高校教师文化素养的不断提高,在新时代中国特色社会主义思想的引领下,自觉以社会主义核心价值观带领大学生树立高度的中国特色社会主义文化自信,提升文化传承与创新意识,坚定实现中华文化繁荣的信心,自觉融入实现中华民族复兴的奋斗之中。

---

① 习近平. 习近平谈治国理政:第2卷[M]. 北京:外文出版社,2017:351.

(2)建立专业的文化课程体系

高校提升大学生文化自信要充分重视文化教育体系建设,将社会主义核心价值观融入到课程建设中去,促使文化自信内容进课堂、进教材、进学生头脑。第一,开设有关文化自信的专门课程,丰富文化自信教育内容。开设中华优秀传统文化类课程,加强对中华优秀传统文化的认知;开设红色革命文化类课程,形成强烈的革命文化共识,增强大学生的民族自豪感和自信心;开设社会主义先进文化类课程,坚定对社会主义先进文化的认同,坚定"中国梦"的信心;开设西方文化类课程,提高大学生的文化辨别力,正确认识、理性对待西方外来文化。第二,加强高校专业课、文化通识课、思想政治理论课的建设,将文化自信教育融入其中,潜移默化中对大学生产生深远持久的影响。第三,建立教学评价体系,文化自信教育内容要定期进行反馈,不断优化文化自信教育内容,紧跟时代潮流;教师和学生定期进行双向评价,致力于提高文化自信教育效果。通过文化专业课程的学习,将核心价值观深入大学生内心,筑牢中华文化自信的精神根基,从而树立正确的世界观、人生观、价值观。

(3)加强网络文化建设

互联网是大学生获取知识和信息的重要渠道,加强网络文化建设是提升大学生文化自信的重要途径。高校要不断加强校园网络文化建设,营造风清气正的网络空间。第一,开展提高网络安全意识的活动,线上线下交流活动要警惕西方意识形态的渗透,增强大学生的网络文化安全意识,坚持正确的价值观,坚定对马克思主义的信仰。第二,做好文化自信宣传工作,建设一体化的网络宣传平台,充分利用新媒体技术推广宣传文化自信教育内容。利用好学校官方网站、学院官方网站、微博、微信、公众号等,采用大学生喜闻乐见的方式推送文化自信教育内容,激发大学生的兴趣。高校要紧抓网络文化阵地建设,坚守网络文化阵地,助力大学生提升文化自信。

2. 打造以核心价值观为引领的校园品牌文化

(1)加强校园文化环境建设

高校要通过营造校园文化氛围提升大学生文化自信。第一,注重校园文化设施建设。打造美丽的校园环境,许多学校在校园里打造杰出学者雕像、重大事件纪念碑等,利用好校园内宣传栏、宣传展板、横幅标语,打造一个视觉上的盛宴,随处可见的文化信息润物无声地陶冶学生的情操。第二,校风和校训植根于学校历史文化传统,是校园文化的灵魂,展现了一个学校的办学理念。"大学校训是社会主义核心价值观在高校中的具体化、形象化和生活化的直观体现。”①各高校要加强宣传力度,校风、校训的意义深入师生内心,营造文化自信的氛围。

(2)开展实践活动,贯穿于师生日常生活

第一,打造第二课堂实践活动。高校要鼓励开展实践教学活动,例如,参观名胜古迹、革命遗址、纪念馆、文化展览馆等,加深对中华文化的认知和肯定,激发大学生学习的热情和信心。第二,发挥学生社团的作用,以社会主义核心价值观为指导开展系列文化活动。通过开展文化艺术节、学术沙龙、诗词大会等活动,教师、学生一同参与到文化交流活动中,师生共建校园文化氛围。

(二)把握两个着力点——教师和学生

1. 建设高质量、高素质的新时代教师队伍

(1)建设深刻理解文化自信意义的教师队伍

“高校教师要坚持教育者先受教育,努力成为先进思想文化的传播者、党执政的坚定支持者,更好担起学生健康成长指导者和引路人。”②这对高校教师队伍提出了一定的要求。第一,高校要选拔高水平、高质量的教师组成专业的文化自信教育教师队伍。教师本身要具备丰富的理论知识、深厚的文化底蕴、高度的文化自信,主动引领大学生树立文化自信,成为文化自信的坚定引领者。第二,为了保证文化自信教育的效果,定期对教师进行培训、考核,采取考核激励机制,与职称荣誉、奖金挂钩,充分调动教师的教学热情,以激情、热情带动大学生文化自信。

(2)转变教学方式

信息化时代的到来,获取知识和传授知识的方式不复从前、教和学关系也发生了革命性变化。高校教师应当顺应时代潮流,善于运用各种新媒体,采用灵活的教学方式,生动形象地将文化内容展现出来,调动学生的积极性。例如,开展课堂大讨论、汇报总结、即兴演讲、实践教学等,让广大学生参与到课堂中去,真实体验到文化的魅力,提高文化自信教育效果。

2. 以学生为主体,提升主体意识

(1)坚定大学生文化意志

第一,大学生自身要主动加强对文化理论的学习,以虔诚的学习态度学习中国特色社会主义文化理论,从理论上感到自豪与自信。第二,实践是检验真理的唯一标准,除了理论的学习还要积极参加文化实践活动,将理论与实践结合起来,提高自己的文化素养,用行动感受中华文化。高校教师引导大学生关注自我,审

---

① 温龙,李珂. 培育和践行社会主义核心价值观的着力点[N]. 人民日报,2014-07-12.

② 习近平. 习近平谈治国理政:第2卷[M]. 北京:外文出版社,2017:379.

视自我,评价自我,改正自我,促使大学生在学习过程中不断进行反思,坚定文化意志,坚定理想信念。

(2)提高文化辨别力

第一,加强思考,以批判性的眼光对待西方外来文化,吸收外来文化中有益于文化发展的精华,自觉抵御不良文化、腐朽思想的侵蚀,坚定对马克思主义的信仰,坚定对社会主义核心价值观的信心。第二,高校要鼓励大学生进行文化交流,积极进行文化创作,给予物质和精神的支持,调动大学生的创作积极性。大学生应当不忘初心、牢记使命,不断提升自我,全面发展,成为合格的社会主义事业的建设者和接班人。

(三)坚持三个原则——贴近实际、贴近学生、贴近生活

1. 贴近实际原则

(1)加强党的领导,紧跟党中央的部署

习近平总书记在全国宣传思想工作会议上强调:“我们的高校是党领导下的高校,是中国特色社会主义高校。”①高校文化自信教育工作必须紧跟党中央的领导,按照各级党委部署,结合各高校的实际情况,有序开展文化自信教育工作。坚持以马克思主义为行动指南,用新时代中国特色社会主义思想铸魂育人,把社会主义核心价值观融入高校文化自信教育之中,培养担当民族复兴大任的时代新人。

(2)依托地域文化、校园特色

“地域文化是文化自信的基石,特色鲜明的地域文化,是源远流长的中华文化的有机组成部分,是中华民族的宝贵财富。”②一方水土,一方文化,高校要依托独特的地域文化开展文化自信教育,认识、热爱地域文化,从地域文化的独特魅力中感受中华文化的魅力,以增强大学生文化自信。以曲阜师范大学为例,学校坐落于孔子家乡,依托儒家文化,坚持文化育人,弘扬儒家文化精神,学校出版了《孔子文化五十讲》《探秘孔子家语》等一系列传统文化读本,开设《孔子与论语》特色课程,建立网上课堂,开展一系列文化活动,激发了广大师生的文化自觉和文化自信。

2. 贴近学生原则

(1)符合学生实际需求

第一,针对不同年级学生开展不同系列的文化教育活动。面向低年级学生开

---

① 习近平. 在全国宣传思想工作会议上的讲话[N]. 人民日报,2018-08-23.

② 李文莲. 地域文化是文化自信的基石[N]. 中国教育报,2018-04-20.

展的活动与日常文化课程结合起来,文化自信效果更加明显。面向应届毕业生开展的文化活动要尽量与学生的就业、升学联系起来,更加符合应届毕业生的实际需求。第二,高校教师充分了解学生的思想特点,要用时代的眼光来分析大学生的思想特点,在此基础上加以引导将事半功倍。这也充分体现了“以人为本”的教育理念,体现了高校“文化育人”的价值选择。

(2)全心全意为学生服务

第一,在文化自信教育过程中要强化人文关怀,关爱学生,一切为了学生的成长成才,为了学生的全面发展;相信学生,提供相应的帮助,促使积极投身到实现中华民族伟大复兴的征程中。第二,师生平等,尊重学生。教师和学生要处在平等的位置,换位思考,相互理解,以真诚、平和的态度进行交流,始终以情动人、以理服人。

3. 贴近生活原则

(1)与家庭文化自信教育相结合

家庭文化教育对塑造大学生的价值观具有重要影响,提升大学生文化自信必须要和家庭文化自信教育结合起来,共同提升文化自信教育实效。第一,注重家庭文化建设,家长通过电视、报纸等渠道加强学习,不断提高文化素养。家长与孩子可以一同观看优秀影视作品,阅读书籍,与孩子共同学习,一起进步。第二,呼吁广大家长言传身教,家长在日常生活中要积极践行,符合社会主义核心价值观,营造良好的家庭文化氛围,耳濡目染地提升大学生的文化自信。

(2)与社会文化自信教育相结合

提升大学生文化自信除了和家庭文化自信教育相结合,还要和社会文化自信教育相结合,三者结合形成教育合力。第一,充分利用社会资源,发挥公共资源的作用,带领大学生参观历史博物馆、革命纪念馆、遗址等,丰富大学生课外生活,增强社会文化体验。第二,社会要继续挖掘文化资源,提供更多的文化资源,高校充分利用这些资源开发文化课程,让大学生有更多的选择,营造良好的社会文化环境。

结语

青年是国家的希望,是民族的未来。提升高校文化自信教育实效性,引导大学生树立高度的文化自信是时代的要求。在新时代的要求下,高校应积极采取措施致力于引导大学生树立高度的文化自信。本文首先从文化自信的含义、大学生文化自信的概念出发,阐释了提升大学生文化自信的必要性。其次,在对大量文献研究的基础上切实总结了大学生文化自信的现状,指出了在培养大学生文化自信过程中的一些问题,从外来因素、高校自身以及大学生自身分析了存在问题的原因。最后,进一步思考提出了新时代提升大学生文化自信的新思路,坚持以核心价值观为引领,全面建设文化自信教育体系,打造校园品牌文化,从实际出发,从生活出发,从学生出发。本文为解决当前高校大学生文化自信问题提供了借鉴,具有一定的理论和现实意义。但同时受客观条件的限制,加之本人的理论、专业知识水平、写作能力有限,文章中难免存在不足之处,提升大学生文化自信有待进一步调查和研究。

参考文献

[1]习近平. 决胜全面建成小康社会 夺取新时代中国特色社会主义伟大胜利——在中国共产党第十九次全国代表大会上的报告[M]. 北京:人民出版社,2017:40-42.

[2]石文卓. 文化自信:基本内涵、依据来源与提升路径[J]. 思想教育研究,2017(5).

[3] 习近平. 在庆祝中国共产党成立95周年大会上的讲话[N]. 人民日报,2016-07-02.

[4] 习近平. 习近平谈治国理政第二卷[M]. 北京:外文出版社,2017:313-379.

[5] 习近平. 青年要自觉践行社会主义核心价值观——在北京大学师生座谈会上的讲话[M]. 北京:人民出版社,2014:9-10.

[6] 王明. 当代大学生文化自信培育路径研究[D]. 兰州:兰州交通大学,2018:34-35.

[7] 秦明月,姜丹溪. 大学生文化自信现状调查及对策分析[J]. 教育与教学研究,2019,33(5).

[8] 邓世杰. 高校学生文化自信培育研究[D]. 重庆:重庆工商大学,2017:23-24.

[9] 郝瑞芳. 新时代大学生文化自信培育研究[D]. 大连:辽宁师范大学,2018:24.

[10] 蒋晨菲. 思想政治教育视域中大学生文化自信教育研究[D]. 天津:天津师范大学,2015:22-24.

[11] 魏传光. 破除历史虚无主义的思维迷障[J]. 红旗文稿,2018(22).

[12] 庄婷. 新时代大学生文化自信现状及培育研究[D]. 西安:西安理工大学,2019:34-35.

[13] 孙向前. 新时代大学生文化自信教育途径研究[J]. 文化创新比较研究,2019(8).

[14] 温龙,李珂. 培育和践行社会主义核心价值观的着力点[N]. 人民日报,2014-07-12.

[15] 习近平. 在全国宣传思想工作会议上的讲话[N]. 人民日报,2018-08-23.

[16] 李文莲. 地域文化是文化自信的基石[N]. 中国教育报,2018-04-20.

[17] 郑玲. 大学生文化自信的培养研究[D]. 成都:成都理工大学,2015:33.

[18] 王丽丽. 当代大学生文化自信缺失[D]. 武汉:华中师范大学,2013:13-14.

[19]赵付科,孙道壮. 习近平文化自信观论析[J]. 社会主义研究,2016(5).

[20]卢雷,袁久红. 论高校思想政治教育中的文化自信培育[J]. 思想政治教育研究,2017(11).

[21]刘波. 习近平新时代文化自信思想的时代意涵与价值意蕴[J]. 当代世界与社会主义,2018(11).

[22]麻丽. 高校思想政治教育涵养大学生文化自信的路径探赜[J]. 学校党建与思想教育,2018(2).

05

社会建设理论与实践调研篇

疫情灾害防治中的社会心理疏导机制研究

指导教师　邵　腾

思想政治教育专业学生　王秀伊

摘要：在全球疫情灾害救治大背景下，以习近平总书记为代表的党中央高度重视人民群众的生命健康安全，倡导加强社会心理服务体系和机制建设；并多次呼吁、强调人类命运共同体理念在这场疫情灾害中的现实意义。疫情下，动态变化的社会心理乱象迭生，衍生出信息管控、情绪控制、行为失范问题；究其原因，对主客观因素作用下的信息管理与运行、民众自我控制感和社会需要与实际操作之间的矛盾做出研究；最后，从上述三方面构建对策，加强心理疏导并健全防御机制，用制度提升治理效能，并将人类命运共同体理念贯彻全球抗"疫"之中。

关键词：疫情　社会心理　疏导机制　人文关怀　人类命运共同体

人类与"瘟疫"的博弈以一次次苦果昭示着人类在自然面前的弱势地位。学术界对疫情灾害的成因探析多立足于灾害本身或自然因素，逐步发展为自然、人为因素并重且越发重视应对和防御机制的研究；但真正意义上对于社会民众心理及其变化根源的探讨仍有所欠缺。面临前所未有之新冠肺炎病毒，重视国内外社会心理之变特别是发挥心理疏导机制对疫情防控的建设性作用颇具现实意义；中国特色社会主义制度优势下我国参与全球治理能力显著提升，人类命运共同体理论在疫情新形势下彰显时代价值。

一、疫情灾害防治中的社会心理

（一）新冠肺炎之下国内外现状

2020年的开局，以一场席卷全人类的新型冠状病毒肺炎（COVID－19）拉开帷幕。

疫情首先暴发于中国武汉，迅疾传播至湖北全省乃至全国。其时正值中国春运，是人员大范围跨时空密集流动的高峰，这不仅加快了病毒蔓延、传染的速度，更为其大规模、广范围的衍生提供可乘之机。人民生命高于一切,疫情就是命令,面对突如其来的"瘟疫",为控制疫情进一步扩散,武汉即刻"封城",全国各省市纷纷启动重大公共卫生事件一级响应。举国从中央到地方,抗"疫"一线到后方大本营,历时两个月的浴血奋战,我国疫情终于迎来阶段性稳定的胜利。

全球化程度空前的当下,牵一发而动全身,海外疫情形势亦相当严峻。自2020年2月中下旬至3月,新冠病毒几乎呈指数爆炸式增长,新冠肺炎患者激增,典型的欧美"新疫区"意大利、美国确诊人数先后"登顶",西班牙、法国、德国、英国等国紧随其后,以伊朗、土耳其为代表的西亚国家及非洲情况同样不容乐观。截至2020年4月3日,新冠肺炎全球累计确诊病例突破100万例,病毒传播范围和死亡人数与日俱增,海外疫情防控举步维艰。

为抗击人类共同的敌人——新型冠状病毒,中国在做好国内防控工作的同时,向世界分享抗"疫"经验,积极开展国际合作,与受灾各国携手共克时艰。面对这场波及世界的疫情,我们始终相信,"命运与共,团结合作方可共克时艰"。

(二)疫情灾害防治中的广阔心理图景

"瘟疫"——人与自然关系失衡的苦果,人类社会的发展史可以看作一部与"瘟疫"抗争的进化史。古今历史上发生过的鼠疫、天花、霍乱、"黑死病""非典"等重大传染性疾病,不仅给人们的身体健康造成极大威胁,更给人们的心理上带来相当程度的摧残。

时下的新冠病毒,以其极快的传染速度,短时间内几乎覆盖全国各省市;霎时,人们的心理充斥着恐慌与不安。中观层面来看,医护和病患作为与病毒亲密接触的典型人群而备受关注。医者奋战在抗"疫"一线,帮病人抵御顽疾、找回健康,他们秉持治病救人、救死扶伤的初心甚至不惜自身感染病毒而牺牲;病患给予医护人员充分信任、理解和尊重,积极配合治疗和康复工作。"医者全力救治,患者全心信任",互信共情战胜了恐惧与担忧——医患群体作为疫情圈内生死与共的战友,双方在病魔面前达成共识,携手并肩共同面对这场生死考验的挑战。疫情圈外,以青年、中年和老年三类群体为主,疫情大背景下的心理图景异彩纷呈:大学生是青年主力军,清醒的头脑、敏锐的洞察力使他们深刻认识到疫情形势的严肃、严峻性,适度的紧张情绪和高度的防护意识展现了新时代中国青年的精神面貌;反观老年群体中某些自诩饱经风霜、阅历丰富之人,怀揣着侥幸心理且对防护措施不以为意,以无畏的态度与前者形成鲜明对比;这便置游走于过渡层的中年群体于矛盾和纠结之中:一方面,疫情的严重性和青年人的表率作用不得不让他们提高警惕;另一方面,受到老年群体闭塞观念的影响而喘息和放松。

疫情形势不断变化,各层次人群的心理也随之跌宕起伏。总体来看,社会宏观视域下的社会心理因疫情现状、舆论宣传、人际交往等因素的影响逐步呈现理性、积极态势,特别是中老年群体对疫情灾害客观现状加深了解后,防疫措施较以往得到一定程度的完善和加强。

目前,社会心理仍处于动态变化之中。最初的盲目恐慌、过度担忧、应激失控等不良情绪有所缓和,理性平和、乐观积极的心理渐成大势。疫情灾害的不确定性很大程度上左右着人们的心理变化,稳定的心态和战"疫"局势需要社会心理疏导机制的建设健全和不断完善。

(三)新形势下的社会心理特征

自疫情发生以来,我国民众的心理防线一再被挑战。疫情圈内,医护与病患信任共情,全力配合;疫情圈外,不同年龄阶段的群体呈现出交织又相对独立的心理,体现层次性的同时渐趋一致。从国内总体态势看来,宏观层面社会心理趋于稳定、积极,全国民众对打赢这场疫情攻坚战充满信心;然而国际视野下的社会心理却因疫情的轮番暴发而焦灼不堪。

1. 始于分:多元主体的层次性

青年、中年和老年三类主体由于学识背景、时事敏感度、生活经历以及社会经验等方面的差异,当新冠肺炎疫情这类重大突发性公共卫生事件袭来之时,他们对疫情形势的把控、认识、回应自然会呈现不同面貌。社会群体对疫情的重视和防护程度划分,大致随年龄增长而渐次降低,这折射出疫情始发阶段不同主体心理上的社会分层。

2. 终于合:动态变化的趋同性

承接上言,在疫情防治的稳步发展阶段,人们(特别是中老年群体)逐步形成了正确、理性的认知,在"疫"情期间能够严肃对待并规范自身防护行为。在河南等地甚至出现老人为防疫拒绝子女上门探望的新闻,一时间,老人们敦促年轻人做好防"疫"工作成为"国潮"。目前,社会总体对疫情风险的认识趋于理性,民众心理健康、积极并不断调整自身心态和行为,凝聚起众志成城的必胜信念。

3. 攻于内:上下联动的空前重视

武汉疫情暴发,时值中国春节;新冠疫情告急,国家陷入险境。疫情自武汉到湖北再扩至全国,从党中央到基层干部,政商军警民携手联防联控,始终把人民群众的生命健康安全放在第一位。中央严密部署,地方严格执行,举国上下一盘棋,国内疫情防控渐入佳境。

4. 克于外:疫情蔓延的国际视野

疫情当前,新型冠状病毒性肺炎正在全球大流行。世界卫生组织 2020 年 5 月 23 日 10 时公布的最新数据显示,全球新冠肺炎确诊病例共计 5103006 例,截至北京时间 2020 年 5 月 23 日 23 时,全球新冠肺炎累计确诊病例超 521 万例,新型冠状病毒成为当今时代所面临的全球健康危机。我国民众密切关注着这场疫情,国家秉承着负责任大国的担当理念,顶住"外防输入,内防反弹"的双重压力,截至 2020 年 4 月 10 日,中国毅然向 127 个国家和 4 个国际组织提供援助物资和紧急救护经验。特别是海外疫情第一个高峰期对日韩的涌泉相报,对意大利和塞尔维亚等国雪中送炭,充分见证我国人民与世界人民的深情厚谊,相信此次病毒疫情终将共同克服。

二、疫情灾害防治中的社会心理变异

复杂多样的群众心理图景之下潜藏着"知与行"两大方面的问题,它们在疫情灾害防治过程中变异。信息的广大受众接收到虚假不实信息时,由个体的焦虑不安引发群体恐慌情绪;民众负面性情绪蔓延后,这种心理认知在情感的发酵下最终表现为实践行为的失范。

(一)抗"疫"信息不畅通,民众安全心理失衡

新冠肺炎流行期,实时信息可以是一剂镇静剂,也可能成为恐慌的源头,它影响着民众心理稳定程度。疫情防治初期,一些虚假的、不一致的信息时常散布于社交媒体当中,将其归因为信息本身和信息管理两方面因素。

2020 年 1 月 31 日,一则"双黄连可抑制新型冠状病毒"的新闻风靡全网。于是各地民众半夜在药店门口排起长队,网购双黄连口服液的同时甚至双黄莲蓉月饼都已售罄。这些行为的背后既折射出民众对于病毒救治的渴望,同时反映出对信息缺乏甄别、筛选、辨识意识和能力而急于"先下手为强"的从众心理。2020 年 2 月 1 日,官方及时辟谣:抑制并不等于预防和治疗!可见,以流量为导向的自媒体发布的不实报道,会引发民众对疫情披露的真实性产生怀疑和误解;人们的片面理解和主观臆断也会夸大信息本身所传递的真实信息,更易造成心理上的紧张和恐慌。

疫情暴发之初,国家即刻调配优质的人力物力资源驰援湖北武汉,社会各界积极响应。截至 2020 年 1 月 31 日 12 时,武汉共收到社会捐款 25.86 亿元;可尽管全国人民共同捐赠物资,医疗物资仍频频告急。湖北红十字会公布的《物资使用情况》露出了"武汉市慈善总会""武汉红十字会"延迟发放物资的马脚。特别是后者遭人诟病,"寿光蔬菜事件""捐赠服务费事件"接连被曝光,但始终没有回应网友的最直接要求——公布款项使用明细。舆论的激烈反应引起中央高度重视,2020 年 2 月 1 日即刻对疫情防控工作迅速开展纠察,采取切实有效的措施,坚决彻底整改到位,要求深刻汲取捐赠款物管理失职失责的惨痛教训。

疫情灾害防治过程中的信息问题,还见诸最直接的确诊人数的瞒报、防治现状的非透明公开、谣言与不同意见的混淆等,信息源很大程度上使民众的安全感大打折扣,使其在这场战"疫"中出现心理失衡。

(二)民众负性情绪蔓延,引发群体性心理恐慌

随着新冠肺炎疫情确诊病例的增多,广大民众负性情绪与日俱增。个体的恐惧、焦虑和无助潜移默化地影响到家庭成员的心理,群体性恐慌、焦虑悲观等不良心态渐趋普遍性地凸显出来。

结合第一点,疫情蔓延带来的各种信息良莠不齐,人们对疫情风险的评估和把控感到失去控制;个体社会成员的消极情绪和焦虑心理已经影响到自身、家人及周围群体的日常生活和社会心理正常效能的发挥。在这种情况下产生了两种反向的极端心理:一边是"无所畏惧"的"害群之马",隐瞒有关疫情的行程或病情,不仅不主动隔离,反而频繁外出活动,有意散播病毒;另一端则使得遭受重重刺激的"过度恐惧者"对此更加不安。病毒失控的风险与谣言的发酵使得部分民众负面心理恶性循环,加大了疫情防控的难度。

(三)心理防线被攻破,失范行为崭露头角

新冠病毒蔓延、发展的客观存在映射到民众心理层面形成相应的社会意识,它变更着人们的思维方式,最终体现于行为实践。目前国内疫情防控工作取得阶段化成效,民众恐慌情绪得到明显缓解,乐观、平静的积极心态有所增长;然而海外疫情暴发后,境外人员争先恐后归国,给国内疫情来之不易的稳定形势带来新的挑战。

疫情暴发伊始,人们对病毒的耻感及少数"郭某鹏"之辈的乱象,导致其心理的分化与失衡,出现违反常态的行为举止;抗"疫"战场上精准施策、科学防治,多方共同努力下疫情防控渐入佳境,为人们的心理建设注入强心剂。正当国内民众有秩序地开展特殊时期的医疗救护、复工复学之时,国门外某些"精致的利己主义者"却蠢蠢欲动。

2020 年 3 月中旬,一名澳籍华人女子返京后执意不戴口罩外出跑步,任凭她是"无所畏惧"或别有用心,终究紧逼着我国民众的心理防线。上述失范行径极大地威胁着国内人民的生理健康,致使我国入境压力持续加大,更给全国民众的心理予以重击。

综上,举国战"疫"的过程中社会心理受主客观因素的影响在动态变化中发生变异,衍生出一系列现实问题。新冠病毒本身的威力在媒体的夸大其词中"恐吓"着广大民众,片面主观的臆测使得理性的思维轨道发生偏离,扭曲的思想意识支配着人们的实践行为,导致失范行径重新作为起点作用于疫情防控的各个环节。

由此可见,社会心理作为认知与行为的枢纽牵动着全国上下的抗“疫”进展,因此对其进行科学合理、行之有效的疏导,健全社会心理疏导机制是打赢这场战“疫”的应有之义和必然选择。

三、疫情灾害防治中社会心理变异的根源

各类群体在疫情之下显露出的不同心理状态,由表及里,衍生出三方面的问题。追根溯源,首先是直观信息给人们感官上带来冲击,由此牵引着各式心理活动;进而民众的情绪管理失控,丧失自我控制感;问题的本质,在于人们对生命安全的超前需求与当前实际无法满足之间的矛盾。

(一)信息管理与运行机制亟待完善

疫情灾害防治过程中,信息是把双刃剑。全民自媒体时代,铺天盖地的信息泥沙俱下,非官方不实信息层出不穷,从根本上透视出我国信息管理与运行机制的严密性、完备性不足。

直接影响社会心理的信息主要涉及医院内部病情救治状况和外部舆论宣传报道两方面。医院内部,疫情防治过程中管理和运行机制整改工作亟待加强。对湖北地方官员的问责和职权调动即是信息管控不力的印证。医院外部有关疫情发展和防治措施的谣言不胫而走,一旦人们辨识不清,这些“漏网之鱼”就会对社会心态造成不良影响,进而影响着整个社会心理氛围的走向。

人民群众对信息真实性的质疑正是对信息管理人员、方式和运行体制机制信任感的缺失。民众安全感的来源需要完善体制机制特别是法律体系来恢复和健全,传递中国抗击疫情准确权威信息才能坚定战胜疫情必胜信心。

(二)疫情肆虐下民众自我控制感缺失

“心理学中的控制感,通俗地讲,是指个体对自我或者社会力量在特定情境下对事件的控制能力的自我评估。”人们由于感受到来自强大而未知的对手——病毒的威胁而丧失控制感,无助、焦虑等负性情绪随之而来,进而演化为悲观心理。“瘟疫一旦发生,在缺乏特效药的情况下,就非个体的人力所完全能够控制之事了,故整个社会很容易出现恐惧情绪。”当疫情形势稳中向好、态势积极时,人们的安全感加强,消极心理迎来拐点,控制感重新复位并可能进一步增强。

当各省市连续出现确诊病例之时,人们的控制感也逐步降低。可以看到,在疫情发生至2020年3月中下旬的较长时段中,我国民众心理的常态仍是被紧张氛围萦绕,民众“迷信”网传防“疫”偏方即为典型表现。心理状态的主观体验若无法化身抗击病毒的“免疫力”,能动地增强对病毒疫情的控制感,便很可能加大民众心理内心的波动,因此合理疏导的必要性从现实问题中找到了源头。

（三）心理的超前需要与实际回应滞后的矛盾

党的十九大报告中指出，人民日益增长的美好生活需要和不平衡不充分的发展之间的矛盾是进入新时代我国社会的主要矛盾。当前特定的时代背景下，人民群众的生命安全成为"生活"之最基本条件。在此前提下，"美好"则可诠释为生态环境的美丽、人与自然和谐相处的平衡状态。

"任何一种社会心态，都产生于公众的心理需求与社会发展状况的双向互动。"然而当下，信息的泛滥、渠道的阻塞、机制的不健全等给疫情防控工作带来一定困难；出于此，突如其来的新冠病毒考验着万千民众的心理承受能力，社会心理紧绷的弦容不得片刻放松。武汉一方战"疫"、多方支援，来自全国各地的捐赠物资涌入湖北，运转物资的安置、分配与发放等流程在尚未形成总体防"疫"体系之时显示出慌乱。

针对社会心理变异之问题所在，从根本上要解决人民的生命健康安全需要与体制机制运行不当这对矛盾。习近平总书记在 2020 年 1 月 20 日下达抗"疫"指示：要把人民群众生命安全和身体健康放在第一位，坚决遏制疫情蔓延势头。站在最广大人民的立场上，重视社会民众心理变化与合理需求，构建科学有效的社会心理疏导机制以更好地应对疫情灾害和疫情防治已刻不容缓。

四、疫情灾害防治中的社会心理疏导机制建构

稳定民心，中心工作是要构建好科学有效的社会心理疏导机制。在此之前，要在正确的大方向引导下做好信息管理工作，保障人们对疫情防控进展的知情权；在加强心理疏导和体制建设的基础上，要特别关注体制机制与国家治理二者的联动关系，放眼国际视角，与世界各国合力构建人类命运共同体。

（一）掌好方向之舵，严控信息管理

信息是沟通普通大众与疫情防治工作的桥梁，人们对信息的反馈则是社会心理的晴雨表和开展后续信息工作的指向标。经历了疫情信息不明、不足或过载的阶段，人们对各种信息的甄别能力有所提升；但对于信息收集和分析渠道的可靠性选择方面仍不够理性、客观。为加强对疫情正确判断和预测的宣传，防止"以误传误"等类似现象再发生，首先应畅通官方、主流媒体的信息渠道，弘扬主旋律，从以下两方面优化疫情信息管理。

1. 医疗情境下

在疫情信息公开的及时性和透明度有较大提高后，一方面，对主流媒体疫情相关报道要步步落实，巩固其在舆论宣传工作中的主导地位。拓宽官方网络平台和传统媒体等各种形式的信息获取渠道，实现诸如政府部门、地方新闻媒体、知名

微信公众号、中央媒体等一系列信息源的权威信息发布,在国家大方向的引领之下开展信息传播工作。另一方面,严厉打击散布非确定性风险的谣言和破坏政府公信力的恶劣行径,必要时要合理运用法律手段予以严肃警示和惩戒。

2. 非医疗情境下

重“疫”之下,通过社会民众心理的群像,深刻反映出我国信息建设特别是应急管理系统方面的缺陷。国家层面,应将社会心理疏导服务纳入应急管理法律法规,在突发事件中及时监测和预估民众心理状况;各级政府要完善应急管理信息系统中对民众心理服务需求和资源的收集及调控;各基层社区和单位密切关注个体在特殊事件中异于常态的行为表现并采取针对性措施解决问题。

灾害防治过程中,只有第一关的信息得到保障,社会心理的防线才能牢不可破。理性平和的社会心态不仅能为疫情防控工作顺利、有序地开展创造良好的社会舆论条件,也将为社会心理疏导机制的效能发挥奠定坚实的基础。

(二)加强心理疏导,健全防御机制

民众行为的积极走向在遏制疫情扩散方面成效显著。以保证信息披露程度为前提,辅以适时的心理疏导可以引导民众的合理行为变化,提高公众的战“疫”参与度,便可切实减少因漠视疫情或过激反应而导致的负面后果。

首先,面临风险产生恐慌情绪是人类的本能,人们普遍出现负性情绪属于常态;消除对疾病的耻辱感,积极防御才是化解的良药。打通宣泄负性情绪的“排气孔”是排解消极情绪最直接有效的方式。与此同时,要合理调动和发挥各级心理服务机构体系的特有功能,丰富服务形式,例如,通过电话、网络心理咨询对基础医疗防护知识、心理健康知识等进行普及,民众在面对病毒时方能有计可施。

其次,赋予民众对病毒较强的“控制感”。就个体而言,可将对疫情的控制感转移到对“宅”生活的规律性安排,如学习充电、锻炼身体等,调整因疫情被扰乱的生活节奏,让心理的“免疫力”成为抗击病毒的有力武器。此外,社会层面应有目的地加强对群体的“灌输”——新闻媒体中展现抗“疫”先进人物的风采,讲述救治患者的感人事迹,播报疫情防控取得进展的积极信息等。由此增强广大人民对疫情的控制感,激励群众坚定信念、充满信心地迎接最后的胜利时刻,让社会心态的“口罩”保障心理健康。

最后,加快社会心理服务体系建设和公共卫生防御体制的健全完善。习近平总书记指出,“在这次应对疫情中,暴露出我国在重大疫情防控体制机制、公共卫生应急管理体系等方面存在的明显短板”,这场全球突发性的重大“瘟疫”为新形势下社会心理的疏导和服务及公共卫生的应急防御提出了迫切要求。在建设过程中,要从根本上协调国家主导与社会力量两者之间的“矛盾”关系;具体而言,既要处理好专业服务与志愿服务的良性互补关系、服务资源对不同人群的科学分配关系，又要连接好理论先行与实操跟进的正向赋能关系，建立健全一对一援助机制。继信息源的正确导向、积极互信社会气氛的营造，重塑民众健康心理的同时要在人才队伍培养、长效工作对接、服务与反馈等方面加强落实；努力实现公共卫生防御体制与社会心理服务体系的顺利衔接和联结，为疫情灾害防治扫清障碍。

“瘟疫虽然直接表现为医疗卫生问题，但实际上，它却是关涉社会方方面面的社会问题。”以人民为中心，深入洞悉其心理活动，便能挖掘出社会心理的规律性跃动与潜在隐患。党的十九大报告明确提出要“加强社会心理服务体系建设，培育自尊自信、理性平和、积极向上的社会心态”。十九届四中全会再次强调要“健全社会心理服务体系和危机干预机制，完善社会矛盾纠纷多元预防调处化解综合机制”。新冠疫情严峻复杂形势下，目前国内本土传播基本阻断，但仍有反弹风险；而国外迅速扩大蔓延，警报持续拉响。因此，在党的领导带动下，“全面提高依法防控依法治理能力，健全国家公共卫生应急管理体系”，实时创新、创造性地在原有体系和机制基础上赋予顶层设计时代意蕴，具有深远意义。

（三）制度实践提升治理效能，共同体理念攻坚战“疫”

新冠肺炎灾害是新时代全世界人民的战争，中国打响了统筹联控对抗病毒的第一枪。在疫情防控初期，我国党中央领导集体审时度势、综合研判，集中全社会的力量，迅速制定疫情防控策略，重大突发性公共事件彰显中国特色社会主义制度优势；国外疫情灾害警报频传，致力于各国携手打造“人类卫生健康共同体”的提议展现中国的大国担当，实际行动见证中国对全球疫情灾害防治的力量和信心。

1. 对内：完善制度优势，夯实顶层设计，国家治理提质增效

近代中国久经磨难，在国家建设和治理方面历史经验丰富；现当代和平发展背景之下，重大突发性事件的发生倒逼我国“战”时机制的完备和治理能力的提升。

（1）统筹规划总体战线，补齐防疫体系短板

“各级党委和政府必须坚决服从党中央统一指挥、统一协调、统一调度，做到令行禁止”，“疫情防控要坚持全国一盘棋”，打赢抗“疫”总体战；医务工作者、社区工作者、生产配送工作者、新闻宣传工作者、人民解放军等全体社会成员群防群控、齐心协力，在这场特殊的人民战争中彰显凝聚力量。

（2）优化社会治理方式，提升疫情防控质效

制度优势是战“疫”胜利的根本保障，因此建立健全大型城市应急医疗物资保障体系，实现公立医院与党的基层组织应交互相配合在抗“疫”阶段凸显着紧迫而实际的现实意义；社会治理建立在人民群众的根本利益之上，其生命安全和身体健康必须放在第一位，医疗救治与心理疏导“双管齐下”，筑牢疫情防控的社会心理防线，健

全多层次的心理疏导机制,在疫情灾害救治和防控中便蕴含着独特的人文价值。

我国疫情灾害救治工作在习近平总书记“坚定信心、同舟共济、科学防治、精准施策”的总要求下取得系列重要成效,仍要“加强人文关怀,组织开展心理疏导,稳妥做好疫情善后工作,防范化解社会矛盾”。人类与病毒的迂回与阻击需要将制度优势进一步转化为治理效能,从而推进国家治理体系和治理能力现代化建设。中国特色社会主义制度的显著优势在党中央的坚强领导下,有强大的动员能力和雄厚的综合实力、全党全军全国各族人民的团结奋斗,英雄的中国人民必将创造伟大的奇迹。

2. 对外:闪耀国际人道主义光芒,合力促建人类命运共同体

这场新冠肺炎“瘟疫”以近乎惨烈的方式横扫全球,无数国家、民族和地区惨遭荼毒,在全球抗“疫”的“透视镜”下公共卫生治理千疮百孔;“面对疯狂肆虐的病毒,人类别无选择,必须不分种族、不分国家、不分区域联合抗击,国际社会唯有手挽手共同应对,才能取得抗击疫情的最终胜利。”

习近平主席在2020年3月26日晚召开的G20峰会上强调,国际社会应该加紧行动起来,坚决打好新冠肺炎疫情防控全球阻击战,遏制疫情蔓延势头。中方秉持人类命运共同体理念,愿同有关国家分享防控有益做法,开展药物和疫苗联合研发,并向出现疫情扩散的国家提供力所能及的援助,力求维护人类健康福祉。

在中国抗击新冠肺炎疫情最困难的时刻,国际社会宝贵的支持和帮助为新冠疫情防治雪中送炭。投桃报李,我国不遗余力地同国际社会一道守望相助,尽己所能维护各国人民的生命健康安全;此外,加强国际疫情防控的紧密合作和全球疫情变化分析预测,为境外疫情防控提供指导和支持等,皆在这场特殊的博弈中闪耀着国际人道主义光芒。

以中国抗“疫”为起点,人类同病毒浴血斗争的历史已经证明并将继续证明,团结、协作、共情是人类抗击大规模传染病的唯一正解,也是促进国际社会构建“更安全的全球化”的重要抓手,更是推动共建人类命运共同体的必由之路。国际视域下,全世界人民青山一道风雨同舟,打赢疫情防控的总体阻击战,正是对人类命运共同体最生动、最有力而兼具现实意义的雄辩。

2020年5月8日,中共中央总书记习近平在党外人士座谈会上强调:“经过艰苦卓绝的努力,武汉保卫战、湖北保卫战取得决定性成果,疫情防控阻击战取得重大战略成果,统筹推进疫情防控和经济社会发展工作取得积极成效。”国内疫情形势稳定向好的局势敦促各项常规工作驶入恢复生产发展的快车道,复工复产复学三大工作扎实推进,然而疫情防控决不能掉以轻心。自5月7日起,吉林省舒兰市出现13例本土确诊病例,全省73天无本土新增病例的持续向好局面就此打

破,吉林舒兰进入全面战时状态,成为全国唯一疫情高风险地区。可以见得,在疫情灾害长时段大范围的笼罩下,不仅考验了个人心理承受能力和应对危机的调节能力,更检验着国家的化解危机、变挑战为机遇的信念和抗风险能力。

结语

新冠肺炎危机是全球治理面临的重大挑战。在灾害救治过程中,中国抗"疫"模式及与世界卫生组织的合作形成良性呼应:国内抗"疫"动员彰显制度优势、防控成效明显,对外抗"疫"仗义执言、勇于担当,赢得了国际社会的尊重与信任。我国参与全球治理的能力得到结构性提升,但仍需在应对突发事件的体制机制方面进行严格的自我检讨与改进。总体观之,确保人民群众生命安全和身体健康,是我们党对马克思主义人民立场的最好诠释;完善社会心理疏导机制,是新时代新形势下对人文关怀的创新与超越。

参考文献

[1] 国纪平. 命运与共,团结合作方可共克时艰[N]. 人民日报,2020-03-28.

[2] 杨三喜. 给予"逆行者"更多贴心关怀[N]. 中国教育报,2020-03-11.

[3] 赵大海,严晶晶. 疫情防控及时切换到"外防输入、内防反弹",全力恢复经济发展[N]. 21世纪经济报道,2020-03-31.

[4] 李馨. 增强自我安全控制感 缓解社会恐慌心理[N]. 天津日报,2020-02-19.

[5] 余新忠,赵献海,等. 瘟疫下的社会拯救:中国近世重大疫情与社会反应研究[M]. 2版. 北京:中国书店出版社,2004.

[6] 何琪. 分化与失衡:转型期社会心理疏导机制建立的原因与途径探讨[J]. 社会科学论坛(学术研究卷),2009(9).

[7] 习近平. 在统筹推进新冠肺炎疫情防控和经济社会发展工作部署会议上的讲话[N]. 人民日报,2020-02-24(2).

[8] 习近平. 决胜全面建成小康社会 夺取新时代中国特色社会主义伟大胜利——在中国共产党第十九次全国代表大会上的报告[N]. 人民日报,2017-10-28.

[9]习近平. 中共中央关于坚持和完善中国特色社会主义制度 推进国家治理体系和治理能力现代化若干重大问题的决定[N]. 人民日报,2019-11-06(4).

[10] 习近平. 全面提高依法防控依法治理能力 健全国家公共卫生应急管理

体系[J]. 求是,2020(5).

[11] 习近平. 在中央政治局常委会会议研究应对新型冠状病毒肺炎疫情工作时的讲话[N]. 人民日报,2020-02-16(1).

[12] 习近平. 研究新型冠状病毒感染的肺炎疫情防控工作[N]. 人民日报,2020-01-26(1).

[13] 习近平. 分析国内外新冠肺炎疫情防控和经济形势 研究部署统筹抓好疫情防控和经济社会发展重点工作[N]. 人民日报,2020-03-19(1).

[14] 李振中. 守望相助 全球抗"疫"手挽手[N]. 消费日报,2020-04-08.

[15] 习近平. 中共中央召开党外人士座谈会 习近平主持并发表重要讲话[N]. 人民日报,2020-05-09.

[16] 朱玲. 构建社会心理疏导机制[N]. 汕头日报,2020-02-27.

[17] 陈雪峰,傅小兰. 抗击疫情凸显社会心理服务体系建设刻不容缓[J]. 中国科学院院刊,2020(3).

[18] 陈雪峰. 社会心理服务体系建设的研究与实践[J]. 中国科学院院刊,2018(3).

[19] 叶霖. 社会心理服务体系建设要处理好四种关系[N]. 安徽日报,2020-03-03.

[20] 耿雯倩,万文,江一峰. 突发公共卫生事件应急保障实践经验探讨[J]. 中国卫生质量管理,2018(5).

[21] 孙立坚. 推进跨学科研究,优化疫情信息管理[N]. 21世纪经济报道,2020-02-17.

[22] 袁北星. 以全国一盘棋的制度优势打赢疫情防控阻击战[N]. 湖北日报,2020-03-05.

[23] 王俊秀,陈满琪,等. 疫情期间社会心态变化调查[N]. 北京日报,2020-02-10.

[24] 肖楠. 制度优势综合国力相互映照[N]. 北京日报,2020-03-23.

[25] 朱慧,刘群英. 筑牢疫情防控的社会心理防线[N]. 安徽日报,2020-02-18.

[26] 焦石文. 科学构建社会心理疏导机制[N]. 河南日报,2020-03-18.

[27] 张世军,余维法. 建立多层次的社会心理疏导机制 促进社会和谐[J]. 探求,2018(1).

[28] 余新忠. 清代卫生防疫机制及其近代演变[M]. 2版. 北京:北京师范大学出版社,2016:256-275.

二元户籍“后会无期”?

——基于济南市农民工市民化过程中“隐性户籍墙”现状的实证调查

指导教师　陈　敏①

团队成员　尹倩倩　窦立威

绪论

为响应至2020年全面建成小康社会的奋斗目标,加快破除城乡二元结构,我国进行了户籍制度改革。但在此过程中,“显性户籍墙”的破除并没有使农民工的权益得到真正的保障,多重户籍制度隐性壁垒对农民工市民化进程产生了巨大阻碍。使得农民工在市民化进程中出现自边缘化倾向,农村劳动力就业流动的彻底性和农民工自身合法权益的保障性受到影响。因此,只有打破“隐性户籍墙”,才能从根本上推动农民工市民化的进程,进一步保障农民工户口上附加的劳动就业、教育培训、住房待遇、生活福利以及社会保障权益。本次调查采用问卷调查法、访谈法以及文献法相结合的调查方法,对现阶段该地区农民工在劳动就业、教育培训、住房待遇、生活福利以及社会保障方面的情况做出总结,以此为基础通过自边缘化原因与被边缘化原因透视“隐性户籍墙”存在的深层原因,并对应问题提出相应的战略支撑。

一、户籍制度改革中“隐性户籍墙”的状况

(一)户改之“本”——劳动就业

农民工在城市就业主要仍是从事一些城市人不愿做的,对体力要求较高的脏、苦、累的工作。不仅如此,农民工在城市很难取得同市民同等的工资、医疗、教育、住房以及社会保障待遇。

---

① 指导教师简介:陈敏(1979—),女,法学硕士,现为曲阜师范大学马克思主义学院副教授。

农民工就业的行业分布很不均匀,制造、建筑、餐饮等行业仍分布着较多农民工,因为这些行业不需要太高的文化和技能,农民工很容易进入,而在一些技能要求较高的行业如计算机、教育、管理、金融等其他行业,农民工则很难融入。

农民工的就业途径主要为非制度化的就业途径,即不是通过劳务市场等渠道获取工作,而是指农民工通过自己的社会关系网寻找工作,例如,"自己寻找"或"亲友介绍"等实现就业。其在就业服务信息方面难以享受到同城镇就业人员同等的待遇,调查显示农民工工资基本达到当地最低工资的标准。

近年来,国家十分重视农民工的社会保障问题,出台了各种政策措施保障农民工的合法权益。于是,形成了较为完善的保护农民工权益的长效机制。虽然,农民工工作时间长,劳动强度大,但工资水平与过去相比有了很大幅度的提升,已达到同工同酬标准。且随着较为完善的保护农民工权益的有效机制的确立,拖欠农民工工资的现象有很大改善,农民工的合法权益得到了有效保障。

与之前老一代农民工相比,如今的农民工对于职业的期望有了明显的提升。他们对城镇生活充满了向往。在具体访问调查中,我们也发现如今的农民工在工作时会更加关注工作环境的舒适度以及自身权利能否得到有效保障等,对职业的期望值大大提高。

(二)户改之"梁"——教育培训

虽然关于农民工子女教育的政策保障体系早已建立起来,但在城市中农民工子女教育难的问题并没有从根本上得到解决,其中一个重要的阻碍因素就是高昂的教育成本。从访谈中我们了解到,面对城市高昂的教育成本,农民工往往感受到极大的压力,因而不愿让子女接受城市教育。在国家取消农民工子女学校的政策大背景下,农民工子女的教育费用也成为一大难题。

从调查中我们了解到,当前,我国的农民工大多从事建筑、餐饮、家政服务等技术含量低、需要体力劳动的行业,这使得底层农民工和上层管理者都很难认识到职业培训的重要性。从访谈中我们了解到,大多数农民工在上岗前都无须接受特定的专业培训,只需要经过"老手带新手"便可上岗,甚至完全不需学习便可上岗工作。

一方面,我国农民工自我发展意识严重缺乏。他们大多受到小农思想的束缚,对于他们来说进城务工只是权宜之计,回归家乡才是最终的目的。另一方面,面对子女的发展教育,大多数农民工父母往往不愿投入太多精力。其中,经济压力大是农民工子女发展教育投入少的重要因素。

(三)户改之"根"——住房待遇

进城农民工住房问题是伴随着我国农村劳动力大规模、长距离、跨地区的人口迁移过程而产生和发展的。随着改革开放的发展,全面建成小康社会的不断推进,社会总体消费水平不断提升,农民工的住房条件得到相对改善。在以济南为个例的问卷调查报告中显示,68.66%的农民工认为他们现如今的住房条件相较于之前有所改善。农民工当前住房类型如图1所示:

由此可见,农民工住房条件总体上向更好的方向发展。但在这个过程中仍然存在一些问题:农民工住房环境、条件、卫生、服务等与本地人相比仍有较大差距;农民工住房面积小;农民工合住人数多,居住较拥挤。

这些问题的解决影响着农民工对务工城市的认同感和归属感,影响着他们对于自身向市民身份转变、打破"隐性户籍墙"的可行性的基本评判,进而决定着他们向市民化方向努力的决策。农民工与本地人住房待遇如图2所示。

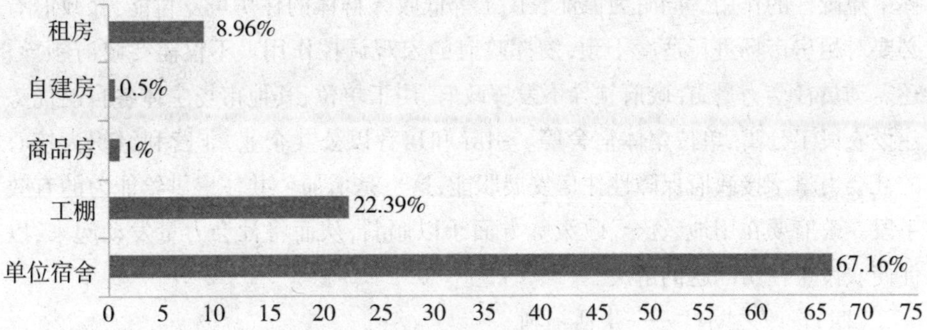

图1 农民工当前住房类型

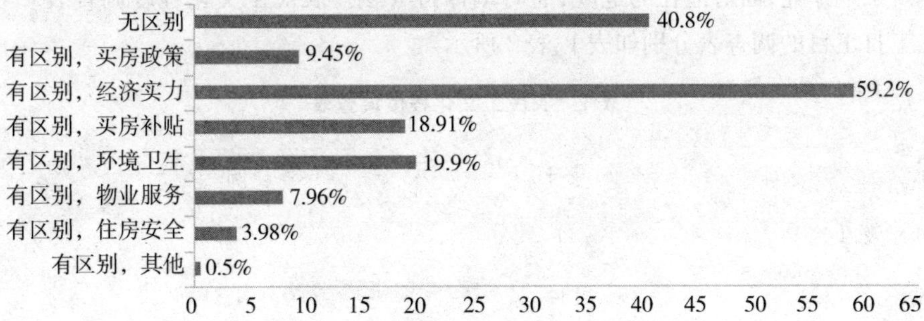

图2 农民工与本地人住房待遇

农民工有时候又是"廉价劳动力"的代名词,他们本身工资水平不高。加之农民工只是个人外出打工,他们的配偶及子女仍在老家生活。因此,农民工外出打工所赚取的工资除了自身日常开销外,绝大多数是寄回老家,反哺农村家庭生活。所以说农民工对城市住房的可支付能力和有效需求不足是其住房问题形成的直接原因。从供给角度而言,政府保障住房的缺位,城市住房供应结构的失衡,减少了与农民工经济实力相适应的有效供给。同时由于农民工多从事建筑、制造、服务业等工作,呈现出移动性强、零散化程度高、工作地点相对分散等特点,因此大多数农民工与用工单位之间存在住房依赖关系。

破除"隐性户籍墙",改善农民工住房问题很大一部分应当靠政府发力。发达国家城市化过程中的住房实践表明,在城市化加速阶段,化解农村转移人口住房问题主要靠政府集中兴建公共住房,增加保障性住房供给。而在问卷调查中显示,对于"国家政策对住房问题有没有帮助"这个问题 71. 64% 的农民工表示基本没有帮助。

因此接下来政府应当在破除"隐形户籍墙"改善农民工住房条件的问题上发挥中流砥柱的作用。同时为保证农民工等低收入群体的住房可支付能力,政府有必要对租房市场进行适度干预,发挥政府的宏观调控作用。不仅需要政府领导,还需动员社会力量,在政府领导下发挥政府、用工单位、其他市场主体各自的优势建设农民工公寓、单位集体宿舍等。引导和培育以公共企业、非营利组织为核心的社会力量承接政府保障性住房发展职能,这也是增加公共住房供给能力的有效手段。政府要在用地、资金、政策等方面予以倾斜,从而将社会力量发动起来,以促使农民工住房问题的解决。

(四)户改之"脊"——生活福利

增强农民工安全意识,是防止安全事故发生重要的一环。因农民工大都是在建筑工地作业,面对潜在的危险,需时刻保持警惕。农民工文化程度调查表和农民工打工目的调查表分别如表 1、表 2 所示。

表 1　农民工文化程度调查表

选项	小计	比例
小学及以上	11	5.47%
初中	184	91.54%
高中及中专、中技	6	2.99%
大专以上	0	0%
本题有效填写人次	201	

表2　农民工打工目的调查表

选项	小计	比例
赚钱养家	188	93.53%
希望过城里人的生活	23	11.44%
出来见见世面	30	14.93%
寻找发展机会	61	30.35%
没有责任	8	3.98%
在老家没有就业机会	39	19.4%
其他	2	1%
本题有效填写人次	201	

施工单位加强农民工安全培训，正确引导农民工严格执行煤矿、非煤矿山、危险化学品、烟花爆竹等高危行业企业强制性岗前安全培训制度，农民工未经培训不得上岗。

施工现场事故的发生，有很大一部分是施工机械带病作业，或没有正确使用安全防护用品，以及对物料的使用不规范造成的。企业单位对施工现场的机械、物料采取规范、有效的管理措施，就能够间接、有效地控制农民工事故的发生。

调查结果显示，农民工工伤险相对完善。企业单位为本单位内的绝大部分农民工都采取了保险的保障制度，但个体情况有所不同。我们采访了一位工地的基层领导，询问了工地内施工人员的保险情况。他说，企业单位都为工地内的农民工缴纳了保险，但个体之间存在差别，企业单位只为基层农民工缴纳工伤保险这一种类型的保险，而对于基层领导、小组组长等领导层和管理层的农民工，企业单位采取人才保障制度，为其缴纳五险一金（养老保险、医疗保险、失业保险、工伤保险、生育保险；住房公积金）。

我们在调查采访中发现，政府福利补贴相对缺位。农民工很少得到政府的高温补贴等工作补贴以及基本生活补贴，且农民工也几乎从来没有想到过可以或者能够得到政府的基本补贴。这是属于政府长期的福利缺位所造成的一种常病态问题。

还有，调查结果显示，政府的监督和保障力度不到位，政策无法在基层具体实施的情况确实存在，超过46%的农民工认为国家政策对其生活基本没有太大影响,这个比例达到将近一半,占比很大,这一问题需要政府引起重视。

农民工是城市建设一个重要的群体,在这个群体的生活保障方面,政府应该提供一些福利补助,以资助其生活,改善他们的生活状况和环境。但企业单位的福利补贴相对较少,尤其体现在高温补贴这一方面。高温补贴是为保证炎夏季节高温条件下经济建设和企业生产经营活动的正常进行,保障企业职工在劳动生产过程中的安全和身体健康,决定适当提高职工夏季清凉饮料费发放标准。

而我们在调查中发现,农民工基本上没有领到企业单位所发放的高温补贴,但会领到西瓜、藿香正气水和矿泉水等解暑类物品。虽然高温补贴的发放已经有了法律保障,在一定程度上保障了职工的权益,但高温补贴的发放似乎依旧艰难。

(五)户改之"翼"——社会保障

近年来,我国大城市以农民工为主体的流动人口出现了停滞化、常住化、家庭化和扎根化等发展趋势,农民工子女的教育问题也随之凸显。我们以济南市为例,进行实地调查与研究,分析得出结论,主要体现在以下几个方面:一是进城农民工子女进入城市公办学校就读,特别是在分享流入城市的优质教育资源上,尚存在一定障碍;二是农民工子女的频繁流动给所在学校维持正常的教学秩序和学籍管理带来困难,从而影响其接受义务教育权利的实现;三是农民工子女学业不良问题较为普遍;四是农民工子女在流入城市接受义务教育后,与后续高中阶段等非义务教育难以顺利衔接。

由于经济实力、教育水平等各方面的限制,农民工很少主动接受专业培训,几乎没有接受专业培训的意识。例如,在济南市长清大学城附近的工地上,一位菏泽的塔吊师傅,获得此项技能就是以老带新,没有接受专业的培训,都是自己跟着其他人学习获得的。

首先,农民工自身教育意识薄弱。一方面,农民工群体本身学历不高,大多是小学以及初中水平,高中及中专、中技以及大专所占比例很少,这说明他们自身接受更高教育的意识薄弱。另一方面,他们很少主动接受专业培训,大部分都是自学,在专业培训方面也体现了教育意识薄弱的一点。

其次,子女的教育意识薄弱。绝大多数父母对子女的教育都密切关注,非常重视子女的教育问题,但是他们的子女却留守在家,在农村接受教育。同时他们也没有让子女在他们目前工作的地方接受教育,他们的子女也没有到父母工作的地方上学的意识,无法享受与城市孩子同等的教育资源,无法接受更好的教育。农民工配偶与子女居住城市情况如图3所示。

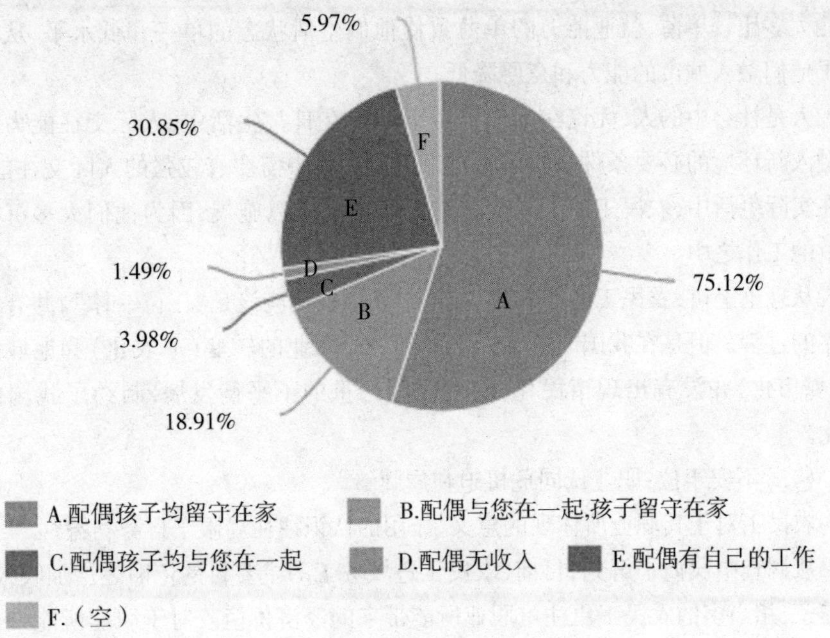

图3　农民工配偶与子女居住城市情况

三、"隐性户籍墙"存在的深层原因分析

(一)斥大于融:市民化意愿与能力不足

由农民到农民工是农民工转向城市生活的第一个变化,新身份中之所以带有"农民"的字眼,是因为农民工自身还没有抛掉对原有职业的认同和依赖,而城市居民也没有撕掉农民工身上"农民"的标签。换言之,农民工自身与城市居民都没有认识到农民工群体的新身份——城市居民。

长期以来,农民的身份在农民工心中已经根深蒂固,即使大多数农民工长年在外打工,但当被问及他们是"哪里人"时,他们的第一反应仍是原户籍所在地而不是所务工城市。说明农民工自身并没有认同自己是所务工城市的居民,而只是外来务工人员。加之长期以来的村庄治理模式和生活状态在群众心里已经根深蒂固,生活环境与居住形式的突然变化使农民工对现生活城市认同度低,从而出现农民工对自身身份认同的危机。这种危机主要可以表现为对家庭身份的难以割舍和对现职业身份的认同度低。

农民工的就业能力是市民化的重要条件,因为就业是农民工融入城市的首要途径。所以,农民工就业能力的高低影响着农民工融入社会的程度。在与济南市长清区在建三甲医院工地上的几位农民工交谈时,问及他们的就业能力从何而来,他们均表示为"自学或以老带新"。通过访谈,我们可以了解到农民工就业的技能大多比较单薄,就业能力的单薄致使他们生活状态的单一和低水平,从而导致了他们融入城市的能力和意愿降低。

人是社会中的人,无论在工作情境下还是在日常生活中,人际交往能力都是人融入新环境的必要条件。农民工在市民化过程中需要有较强的人际交往能力。但在实际生活中,农民工的人际交往能力基本上难以施展,因为他们大多沉浸在沉重的工作之中。

从理论上讲,农民工的非农化、城市化和市民化应该是"三位一体",并有一定时序的过程。但是在我国"城乡二元体制"下,职业的转变(非农化)和地域的转变(城市化)并没有出现市民化,它们之间严重的不平衡发展,制约了我国的现代化。

(二)不安于位:职业认同危机迫在眉睫

农民工对于其职业所体现的意义、作用的认识往往局限于自身利益。

从调查中我们了解到,目前,农民工进城务工的主要目的依旧是增加收入,赚钱养家,相当多的农民工更注重职业所能带来的经济价值。对于职业所能带来的社会价值、所能为城市做出的贡献,农民工往往不会有太多关注,这便使得他们在城市建设过程中贡献感微弱,难以真正融入城市。职业情感即职业归属感,在不完善的教育培训体制下,农民工的职业归属感往往较弱,难以意识到自己处于群体之中,缺乏与职业相关的情感体验。

在城乡差异的教育背景下,外来农民工在工作中大多倾向于"各做各的",各有各的工作范围,极少主动与本地人交流,缺乏主动归属到职业群体中的积极性。较高的经济收入只能是暂时性地吸引外来农民工,要想长时间留住他们,真正使他们融入城市中去,就必须加强教育培训,增强农民工的职业归属感。

(三)安土重迁:古老乡土情结难以割舍

农民工外出打工,目的就是赚钱养家。家乡的就业机会少,工资水平低,他们无法赚得足够用来支撑家庭的费用,迫不得已才外出打工。他们独自一人或者带着有劳动能力的家属出来打工,家庭其他成员(父母、子女、亲朋好友等)皆留守在家乡,那里有他们的人脉和关系网,有他们的老房子和自小就熟悉的水土。这种情怀,自然使他们对家乡心生向往。而且,因为工作繁重,他们每日会消耗大量的体力和精力,根本无暇与本地人产生过多的交流,他们所在的环境相对封闭,接触的人相对固定,慢慢与当地产生了距离感和隔阂感,也就自然无法融入本地的生活。农民工独自一人在外闯荡,希望自己可以发展得很好,然后有足够的能力来奉养父母、照顾妻儿、抚养子女,这就是风光体面衣锦还乡的情结。

总之,乡土是一个人安顿灵魂和情感的地方,乡土情结使得一个人的根深深地扎在家乡那片土地,对其融入另一个地方产生抵触和阻力。

(四)法制经纬:政府相关政策尚不到位

农民工子女教育的提供者——市、区两级政府和学校,市、区两级政府主要承担教育管理和教育财政经费转移支出等职责,接纳农民工子女的学校则主要承担教学任务。通过济南的实地调研,结合实际情况,目前政府开展农民工子女教育主要面临以下问题:

①相关统计制度尚未建立,义务教育阶段适龄农民工子女数量不明,难以对这类学生的入学率、巩固率等进行监测。②农民工集中居住,区域公办教育资源供需矛盾突出,降低了义务教育资源的总体承载力。③农民工无序流动,学籍管理尚未联网,增加了义务教育管理以及教育发展规划制订的难度。④农民工举家迁移及随产业布局调整向远郊集聚,致使义务教育资源供给的区域性短缺矛盾由近郊区向部分远郊区扩展。⑤户籍人口出生小高峰以及户籍生育政策调整后的生育堆积效应,将加剧近期教育资源供需矛盾。⑥农民工子女初中后教育通道一旦建立,将对义务教育资源形成一定的冲击。⑦义务教育借读费取消之后,大城市农民工子女教育问题的解决难度将进一步加大。

(五)农民工的生存状态

1. 就业准入

我国相关法律都明确规定,劳动者享有平等就业的权利。由于农民工进城就业对于城市具有一定的挤出效应,导致一些地方政府对农民工现象产生认识误区,于是要求农民工办理各种证件并收取相关费用。过去相当长一段时间内,农民工需要办理的证件包括务工证、婚育证、健康证、居住证等,交纳治安管理费、卫生费等。这些证件和费用无疑加重了农民工的经济负担和时间成本,是农民工进城就业遇到的第一道门槛。目前,国家逐步取消了各种就业限制和歧视性收费,但一些用人单位仍然存在变相收费的现象。

2. 从事行业

农民工从事的行业集中在劳动密集型行业,一些技术和资金密集型、收入相对较高的行业,如金融业、建筑业等行业,农民工所占比例相当少。农民工主要集中在脏、累、险、差、难、苦的岗位上,职业危险性较大。

3. 工作环境

调查结果显示,53.7%的农民工处在不良工作环境中,他们的工作环境至少符合“有毒”“粉尘”“噪声”“潮湿”和“高空”五选项中的一项。由于处于不良的工作环境中,因此导致很多农民工患上职业病或者受到职业病的威胁。

依据调查资料的结论,农民工所在的工作环境较差,医疗条件较差,绝大多数民工对目前的生活状态不满意,其中主要还是由于政府的缺位,没有抓好政策的落实。

通过分析,济南市农民工几乎都达到了最低工资标准,但是目前大多数农民工没有“五险一金”,绝大多数只是缴纳个别保险,工作上存在着一定的风险,这是社会保障的一个方面,同时也是工作情况的体现。

4. 工作时间

调查结果显示,2011 年农民工月均工作 25. 4 天,每天工作 8. 8 小时。每周工作超过 5 天的占 83. 5%,每天工作超过 8 小时的占 42. 4%,32. 2% 的农民工每天工作 10 小时以上,每周工作时间超过《中华人民共和国劳动法》规定的 44 小时的农民工高达 84. 5%。

综上所述,在工作岗位方面,政府在就业准入的政策方面落实不到位,农民工的工作环境以及工作时间都超出了正常的情况,这些需要用人单位与政府配合,积极落实,解决问题。

(六)农民工很难享受到社会福利

1. 由于户籍等种种原因,现行城市的社会福利一般不包括“农民工”

在住房福利方面,农民工无法享受福利分房或在政府提供补贴情况下购买商品房。在子女的教育福利方面,农民工子女在城市求学从最初的被拒绝排斥,到后来的自我解决,再到现在的被有限接纳,经历了艰难漫长的历程,城市中兴建的“打工子弟学校”,又凸显出另一种意义上的不平等。在社会福利方面,城市农民工一般不是企业的正式职工,企业在考虑员工福利时往往忽略他们,与同企业的正式职工相比,农民工在工资、奖金、节假日、医疗和抚恤等方面总体上处于一种待遇低下甚至无保障的地位。

2. 安全生产监察职能不到位、监管力量严重不足

政府在农民工保险工作中的监督管理职能不到位,导致用工单位侵害农民工权益现象屡屡发生。我国安全监管人员的配备也不足,与其他发达国家(地区)的监察力量之间更是相去甚远,现有各级监管机构中的人员大多数都不是专门从事安全监管的,专业水平和整体素质参差不齐,难以保证监管质量;各级安全监管部门的经费短缺,装备落后,监管手段缺乏,监管队伍不稳定,严重影响着监管工作的效果,监管机关缺乏权威性,导致监察工作力度不够。

此外,农民工在就业、医疗、养老等各方面与城镇居民相比也存在很大的差距。农民工享受的福利分析图如图 4 所示。

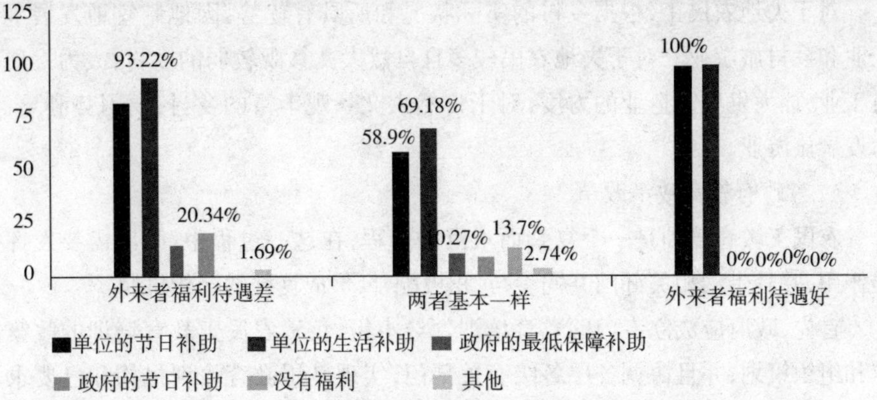

图4　农民工享受的福利分析图

从图4中我们可以看出，农民工所享受的福利很少，能够享受政府最低保障补助的比例很少，他们与本地人的待遇相比也存在一定的差距，这都说明了政府的缺位。

四、有效破除“隐性户籍墙”的战略支撑

(一)优化农村产业结构

通过调查问卷的数据和访谈内容，我们可以得知农民工进入城市务工的主要原因是家乡就业机会少和薪资低。

据此，我们可以推断，以赚钱养家和家乡就业机会低为外出打工主要原因的这一部分人，市民化的意愿较低并且也没有意愿拓展自身的市民化能力。针对这样的群体，我们应该转变思路，不再苦苦探寻融入之路，而是将矛头转向农村产业结构优化升级，拓宽农民工在家乡的就业途径。针对仍然保有自留地的农民工，可以发展“农超对接”模式；对于失地农民，可以发展农村现代工业和农村现代旅游业。消除地域转变带给农民工市民化的阻碍，但同时仍然要将城市价值观念中优秀的部分传达给农民工，统筹城乡协调发展。

“农超对接”是指农民与超市类性质的企业主体通过农民合作社、农业公司等组织按照某种协议合约和操作方式，向农产品产地的农民直接采购标准化的农产品。“农超对接”模式一方面可以提高返乡农民工的经济收入，丰富当地农民的收入形式，是农民增收的一种新途径；另一方面有利于政府探寻有效解决“三农问题”的新路径，引导、促进城乡统筹协调发展。通过城乡之间的互动，逐渐增强城市中良好的生活习惯和价值理念对乡村的影响，逐渐推进乡村在破除“二元”户籍制度的前提下融入城市，推进市民化进程。

对于失地农民工，根据乡村的实际状况和所具有优势，因地制宜地发展乡村工业和乡村旅游业。对于失地农民较多且自然人文景观较弱的乡村，大力发展乡村工业，加大发展制造业的力度；对于自然人文景观丰富的乡村，要因势利导，大力发展旅游业。

（二）政府教育政策改革

农民工教育培训是一个复杂而艰巨的过程，在这一过程中，政府需要发挥主导作用，并且带动相关部门共同参与、积极配合，形成良好的合作机制。

首先，政府应成立专门的教育培训领导小组，负责农民工教育培训的政策制定和组织策划，并且协调各层各级有关部门，实现基层教育培训机构和已要求单位的有机配合，促进农民工教育培训工作的全面落实；其次，政府应转变教育观念，创新培训模式，讲求农民工教育培训的高质量、高效率，在对农民工进行集中的专业技术教育的基础上开辟新的教育领域，引导农民工向全面综合发展转变。

从调查中我们了解到，在户籍政策改革的背景下，农民工子女进入城市接受教育的“显性障碍”已经基本清除，然而，以经济困难为首要因素的“隐性障碍”还广泛存在。因此，完善农民工子女教育福利政策，从战略的高度对相关政策进行改革和创新，是改革政府教育政策，打破农民工融入城市的“隐性户籍墙”的必由之路。

首先，政府应强化公共服务职能，重视和加大农民工教育资源的资金投入，建立经济困难家庭学生的专项教育资金，设置助学金、免费教学资料等，解决农民工子女教育费用紧张以及流动就学成本高的问题；其次，构建完整系统的农民工子女教育体系，统筹学前教育、素质教育以及成人教育，改变公立学校接纳大部分农民工子女的局面，鼓励和支持民办学校降低入学门槛，主动接纳农民工子女学生；此外，改变以户籍为主要依托的管理体制，将管理权力下放给地方政府，使地方政府将外来人口纳入自己的管理体系，解决农民工子女流动就学过程中的困难。

（三）住房方式日趋多样

农民工的住房问题已经成为城镇化、工业化和现代化的重要制约条件，影响着整个国民经济和社会转型的全局。破除隐性户籍墙，促进农民工市民化及化解其住房问题是一个长期而复杂的系统过程。在这个过程中政府应当发挥中流砥柱的作用。

因此，化解农民工住房问题，应当从以下几个方面入手：将农民工纳入城镇住房保障体系；要以政府为主导，投资兴建一批中低价位的普通商品住房，面向农民工销售和出租；制定和完善农民工购房支持政策，精简购房手续；逐步将农民工住房纳入住房建设规划。

（四）全面推进医保建设

农民工要在户籍地参加新型农村合作医疗，不能在居住地缴费，很不方便。更重要的是，新型农村合作医疗的覆盖范围是区县一级以及县级市，即户籍所在地。也就是说，农民工超出了这个地域范围就医，医药费报销就属于异地报销，而异地报销的过程非常烦琐。这在一定程度上确实束缚了农民工融入新城市的愿望和自由。

所以解决的办法是：其一，尽快解决支付渠道，即尽快实现异地结算、方便结算；其二，尽快实现全国一卡通，即方便交费和方便报销；其三，扩大报销的地域范围或者取消地域限制，即不但合作医疗管理机构可报销，异地的定点医院、定点药店也应可以当场报销，或者直接取消地域限制，推行全国统一的新农合制度。

（五）加强社会福利覆盖

营造良好就业环境，完善农民工资福利制度，促进劳动力市场公平统一。首先，营造公平的就业环境，借助社会舆论和社区工作者的引导，消除用人单位、城镇职工对农民工的偏见；逐步实现劳动力市场的统一，使得农民工和城镇职工同工同酬。其次，健全农民工工资的协商机制。对于农民工申诉的劳动争议案件，相关部门应简化诉讼程序并加快审理。对于工资拖欠问题，更应优先审理，做到及时、公正。

其一，健全农民工住房保障体系，消除农民工享受城市住房福利制度障碍。其二，完善审核机制，加大对租赁市场的监管。审核机制中需要明确部门责任，使住建部发挥主导和监管的作用，财政部、税务部、银行则需要认真审核申请人的收入以及信用状况并积极反馈到住建部。

（六）完善农民工及其随迁子女城市教育福利的制度

首先，地方政府需要在相关政策文件上明确农民工教育培训的重要性，加强对农民工教育培训的主体规划、资金投入及监管力度。其次，用人单位需要强化责任感，自觉承担培训农民工的责任。再次，在农民工子女的教育问题上，为保障其享受义务教育的基本权利，地方政府在制定地方教育政策时应秉承新义务教育法的公正性、福利性，考虑到低收入人群尤其是农民工的利益并努力使其利益最大化。同时，在入学政策上，必须革除以户籍为主的入学原则，要重新确定以常住人口为基础的入学原则，消除农民工随迁子女入学难的根本制度壁垒。

农民工推动了经济社会的发展却成为城市中的弱势群体，政府理应通过财政转移支付为农民工提供必要的社会福利服务，弥补他们在资源分配中的利益缺损。政府应根据农民工的需求逐步扩大社会福利服务规模，向具有良好服务资质的民间组织和社区购买服务，建立稳定的农民工社会福利服务公共财政支付机制。

随着社区建设的推进,社区将要承担更多的社会管理和社会服务职能,同时社区为公众提供服务的能力也在增强,因此需在政府的推动与支持下,在社区,尤其是农民工集中聚集的社区开发社会福利服务项目,逐步将农民工纳入社区服务体系中。

适当降低民间组织的准入门槛,给予相关政策优惠,培育一批资质优良的民间组织,鼓励和引导它们为农民工提供服务,提高民间组织的服务水平,强化管理以规范服务运行,以使民间组织成为农民工社会福利服务主要的承载者。

五、有效破除"隐性户籍墙"的新视角和新路径

(一)新视角:"斥拉并存"与"小大同行"

在农民工市民化过程中,社会融入斥力小于引力且农民工的市民化意愿强烈时,增大引力,减小斥力。首先,农民工增强自身的市民化能力,积累经验,努力提升个人工作技能和城市生活技能,加快与城市中的价值观、生活习惯和风俗融合的速度;其次,就业单位与政府部门制定良好政策,为农民工提供完善的劳动保障和医疗保障,优化农民工生活环境,提高农民工的生活质量。

在农民工市民化过程中,社会融入斥力大于引力且农民工的市民化意愿较弱时,转换思路,不再一味推动农民工融入社会,而是加大乡村振兴战略,发展乡镇企业,增加就业机会,使农民工有机会回乡就业。乡村振兴战略需要政策和技术的支持,一方面要因地制宜发展地方经济,另一方面要融合时代新技术。

在调查过程中发现,市民化工程中大家比较关心的是政治和经济等方面的融入程度,生活习惯、价值观念等文化和大众传媒方面的融入程度是容易忽视的。所以,想要加快市民化速度和加深市民化程度,就一定要在宏观层面全方位地推进市民化。

在把握好宏观环境的前提下,要加强微观环境对农民工市民化进程的影响,主要从家庭、学校、社区、社会组织和同辈群体五个方面出发。首先,通过家庭因素来影响市民化进程;其次,通过增强农民工的职业技能来提高农民工城市生存能力;再次,农民工所在社区要摒弃身份歧视,一视同仁地为农民工提供服务;另外,凸显社会组织在市民化过程中的作用,为农民工全方位融入城市提供切入点;最后,要增强同辈群体对农民工的影响作用。

(二)新路径

为深入贯彻户籍制度改革的要求,促进有能力在城镇稳定就业和生活的常住人口有序实现市民化,稳步推进城镇基本公共服务常住人口全覆盖,首先要特别

注意坚持适应“新型城镇化”发展的需要。以此进一步推进户籍制度改革,落实放宽户口迁移政策。统筹推进工业化、信息化、城镇化和农业现代化同步发展,推动大中小城市和小城镇协调发展、产业和城镇融合发展。在统筹户籍制度改革和相关经济社会领域改革的基础上,合理引导农业人口有序向城镇转移,有序推进农业转移人口市民化。新型城镇化是中国共产党执政过程中促进城乡和谐发展的有力举措之一,其对于户籍制度改革具有重要的引导作用。

在户籍制度改革过程中,有学者根据户籍制度对农民市民化过程的不同影响分为“显性户籍墙”和“隐性户籍墙”。这双重户籍墙对户籍制度改革的顺利进行产生了明显阻碍。因此,探求打破双重户籍墙的有效路径,已成为当前户籍制度改革所面临的重要难题。

目前,国家相关政策的制定对于打破“显性户籍墙”方面已日渐完善,基本形成了有效消除显性户籍的政策框架,只是在具体落实方面有待进一步完善。因此,显性户籍与隐形户籍的打破过程存在不同步现象。因而通过促进“显性户籍墙”的打破,以破“显”带破“隐”是完全可以实现的。并且,显性户籍的消除对于隐形户籍的打破有促进作用,这也是毋庸置疑的。

形成于计划体制时代的户籍制度,已成为当前社会健全发育的重大制度障碍。在人口大量流动的时代,这种滞后的户籍制度导致大量人口处于“人户分离”状态,通过户籍制度的全面改革,这种“人户分离”的现象已得到明显改善,农民工得以在城市定居、生活。但是,由此而产生的就业、教育、居住、医疗、社会福利等方面却存在严重的缺失。这种通过与城市原住居民的对比而产生的条件差异极大地影响了农民工在城市定居的热情与信心。因此,在接下来的户籍制度改革过程中,要全面坚持贯彻以人为本的方针,坚持人民利益至上的原则,充分保护农民工的社会权利。

参考文献

[1]文军. 农民市民化:从农民到市民的角色转型[J]. 华东师范大学学报(哲学社会科学版),2004(3).

“全面二孩”政策下职业女性生育意愿及对策研究

指导教师　顾训宝　杨世宏①

团队成员　韩荆轲　刘　丹　徐　怡　杨　洁　杨小璐

绪论

（一）选题缘由

2015年，国家对计划生育政策做出调整，在全国范围内允许一对夫妇生育两个子女，“全面二孩”时代来临了。“全面二孩”政策是我国为解决当前人口、社会问题而对计划生育政策做出的重大调整，是从我国战略全局出发做出的重大决策部署。政策一经网络发布，舆论场中一片欢腾。许多网友都立下了“一定要生一对宝宝”的豪言。然而统计局的官方数据却告诉我们：我国的人口出生总量和出生率都不升反降。2018年，国家统计局公布数据显示，我国2017年全年共出生人口1723万人，比2016年减少63万人。而与此同时，我国人口问题正随着时代发展日益涌现：银发危机、“失独”家庭之殇、男女比例失衡等一系列问题亟待解决，老龄化加速和少子化加剧并存的人口结构问题十分突出。如何提高二胎生育率，如何调动人们二胎生育的积极性，如何科学合理解决我国人口问题是国家面临的重要社会问题。

（二）选题意义

为此，我们小组展开了“‘全面二孩’政策下，城镇女性生育意愿调查及对策研究”的实践活动。本次调研聚焦城镇职业女性生育意愿，关注适龄女性生育观念，力图从女性视角反馈二胎政策，希望为人口问题解决提供一份资料，为解决国家生育问题尽绵薄之力。

---

① 指导教师简介：顾训宝（1976—　），男，法学博士。现为曲阜师范大学马克思主义学院副教授，硕士研究生导师。
杨世宏（1964—　），男。现为曲阜师范大学马克思主义学院副教授，硕士研究生导师。

（三）调研思路

本次调研活动，由 5 名同学参加，选取青岛和泰安两地进行实地调查研究，在实际调研过程中，为了得到可靠的第一手资料，采取了试点调查和全面访谈相结合的方式以及观察法、文献法等社会调查基本方法对约 100 名女性进行访谈、调查。

本次调研通过走访的形式共访问了 107 位职业女性，收回有效访谈提纲和问卷 100 份，有效率约 94%，除此之外，调研组成员还收集了照片、视频及录音资料，力求客观、真实、全面反映实际情况。自二孩政策颁布以来，学界已有大量论文对其现状、原因、对策等做出了分析，富有科学性、全面性。然而，我们小组认为，这些研究大多立足于“经济”和“工作”的分析调查，欠缺社会视角、人文视角的关注，本次调查力图关注二孩妈妈的生活现状、心理现状，以及未生育二孩的女性心理、生活等方面的担忧，分析问题把握结论。

一、鱼与熊掌不可兼得——职业女性生育意愿现状分析

（一）经济现状

在实施“全面二孩”政策之前，很多专家都对出生率的增长持乐观态度，但实际状况却不如人意。那是什么遏制人们生育二胎的意愿呢？我们调查数据显示，在诸多不想生育二孩的因素中，77.27% 认为“抚养孩子费用太高，压力太大”。

经济因素通常在纷繁复杂的诸多因素中居于主体地位。一个家庭的经济实力通常决定了这个家庭的各种大小事务的处理方向，经济的吃力可能为二孩的生育带来了这样或那样的阻碍。

1. 拿什么教育你，我的孩子

“一个孩子确实很孤单，政策刚出来的时候，我和我对象也想着再生一个宝宝，但想来想去，养一个孩子经济压力实在是太大了！小到尿不湿、奶粉、辅食，大到早教等都是费用，尤其是教育，两个孩子叠加在一起，这可真不是小数目啊。”一位受调查者如是说。

教育真的能花费这么多？我们小组一开始还抱着半信半疑的心态，但后期查资料时惊讶地发现：《2017 年中国家庭教育消费白皮书》显示，教育支出竟然占家庭年收入的 20% 以上，在幼儿阶段，学前教育消费占家庭年收入的 26.39%，接近九成孩子上过辅导班，家长报班主要考虑孩子兴趣身心健康发展，超过九成家长也在在线教育 APP 上花过钱。而我们的调查结果也证实此现象。一半的女性表示担心经济问题，21% 的女性担心教育问题。

经统计，普通家庭里孩子的教育支出一般占家庭净收入的三分之一左右。再

加上孩子的吃、穿、住、行等费用约占家庭净收入的五分之二。如此巨大的经济压力,难怪很多家庭在生育二胎时望而却步。

2. 拿什么照料你,我的爸妈

网上有数据显示,从2016年开始,连续三年的"二孩日"调查,都会询问受访者同一个问题:"你是否有养老压力?"2016年,表示有养老压力的受访者仅为两成;2017年,回答有养老压力的受访者近三成。而在2018年,表示有养老压力的受访者高达45.65%。

在我们的调查问卷里,有这一焦虑的人的比例也是非常高的,尤其是对于那些自己和配偶本来也是独生子女的家庭来说,上有四老,下有二小,所投入的经济、时间非常大。也有人表示很担心父母以后的健康问题,"很难说以后怎样,如果一旦父母健康出了问题,经济压力、时间压力那都不是开玩笑的。生二胎,还是再说吧。"

(二)工作现状

"全面二孩"政策的放开,意味着女性承担的家庭角色将进一步加重。职业女性作为特殊群体,与男性相比,其职业生涯总是与家庭发展方向密不可分。受"女主内"等传统观念影响,以及劳动力市场性别分化和其他制度、政策上性别歧视等社会因素制约,女性本就在招聘任用、升迁过程中面临各类歧视,处于劣势地位。而"全面二孩"政策的实施,社会上"让女人回家"的呼声,是否进一步加剧了女性在职场中的这些不利局面呢?我们的调查结果显示:89%的女性认为生育会对职场的发展产生影响,而其中有59%的女性认为"影响很大"。当问及有哪些影响时,生育期间"职位被别人顶替"以68.64%的得票率位居榜首。此外,她们还担心"升职加薪难""再生育后难复出职场""个人价值被拉低"和"工作效率变低"等问题。

"我等我家老二三个月以后就抓紧时间去上班了,不是我不想多看看他,但是一想到职位可能被顶替,我就心慌啊,现在社会竞争压力这么大,每天努力个人价值可能都不可避免地会贬值,何况休了这么久的产假呀!"在青岛某高新区上班的王女士,是一位新晋的二胎妈妈,她告诉我们小组的成员说她直到生宝宝前两个星期才开始休产假,就是为了向公司"表决心",以期生完宝宝回来能继续接手以前的工作。韩女士也有着同样的感受,她告诉我们小组的成员说,因为她是剖宫产,所以产假长一点,她也打算一休完产假立马回去上班,原因也是担心职位不保。而除了这些,我们还注意到,生育二胎使部分母亲跳槽,换工作为"家庭友好型"。

这一点是我们在设计调查问卷时没有想到的,很多母亲在回答"生育二胎对您的工作产生了怎样的影响”时以对话的形式和我们组员交流反馈。因时间、精力有限，为了更好地平衡家庭与事业，在做职场决定时，很多妈妈会因为工作地点离家太远而选择换工作，也有很多妈妈因为家庭原因放弃了以前挑战性较高、需要付出较多精力和时间的工作。

由于我们没有考虑到这一问题，所以问卷设计中没有单独的选项，故无法就原因得出准确的数据结论，但小组成员均表示，因二胎原因跳槽或有跳槽想法的二胎妈妈不在少数。

（三）生活现状

随着现代观念的进步和女权运动的发展，越来越多的女性走入职场，参与工作。在扮演“职业女性”角色时，女性不可避免地遭受着工作—家庭冲突，尤其对于“妈妈们”来说，这种冲突更加明显激烈，直接影响着她们的生活状态。

我们在访谈中也的确发现很多女性因考虑到生育二胎将会对自己的生活带来巨大影响而暂缓或者搁置二胎生育计划。

1. 孤立无援的育儿生活

二胎妈妈徐女士告诉我们：“我每天左手抱一个孩子，右手牵一个孩子，等小的睡着了，我就赶紧下床洗尿布。孩子爸爸每天忙着工作，回家也就逗逗孩子玩，家务也不会主动做。婆婆基本上也就能煲点汤给我送过来。但是，我需要的是他们能帮我看看孩子，让我可以休息一下。我刚生完那几个月真的感觉自己要崩溃了，那时候想着如果能把孩子塞回去我肯定把两个都塞回去！”徐女士的问题同样也是大多数产后妇女的难处。我们小组调查数据显示，有53%的职业女性表示，在生育二胎后自己与配偶和公婆的关系逐渐紧张起来。

疲于哄孩子的妈妈责怪配偶疏于陪伴自己和宝宝，而男人们强调自己被忙碌的工作、巨大的压力折磨得苦不堪言，疲惫的双方频繁争吵，拒绝相互理解，情绪化严重；也有女性指责公婆身体健康状况良好却以“年纪和精力”为由拒绝帮忙抚养二胎，二者交际逐渐淡漠，婆媳关系越发疏远；还有女性直接表示公婆身体状况不好，她们更是分身乏术。在公婆帮助照顾二胎的女性中，近七成女性认为公婆教育理念落后，存在溺爱孩子的问题，在教育理念上与年轻人大相径庭，不太注意在日常生活中培养孩子爱劳动、坚持性、相互谦让等个性品质。种种现实使得女性只能在育儿路上孤军奋战。

2. 缺乏自由的日常生活

女性生育二胎后将大部分的时间精力放到了孩子身上，日常生活除了工作就是孩子。即便有人帮忙带孩子，但大部分女性仍然分身乏术，少有时间自己支配。“你看看我生老二之前这个身材，你再看看我现在，胖得哟！你知道我多想减肥不,然而我一没时间二没精力,除了孩子就是工作,只能先胖着……"刘女士的无奈也引发了我们每一位组员的共鸣,"毫无自由"影响着产后女性的生活幸福指数。

(四)心理现状

职业女性是生产力发展、社会发展的产物。经济发展,劳动分工细化,社会需要的劳动力增加,同时家庭生活压力也日益增大,在这种情况下,大多数家庭都需要女性的收入来满足家庭开支。

而对于这些女性来说,不同于全职妈妈,她们面临母亲和职员双重角色,二者均需投入大量时间和精力,需要权衡好家庭与工作的关系。要寻找这样一个平衡点,不可不谓之身心俱疲。除前面调查结果展示的女性面临的经济、生活、工作问题,她们很多人也经历着内心的煎熬,心理压力倍增。

根据我们的调查结果,心理问题主要表现在以下几个方面:

1. 巨大的压力感

外界加剧的性别歧视、自身延长"职业中断期"可能带来的自身价值贬值与逐年攀升的抚养和教育成本之间的矛盾,给职业女性带来了巨大的压力。

(1)职业发展前景降低,收入下降

我国城市化、工业化进程的速度不断加快,经济迅速发展,生活节奏加快,人与人之间的竞争也日益激烈。"等你产假休完了回到公司,发现自己其实已经被有意无意地边缘化了。"一位在私企上班的白领如是道,"工作上肯定无法像以前一样尽心尽力啊,现在竞争这么激烈,我自己就清楚自己没多少上升空间了,可是又不想束缚在孩子身边,而且一想到要把一个孩子养大要花的钱,再看看自己的工资,就觉得任重道远啊!"我们在访谈过程中听到了很多类似于这样的担忧和抱怨。这都体现了生育同工作之间的矛盾,带给了职业女性巨大的压力感。

(2)二孩抚养压力大,支出攀升

抚养成本攀升、教育投资增加……这些吃穿用住行需要的金钱沉甸甸地压在父母肩上。理想是为孩子提供力所能及的最好的教育和生活资源,现实却可能是全家的消费降级,或者爷爷奶奶外公外婆进行"经济支援"缓解压力。"不知道怎么形容这样的心情,就感觉自己在啃老,很惭愧,日子过得像一团乱麻,每天都很焦躁。"一位妈妈如是道。

2. 冲突的角色定位

职业女性承担着多重角色,这些角色主要体现在家庭、工作和社会三个方面。不难看出,在全面二孩政策的实施推动下,职业女性的工作——家庭角色冲突更加尖锐化。是做一个好妈妈还是去实现职场梦想?这是很多职场女性思考的问题。不尽母亲职责觉得愧对家庭,而又不想放弃工作,在访谈过程中,很多女性表示正是在这种现状下,她们无奈地选择了跳槽。“喜欢有啥用,还是要辞职,离家远,不方便照顾孩子。我现在的这个工作,无论如何,离家近就先干着挣点钱吧!”当被问及以后的打算时,很多妈妈苦笑着表示没有规划,梦想似乎早被深埋于心底,成为一声叹息。

二、原因分析

(一)仍需完善的生育福利制度

生育自古以来一直被视为家庭延续、民族兴旺、国家富强的前提条件。为此,我国政府早在1951年就建立了生育保险制度并将其纳入社会五大保险制度之中,但我国的生育保险制度长期以来发展相对缓慢。国家统计局的数据显示:2017年新生儿的数量比2016年减少63万,很多女性表示生育福利制度是她们放弃二胎的重要原因。自改革开放以来,我国经济迅速腾飞,与此相适应的上层建筑也急需跟上发展,生育福利制度就是其中重要一项。生育保险制度完善真的如此严峻且重要吗?就我们的调查结果来说答案是肯定的,数据显示要求健全福利政策的女性高达82.05%,仅次于职业保障体系。生育福利制度民意调查如图1所示。

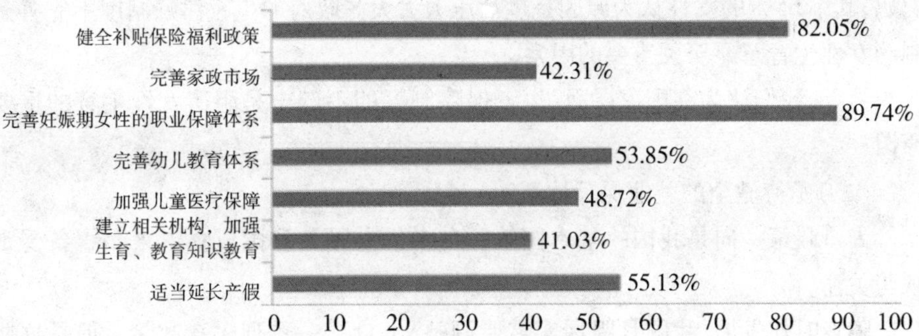

图1　生育福利制度民意调查

根据我们的调查数据,小组成员认为目前生育保险制度的完善应主要着力于“完善产假”和“增加补贴上”。产假制度不完善,一是产假短,二是男性无产假。我国《女职工劳动保护特别规定》中女职工产假期为98天,其中产前可休息15天;生育多胞胎的,每多生1个婴儿增加产假15天。或许这些满足女性产后生理性的恢复,但作为一个完整的人还有社会性和精神性的需求,98天真的足够吗?

新浪江西2015年3月5日发起“将女性产假延长至3年的提案,你有什么想法?”的调查,1502名参与了投票的网友中,有75%的网友认为现在实行的产假时间太短,超六成网友认为将产假延长至3年合理。网友期望的产假与国家现行规定的产假差距甚大,工作与家庭的冲突让女性放弃生育二胎。在我们调查问卷最后的开放题中,通过对关键词分析,我们也发现"产假"是提及较多、人们较关心的问题。

除此之外,我们也认为无"父亲假"不利于夫妻二人感情培养,更在一定程度上导致了企业对女性的歧视。公司会因考虑到"休产假"以女性工作效率不如男性、工作稳定性差等为借口拒绝或者低概率招收女性职工。女性着实不如男性吗?究其根本还是女性因生育不得不耗费大量时间精力,而企业尽可能避免折损而已。如若男性也有为数之多的"父亲假",那产后就职得不到保证的问题能否会缓解呢?

除产假之外,政府生育补贴少也是让很多年轻人打消生育念头的重要原因。生育仅靠家庭是无法全权负责的,没有政府助力,一个普通家庭难以承担生育过程所需的各项经费。我国的生育津贴计发标准和支付方式在各地的差异极大:人群等分、制度分设、待遇悬殊……这样的津贴制度无法全方位覆盖,全面保障基本生育需要。据调查我国用人单位的缴费率不超过0.2%,远远低于政策要求,生育津贴制度资金需求量占财政收入的比重维持在较低水平。我们小组研究发现有77.27%的女性认为抚养二胎的经济压力过大,80%的女性表示不会考虑做全职妈妈,其中65%的女性认为原因是生活压力太大。政府的生育津贴制度不完善是制约女性生育意愿至关重要的因素。

综上,我们认为在国家层面,生育保障制度的不健全是阻碍女性生育的重要原因。

(二)亟待健全的就业保障体系

人口政策一向是我国的基本国策。自中华人民共和国成立以来一直备受重视与关注。

随着时代发展,我国紧跟现实需要调整、出台了一系列生育政策。但是这些政策在缓解女性的生育压力上并不十分有效。政策规定企业要以带薪休假的形式部分地分负担女性生育费用,而企业出于削减成本的考虑,在招聘时,必然产生歧视女性的现象。

我们的调查结果显示,89%的女性表示二胎对自己的工作生涯有影响,66.67%的职业女性在选择是否考虑生二胎时明确选择了"否",21.21%的职业女性则表示犹豫中,当问及原因时,"影响职业规划和工作"和"经济压力大"以84.09%和77.27%的得票率分列一、二位。尽管有政策规定,但是因没有相应的保障措施,生育二胎给女性带来的时间成本、给企业增加的用工成本,最后还是会转嫁给女性自己。我们小组分析认为,就职业这一方面来看,女性拒绝生育二孩的压力一是源于性别歧视,二是因职业生涯中断期延长。

1. 性别歧视的叠加效应

性别歧视这一问题实际贯穿于女性的职业生涯的始终。从求职到雇佣,从工资核定到晋升机会,其累积的叠加效应严重制约着女性的职业发展。而"全面二孩"政策的实施更是加重了这一影响。

就未生育的女性而言,她们在劳动力市场上将遭遇更为严重的性别歧视,企业可能因女性员工的两次生育而增加时间和工作成本而不愿聘用。其次,对已生育一胎的女性来说,已婚已育又有工作经验的职业女性原本能成为企业招聘中的"强势群体",而二胎政策下她们二次生育的可能性增加,使她们不再具备此竞争优势,生育一胎后重返职场依然会遭遇歧视。至于在职的女性也会随着"全面二孩"政策的实施,其职业生涯会因一次孕育、再次孕育的可能性而中断。一些用人单位甚至会以各种理由对"孕产哺"三期女性员工做出调岗、降薪甚至辞退的举动,侵犯"孕产哺"三期女性员工的合法权益。因此,许多职业女性放弃生育二孩,选择"先养好一个"。

2. 职业中断期延长

"职业中断"主要是指女性自愿的生育型职业中断,也就是因生育或照顾子女而自愿中断职业生涯,退出劳动力市场,处于既没有从事有偿工作也没有在读的阶段。一般而言,孩子2岁左右,女性基本就已走出了"职业中断期",然而,二胎政策使得那些孩子1—2岁的女性再次生育,延长了她们的职业生涯中断。

这就必然带来了自身综合素质、竞争力下降的问题。很多女性正是考虑到长期职业生涯脱节使得自己长期远离劳动力市场,无法把握职业环境的瞬息万变,导致自己竞争力下降而难以升职加薪乃至复出职场无望而拒绝生育二胎。我们的调查结果也支撑了我们的分析。不愿生育二胎的原因调查如图2所示。

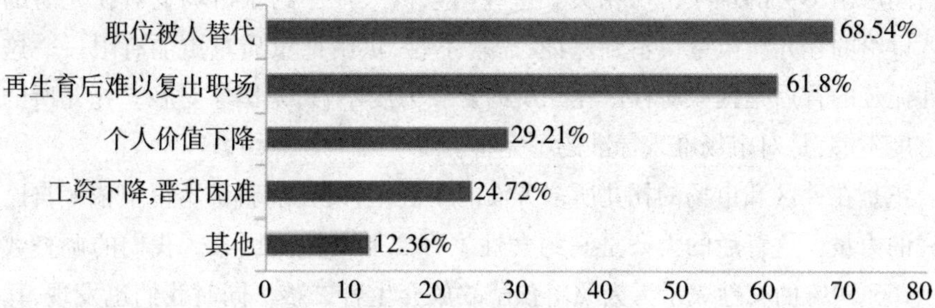

图2　不愿生育二胎的原因调查

(三)关注不足的育儿政策

自21世纪以来,我国就曾陆续出台了一系列针对0—3岁早期儿童教育的文件,并对相应的指导服务和监管提出了要求,但早期教育的社会资源反而日益紧张。尤其是在公办幼儿园停办三岁以下的托管班的背景下,无形地加重了家庭对幼儿的养育负担。

女性职场—家庭角色冲突加剧,市场上的幼儿托管机构较为混乱,家庭老人幼儿教育观念较为传统老旧等问题日益严峻,而国家相关政策在二胎潮流和此种背景下并未及时跟进调整,这一系列的社会现象,对孩子的健康成长和女性的健康身心造成了不可忽视的负面影响。我们分析认为,正是这种影响明显地制约着职业女性生二胎的意愿。

我们调查问卷的数据显示,超过50%的女性更愿意选择自己照看孩子,而有超过70%的女性生育二胎后出现了压力大、焦虑的心理状态。可见,尽管大多数职业女性都愿意自己照看孩子,但显然她们在生活工作的压力下并不具备这方面的身心条件。同时在调查的过程中,我们了解到,大多数女性早已预料到自己生育后将面临巨大的身心压力,所以出现了不愿生不敢生的现象。而如何有效消除女性生育的后顾之忧,缓解她们的身心压力,这不仅仅是家庭的责任,更是整个国家社会的责任。

调查问卷中"关于二胎,您会选择谁照看孩子",83%的女性选择自己和父母。

为什么女性明知自身以及家庭精力有限,依旧不愿意让托儿所来照看孩子?首先,不少社区的托儿所普及率不高并且其服务专业力量薄弱,再加之国家相关监管缺位,导致人们对育儿机构缺乏信任。不少家庭放弃距离考虑,而选择口碑更好的托儿所。这无疑导致了托儿所发展的不平衡。托儿所距离远,难以确认孩子得到充分照料;卫生健康条件有限,孩子健康成长能否得到保证……除此之外,不少女性对私立托儿所的专业水平和安全性也提出质疑。这与近年来托儿所负面新闻层出不穷的现象密切相关。这些因素极大地制约了市场上对托儿所的需求。供给的托儿所质量得不到保证,需求不足,供给产量质量更加有限……这个恶性循环的背后是国家对社区托儿所的普及力度不够,是国家对私立托儿所的监管力度不够,是对市场准入标准的不完善。

正是在社区和市场的托儿所多方面的不健全,幼儿照料都不得不依赖自己和家庭的力量。这背后的无奈是制约女性生育二胎的重要因素。我们的调查数据显示,66.59%的女性表示无人照料孩子故放弃生育二孩。同时我们也发现,托儿所的教育资源不足,甚至还出现了不公现象。托儿所资源存在巨大的经济和地理上的差异,优质托儿所和普通托儿所的水平相差甚远,而不让孩子输在起跑线上是每个家长的心愿。这必然导致:经济优越家庭送优质托儿所而大大加重经济负担,经济普通家庭因质疑而宁愿在家庭照看孩子加重身心压力。无论是经济压力还是身心压力,对生二胎的意愿都是不可忽视的制约因素。所以,国家对育儿配套政策的关注不足,对托儿所的普及力度和监管力度不够,使职业女性普遍出现了对二胎不愿生不想生的看法。

(四)仍有余威的落后观念

1. 传统家庭观念的余威

在社会学视角里,家庭价值观是指个人对于家庭事务所抱有的一种观点、态度或信念。就中国社会而言,自古以来"五伦"一直在家庭思想中占据统治地位。随着时代发展,其落后的一面已经渐渐被抛弃或者改造,然而,思想的改变并非一朝一夕就可以完成的。"男主外,女主内"的思想依然很有市场,影响着很多人的家庭观。

我们的调查中也发现,很多未孕女性担忧"丧偶式抚养",已孕女性指责配偶有意无意逃避照料二孩的责任。我们的调查结果显示,有53%的女性认为生育二孩给自己的家庭关系造成了影响,其中47.17%的人表示夫妻关系有些紧张,仅有5.66%的人表示家庭关系更和谐了。

传统中国家庭关系中,女性主要甚至全面承担着养育孩子的任务。而随着时代发展,一方面女性走出家庭,步入职场,没有如此多的时间、精力照料孩子,这就需要父亲分担相应的压力;另一方面,随着教育学、心理学研究的深入,人们逐渐认识到男性在培育孩子健全人格、性格方面的重要作用,这也呼唤着男性承担部分责任。

人们的观念更新并未跟上时代的发展要求。一方面,男性本人并未对该问题有足够的重视;另一方面,照顾孩子是个需要耐心、细心的细致活,男性的心理特点以及知识储备又不满足照料孩子的要求。在这种背景下,妈妈指责爸爸不重视、不认真,爸爸则委屈得一言难尽。同时,二胎妈妈无意识地向外界投射这种焦虑,这使得未生育女性如临大敌,再加之网络伪女权渲染气氛,女性独立价值观的冲击,很多女性选择不生育二胎也就很容易理解了。

2. 落后教育观念的影响

我们的调查结果显示,在对于"您认为老人带二孩有什么问题"的选择中,仅有21%的女性认为"带得挺好的,没什么问题",72%的女性担心教育问题。

现代职业女性普遍接受了较高的教育,生育、教育观念也发生了转变,更加注重教育和生育质量。在访谈中,很多职业女性表示她们希望自己亲自给孩子创设双语环境,使用英语交流,言传身教培养孩子独立品格、培养劳动意识……然而现实是她们很多人没时间带孩子,让老人带又觉得疏于精力方面的照料。所以直接选择不生二胎。

三、提高二孩出生率的对策与建议

(一)完善生育保险制度,赋予女性坚实的保障

1. 完善生育假期制度,赋予女性"隐形的翅膀"

女性因其独特的生理特点,需要特殊的劳动假期保护,而作为"四期"之一的生育保险待遇与女性假期关联极为密切,政府应完善《女职工劳动保护特别规定》的相关政策,延长女性生育假期,将产假和育婴假分开,设计并实施合理的女性身心恢复周期,保障女性产后生理心理恢复。与此同时,任何保障女性权益的法律法规、政策,没有法律做强有力的后盾,是难以发挥巨大效用的。完善上层设计,并以法律护航,让政策在阳光下行走,才能切实解决女性生育后的种种问题。

习总书记曾强调:"要大兴识才爱才敬才用才之风,改革人才培养使用机制",强调"扣好人生第一粒扣子"。为此我们要优化育人环境,重视孩子的第一个教育环境、第一任老师。父亲在孩子成长的培养过程中,尤其是在婴幼儿阶段的影响是非常重要的。有心理学家认为,母亲给予孩子细腻丰富的情感,父亲培养孩子坚毅勇敢的性格。而我国大部分家庭存在着"丧偶式教育"的问题。为此国家可以试点并推行"父亲假",将其纳入相关法律规范体系,为孩子的人格、性格健全发展做好准备,为人才培养打下坚实基础。

此外,国家协调企业安排"父亲假",也能使在职父母在工作和育儿之间找到平衡点。伴随经济现代化的加速发展,双职工家庭模式和核心化家庭模式日益普遍,家庭照顾儿童的时间、精力负担日渐沉重。"父亲假"对于减轻女性抚养压力有重要作用。

2. 拓宽生育津贴来源渠道,为生育之路披荆斩棘

生育津贴是指职业女性因生育而离职期间给予的生活补贴。

我国的生育津贴制度亟待完善,我国现行生育津贴资金来源的主体主要是国家和企业。然而,权利和义务是并举的,享受待遇必须以缴费为前提。为此,女性有义务承担部分生育津贴,缴纳生育保险费用。企业在承担生育保险的同时还要承担养老保险、工伤保险、医疗保险和失业保险,企业需承担保险金总量的34% ~ 41%。企业负担过重,加之国家监管政策的不完善导致企业总是在女性生育津贴方面打"擦边球"。国家应充分发挥财政的资源配置职能,给企业"减压"以减少女性就业歧视。同时政府也可设置适当的基金来分担生育津贴费用。

国家还可尝试将生育保险纳入医疗保险中。生育保险纳入医疗保险有相当的可行性:从2012—2014年全国生育保险、城镇基本医疗保险收支结余来看,医

疗保险基金完全有能力支付生育保险基金；生育医疗与普通医疗之间没有绝对的界限，怀孕生育期间的部分疾病费用和各种医疗费用极易混淆，将二者同轨同制也可避免权责模糊不清带来的矛盾纠纷；生育和医疗保险都是为暂时丧失劳动能力的职工提供生活保障，对受待遇者提供必要医疗服务。

此外，目前我国的生育保险制度还没有普遍建立，各个地方的推行程度也不一样。国家应尽可能统一地方生育津贴发放标准，扩大津贴覆盖面。随着二孩政策的推行和生活成本的不断增加，国家生育津贴的发放应随经济水平提高和国民收入增加而增加。

（二）健全就业保障体系，予女性可靠的臂膀

1. 政府：建立性别平等保险制度，增加育儿责任分摊

如前面论述，二孩政策推行之后，更多企业会考虑到女性生育将会带来的成本增加，怀孕哺乳期间工作效率下降外以及为职工缴纳的生育保险，因此企业会减少女性员工的招收。建立平等的生育保险制度，一方面，要健全法制，保护女性职工应有的权利，体现对女性的关怀；另一方面，可以设置并增加男性产假、育儿假等，将男性责任体现在生育保险制度当中，这对缓解女性就业歧视有重要作用。

同时还应完善生育保险制度，增加国家财政对生育基金的拨款，降低企业缴纳比例，联合商业保险公司建立具有公益性质的生育商业险等。这样才会降低企业在生育保险方面的负担，从而减少女性在职业发展过程中受到的歧视。

2. 社会：营造性别平等的文化制度环境

社会各界以及媒体应加强性别平等的宣传，时刻关注相关政策的实施情况，发挥舆论监督作用。同时，媒体应及时对女性遭遇的不平等待遇进行曝光，引起社会重视，塑造良好的社会氛围。

同时应组织女性积极学习保护自身权益相关法律内容，增强维权意识，以树立法治意识，在权益被侵犯时懂得运用法律来保护自己的合法权益。另外，二孩政策推出后，明确并宣传生育的社会价值，唤醒社会对其的广泛关注，将职业女性从职业和生育的两难中解脱出来也应该达成共识。

3. 组织：建立现代以人为本的灵活管理方式和组织文化

在人力资源管理实践当中，企业可以尝试建立科学化、人性化的管理制度，营造多元化、丰富化的企业文化环境氛围，为消除女性就业歧视提供良好的大环境。

同时可以采取相应措施缓解性别歧视，例如，施行以男女平等为原则的公平、公正、公开的管理制度及政策，营造以能力为基准的晋升标准和企业文化等。另外，要重视开展满足女性内在发展需要的职业发展策略。工作家庭平衡计划会对职业女性提供帮助。企业应根据侧重不同开展不同的职业发展策略。以事业为

重的女性,可以积极为她们的职业发展设计通道,减少职业歧视,促进其职业发展。而那些家庭和事业并重的女性,在其发展的不同阶段,组织可以采取不同的方法,例如,设置任务指标,而允许其灵活选择工作地点和时间等,让其可以两者兼顾。

(三)关注改革早教机构,予女性安心的摇篮

1. 加大社区托儿所普及力度

由于我国当前早教资源的短缺,完全普及三岁以下儿童的社区托儿所建设困难重重。因此将有限资源最大化利用是政府首先需要关注的问题。为了保证我国整体早教体系的健全,早教资源应优先向处境尤为艰难的地区倾斜。在经济落后地区给予更多的经济支持和资源分配的优先权,以保证社区托儿所的普及。这样既能有效解决地区早教发展的不均衡,又能较快提高我国社区托儿所的普及率,以满足需要。

同时,针对经济良好地区的部分社区的托儿所资源紧张甚至缺失的现状。首先应强化社区服务,保证每个社区有托儿所服务,以确保家长就近便利地获得早教服务。对于经济资源有限的社区可允许建立临时托儿所,以解决儿童的突发性事件。同时与社区的多个服务部门合作,例如,卫生服务、救助服务等,以保证临时托儿所能有效并及时地发挥作用。

2. 提高托儿所的专业水平

针对当前托儿所专业化水平不高,难以得到家长的认可和信任的问题,政府首先应对早教工作人员的专业水平进行硬性规定,以确保工作人员的专业水平和道德素养。同时还应不定期进行专业培训和考核,加强监督监管,使得工作人员的专业素养与时俱进以满足家长和时代发展的需求,同时还能依据儿童身心发展规律进行更专业更有针对性的早期教育。

除了人员的专业化以外,设施的专业化也极为重要。设施的专业化主要是两方面:一是设施的安全性,二是设施的完整性。针对设施的安全性,政府首先应确定明确的硬性指标,同时联合消防和卫生部门定期检查和维修。对于设施不合格现象,也应制定法律法规以严格处置。针对设施的完整性,以促进儿童的全面发展为目标,保证多方面设施齐全。除了保证孩子的饮食、健康和玩乐方面的设施,还应有促进音乐、美术等多方面发展的设备。专业化水平直接影响着家长对托儿所的满意度,因此多方面实现专业化能有效解决家长的顾虑。

3. 加强对私立托儿所的监管

针对近年来托儿所的负面新闻层出不穷,政府首先要设立专门部门并制定法律法规,以保证市场托儿所的良性运作。部门和法律应发挥引导、监督和评价等

作用。

就质量来说,针对市场上托儿所质量参差不齐且水平良莠不齐的现状,相关部门应积极发挥引导监督作用,通过对早教内容和设施进行标准化规定,设立模范托儿所等方式促进幼儿园的规范化、专业化。此外政府也可以借鉴国外早教经验,并将其地区化、中国化,在适应中国伦理观念和实际国情的基础上,应用于我国育儿建设。

就价格来说,对于市场上部分粗制滥造仅依赖于低价存活的托儿所,政府应提高育儿园准入门槛,同时对已建园的进行专业化培训,考核多次不合格的予以关闭。而对于因个人定价乱收费的、质量较好费用昂贵的托儿所,政府应加强对该市场的引导力度,通过提高较低层次托儿所的水平以打破垄断、提高竞争力,充分发挥市场价格调节功能。此外,政府也应对私立托儿所机构进行定期评价,制定评价细则文件,并将评价结果进行社会公布,有效发挥评价的功能。

(四)革新家庭教育观念,予女性温暖的港湾

1. 加强现代家庭观念宣传力度

"五伦"观念贯穿中国几千年历史,赋予了中华民族独特的精神品质和民族气质,然而随着时代发展,由于一些内容不再适应时代和社会发展的要求而逐渐被历史抛弃。但是思想观念又具有独立性,在某些时候可能会先于或者落后于政治经济发展的现状,此时,就需要国家、社会及时宣传先进观念,促进人们的思想更新。

在"全面二孩"政策的大背景下,我们不仅需要在外界切实制定如"父亲产假"之类的措施,同时也需要加强宣传,提升父亲们、男人们对于他们自身参与到育儿过程中的重要性的认识。首先这需要政府牵头鼓励,在现实世界,在社区,我们可以建立宣传机构,定期将准爸爸们召集起来,就近邀请附近有经验的幼儿教师乃至教育专家进行宣传教育,也可以开辟社区宣传专栏,展示最先进的教育理念,讲解父亲参与抚育过程的重要性,或者分发传单,以简短、生动的方式加强宣传。在网络世界,也可以开展主题宣传活动,在各大 APP 首页设置进入封面或者在比较热门、群众参与度较高的节目展开辩论或讨论。总之,更新人们的思想观念需要政府鼓励宣传,多管齐下,同时也需要社会各界共同努力。

2. 加强当代教育观念普及力度

隔代带娃早已经成为当今社会比较普及的现象,职业女性忙于工作,托儿机构又良莠不齐,即便很多女性顾虑于老一辈的教育观念,但无奈之下还是托付给老一辈,也有很多女性觉得"教不好不如不生",因此拒绝生育二胎。

在这种背景下,除了加强育儿机构的普及与健全,也可以同时加强向老一辈

宣传现代育儿观念。可由政府牵头,在社区开展相应活动,组织育儿班、组织育儿观念交流组、观看教育类电影等,这种活动既可以更新老人们的教育观念,缓解职业女性对于教育的焦虑,也可以作为老年人交流、互动、娱乐的场所,一物多用,构成我国社区养老的一部分。

参考文献

[1]许莹晖. 我国生育保险制度与女性工作家庭平衡[D]. 武汉:华中师范大学,2015.

[2]朱莹. 国外生育保障制度研究及对我国的启示[D]. 北京:首都经济贸易大学,2017.

[3]魏嘉莹. 全面二孩背景下女性职业发展面临的问题及应对措施[J]. 山西青年,2017(9).

[4]王霞. 全面二胎政策背景下女性的生育意愿研究——以郑州市为例[D]. 郑州:郑州大学,2016.

[5]吴洪雪. 职业女性二胎生育意愿研究[D]. 沈阳:沈阳师范大学,2017.

[6]李薇. 职业女性生育意愿的影响因素及原因分析[J]. 中华妇幼卫生杂志,2018(3).

[7]金玉洁. 二孩生育的影响因素研究[D]. 南京:南京大学,2018.

[8]王锦成. 居家养老:中国城镇老人的必然选择[J]. 人口学刊,2000 (4).

[9]智建丽."普遍二孩"政策对女性就业的影响分析[J]. 产业与科技论坛,2017(6).

[10]张樨樨,等."全面二孩"政策对城镇女性就业质量的影响[J]. 上海大学学报,2017(5).

[11]倪沪平,等. 论中国传统家庭观念中的五伦思想及其对家族企业组织的影响[J]. 浙江工商大学学报,2015(2).

[12]肖琴,等. 全面二孩政策下的女性职业生涯保障探析[J]. 河南科技大学学报,2016(4).

[13]张琳. 职业女性二孩生育意愿及其影响因素研究[J]. 调研世界,2018(8).

[14]徐浙宁. 早期儿童家庭教育的社区需求分析[J]. 当代青年研究,2015(5).

[15]刘霖芳. 我国早教机构发展中存在的问题及对策[J]. 教育探索,2012(10).

[16]王征．我国早期教育机构现状及发展策略研究[J]．中小企业管理与科学,2015(4).

[17]何文炯,等．中国生育保障制度改革研究[J]．浙江大学学报,2014(4).

[18]李佳．论我国生育假期制度的完善[D]．杭州:浙江财经大学,2013.

[19]郭彦锦,张晗树．全面放开二胎政策对女性就业的影响及对策[J]．经贸实践, 2017(19).

[20]院晓慧．论女性就业权利现状和保障机制的完善[J]．法制与社会,2015(6).

[21]韩肖肖,等．职业女性“二胎”生育选择的影响因素分析[J]．学周刊,2015(34).

[22]康春华．生育保险纳入医疗保险的探讨[J]．人才资源开发,2016(11).

[23]初炜,胡冬梅,等．农村老年人群对养老方式的态度及养老模式探析[J]．中国农村卫生事业管理,2008(2).

[24]李培林,李强,孙立平,等．中国社会分层[M]．北京:社会科学文献出版社, 2004(9).

06

生态建设理论与实践调研篇

习近平生态文明思想的价值意蕴

指导教师:耿春亮

思想政治教育专业学生　王丹

摘要:习近平生态文明思想是在中国特色社会主义进入新时代,吸收借鉴中外生态文明建设的思想理念与探索实践的基础上形成和发展起来的。作为习近平新时代中国特色社会主义思想的重要组成部分,习近平生态文明思想涉及生态文明兴衰决定论、两山论、人民中心论、生态系统共同体论、制度保护论、全球治理论。习近平生态文明思想具有极为重要的理论意义和实践意义。习近平生态文明思想既进一步丰富和发展马克思主义生态文明思想,又拓展新时代中国特色社会主义思想的总体布局。习近平生态文明思想不仅指引着美丽中国建设,也为全球生态文明建设提供中国方案和中国智慧。

关键词:习近平;生态文明;价值意蕴

自中国特色社会主义进入新时代以来,生态文明建设话题广受关注,理论地位不断提升,为习近平生态文明思想的产生奠定了理论基础。伴随着全球生态危机和中国特色社会主义进入新时代,这一思想在新的时代条件下不断更新完善,迈向更高的发展阶段。因此,深入研究习近平生态文明思想的生成逻辑、深刻内涵与时代价值对实现人与自然之间的平衡与协调以及推动美丽中国梦建设具有重要的现实作用。

一、习近平生态文明思想的生成逻辑

习近平生态文明思想是以习近平同志为核心的党中央站在战略和全局的高度,提出的具有标志性、创新性、战略性的重大理论成果,是习近平新时代中国特色社会主义思想在生态文明领域的具体表现。时代是思想之母,实践是理论之源。习近平生态文明思想正是在时代、实践和理论的共同作用下产生的。

（一）习近平生态文明思想的理论渊源

1. 对马克思主义及其中国化的生态文明思想的传承

习近平生态文明思想是对马克思主义生态观的一脉相承，并在此基础上与时俱进形成的思想体系。马克思、恩格斯首先阐明人与自然界之间存在既辩证又统一的关系，自然界在人类出现之前就存在，"自然，是人的无机的身体"①。它作为一种能够维持人类延续发展的重要因素，是物质资料的提供者，与此同时，人类在自然界中也发挥了重要作用，人类能够通过劳动，运用自身的主观能动性作用于自然。另外，实践作为连接人与自然的桥梁，形成了物质世界的分化，产生了自然界与人类社会。人类在遵循自然规律的基础上，发挥自身主体作用，利用、改造自然。因此人类能动性的发挥必须符合其目的性，才能实现人与自然的和谐。习近平是在继承这一思想的基础上提出了"人与自然是生命共同体，人类必须尊重自然、顺应自然、保护自然"②。

中华人民共和国成立以来，中共的历届领导人都致力于将马克思主义生态观与中国实际国情相结合，不断丰富创造出符合时代背景的生态思想。毛泽东根据中华人民共和国成立初期的国情制定出利用自然资源发展生产力的策略，但同时也意识到人与自然需要达到一种平衡、一种和谐共生的理想状态，提出"空气、森林、地下宝藏等，都是建设社会主义的重要因素"③。改革开放后，邓小平提出要"走中国特色环境保护新道路"，既要抓经济发展又要抓环境保护，并在立法方面进一步完善，加强对生态环境的保护，通过法制的强制力保障生态环境的良性运行。江泽民提出可持续发展战略，使得经济增长和环境治理同向发力，为实现人与自然良好互动提供坚强支撑。胡锦涛提出科学发展观理论，努力建设一个节约资源、保护环境的美好社会。

2. 对中国传统生态文化的扬弃

生态文明思想甚至可以追溯至中国古代传统思想之中。儒家学派"天人合一"，道家学派"道法自然"思想都对习近平生态文明思想的产生具有重要启发作用。儒家学派指出，自然界中实际上存在的任何一切事物构成了生态，人源于自然，在自然中实现生存发展，因而，人与自然密切相关。王阳明指出，"天地万物本

---

① 中共中央马克思恩格斯列宁斯大林著作编译局．马克思恩格斯文集：第 1 卷［M］．北京：人民出版社，2009：161.

② 习近平．决胜全面建成小康社会 夺取新时代中国特色社会主义伟大胜利——在中国共产党第十九次全国代表大会上的报告［M］．北京：人民出版社，2017：50.

③ 毛泽东．毛泽东文集：第 7 卷［M］．北京：人民出版社，1999：34.

吾一体”①。意思是天地之间的万事万物本来就和我是一个整体，即人与自然之间是不能分离的。因此，儒家的“天人合一”思想体现了人与“天”即自然之间的一种状态，人必须善待自然才能实现自然界的正常运转。道家指出，“道生一，一生二，二生三，三生万物，万物负阴而抱阳，冲气以为和”②。意思是生态系统的良性运行的前提条件是人与自然的友好发展，生态环境中多样的事物应实现彼此有效制约，平衡中生长。由此可知，儒家和道家在生态思想方面都强调人与自然理应和谐统一，不可分割。

3. 对西方生态文明发展理念的借鉴

工业文明的发展势必会造成一种令人担忧的结果即生态环境的恶化，加剧全球生态危机。为应对全球突出环境问题，西方生态学界提出了生态社会主义思想。西方生态社会主义认为，生态危机是资本主义制度中天然存在的利益至上观念导致的，而资本家则会为赢得利润而肆意损害环境，继而严重威胁到生态系统的平衡。因此，只有在生态领域摒弃资本主义的危害，实现社会主义制度才能解决生态危机。同时也强调，人与自然之间的关系理应是协调统一的，这种关系实现必须在尊重自然规律的条件下进行，从而带来二者的有序运行。该观点对于中国生态文明建设具有一定的启发作用，使得中国生态意识的地位逐渐提高，为新的生态文明思想——习近平生态文明思想的诞生做了充分的实践准备。

（二）习近平生态文明思想的实践基础

1. 改革开放以来中国生态文明建设的探索

改革开放以来，以经济建设为中心，发展生产力就作为一项正确决定被提上日程，使得中国在经济上形成了良好局面，但这种发展模式也有其弊端，导致资源短缺、森林锐减等生态问题层出不穷。为此，中共中央下定决心研究探讨生态文明建设之路。邓小平多次召开全国环境保护会议，提出环境政策，并通过颁布环境保护法来实现对环境治理的监督。江泽民提出可持续发展战略，把经济发展和人口因素、资源存量、环境现状结合起来，实现良好发展探索合理路径，积极部署全国生态环境保护工作。胡锦涛提出的科学发展观，为经济与环境的和平共处，推动可持续发展提供路径引导。基于以上，中共的历届领导人积极尝试探索生态文明建设实践，垃圾处理不当、野生动物濒临灭绝等环境问题，为习近平生态文明思想的提出准备了实践经验。

---

① （明）王守仁．王阳明全集［M］．天津：天津社会科学院出版社，2015：153.

② （春秋）李耳．道德经［M］．南昌：江西人民出版社，2016：50.

2. 国外生态文明建设的探索

目前,从全球视角来看,能源不足、水体污染、大气污染等环境问题十分突出,打破了人与自然之间的和谐相处。究其原因,与西方发达国家长期形成的“先污染,后治理”思路有极大关系。

基于此,西方国家意识到环境问题的严峻,于19世纪积极开展环境保护运动,环境史学界学者为唤起民众的环境保护意识,发表了关于环境问题的观点。各国先后成立环境保护组织、召开国际环境保护大会、开展环境保护纪念活动。为显示出国家治理环境的决心和环境问题的严峻性,政府不断完善生态法律政策,在制定生态政策时充分考虑生态专家的意见,提高其地位,同时建立国家层级的环保机构。在战略方面,实施生态经济战略,处理好经济社会良好发展与生态环境友好保护之间的关系,努力实现二者同向发力。西方经济发展与环境保护发展的不均衡,环境保护速度远追不上经济对环境的破坏程度,这一情况对中国生态环境保护带来了极大警示,为中国生态文明思想的提出奠定了实践基础,在新的时代条件下进一步积极创新,产生了适合中国国情的习近平生态文明思想。

(三)习近平生态文明思想的现实依据

1. 新时代中国生态文明建设面临的矛盾

十九大报告明确提出,中国特色社会主义已经迈进新时代,社会主要矛盾已经发生转变。“发展不平衡不充分”的问题更加突出,表现在生态领域,则是空气污染、水体污染、垃圾处理等环境问题,这些问题对人类在自然界和社会中的发展造成了极大的负面影响。对此,习近平强调:“我国资源约束趋紧、环境污染严重、生态系统退化的问题十分严峻,人民群众对清洁空气、干净饮水、安全食品、优美环境的要求越来越强烈。”①这一问题的出现不断倒逼着中共中央进行生态领域的改革与完善。当前,这一环境问题的出现归根结底则是由于过分追求经济发展速度而忽视环境保护,没有处理好二者之间的平衡所造成的,正是在这样的背景下,习近平生态文明思想根据当前国情的变化不断更新发展,为实现人与自然互惠互利、友好发展的目标奠定思想基础。

2. 全球生态危机带来的挑战

由于人类工业化进程的不断推进,资本家为谋取更大的经济利益,不可避免地会对自然环境造成伤害,加剧了人与自然之间关系的矛盾。由于经济全球化使得各国联系紧密,世界各国都会被卷入这场不可避免的“厮杀”之中,这种生态平衡失调主要是由人类不合理利用自然造成的,从而引起生态秩序的混乱与环境质

① 习近平. 习近平谈治国理政:第1卷[M]. 北京:外文出版社,2017:198.

量的下降。对此,习近平指出,人类历史上经历了各种文明的发展演变,每个文明的发展都预示着人类社会的进步,生态文明则是工业文明的下一个阶段,因此,必须保持人与自然的平衡状态不被打破,开拓生态文明新征程。① 因此,习近平生态文明思想指出必须抛弃工业文明时代以环境破坏换取经济发展的观念,代之以用"绿水青山"发展"金山银山"的发展思路。与此同时,面对全球生态危机,中国作为全球生态治理的倡导者、践行者,积极倡议各国合作,建立命运共同体,为解决全球生态危机提供"中国智慧",彰显大国担当。

二、习近平生态文明思想的深刻内涵

习近平生态文明思想内涵深刻且丰富,包含了生态文明建设的历史观、经济观、民生观、系统观、安全观和合作观,将生态与经济、政治、文化、社会各领域相结合,共同致力于实现人与自然和谐共生,推进社会主义现代化建设的发展和中国梦的实现。

(一)坚持"文明兴衰决定论"的生态历史观

习近平提出的生态兴衰决定文明兴衰的生态历史观,表明人类文明的延续发展都必然与生态环境的运行有着密切的联系。世界上一部分古文明的消逝,正是人类未能遵守自然运行规律,肆意破坏生态环境造成的。然而中华文明能够绵延五千年却不曾毁灭,就在于中华文明能够很好地消化、解决人与自然之间的关系。中华人民共和国成立以来,国家下大气力治理水土流失、土地荒漠化等问题,设立自然保护区,治理污染严重的河流湖泊,维护了自然界的动态平衡。而中共十八大以来,生态文明建设的地位开始抬高,体现在从中共十八大的"长远大计"到中共十九大的"千年大计"再到全国生态环境保护大会上的"根本大计"的三次提升上。在中国共产党的领导下,一系列关于生态文明建设战略规划被提上日程,为中国各项事业的顺利发展和中华民族伟大复兴提供有力保障。②

(二)树立"两山论"的生态经济观

2005 年,习近平在浙江安吉县调研时,对当地巧妙利用环境带动经济的发展路径予以赞扬,提出了"绿水青山就是金山银山"思想。由此可见,"两山论"的生态思想已在他的思想中长久存在。如今,在"两山论"提出 15 年后,习近平重访

---

① 中共中央文献研究室. 习近平关于社会主义生态文明建设论述摘编[M]. 北京:中央文献出版社,2017:6.

② 吴舜泽. 从数字变化看思想深化——习近平生态文明思想深刻内涵与辩证思维探析[J]. 中国纪检监察,2019(8):10.

“两山论”发源地安吉，再次体现了“两山论”在习近平生态文明思想中的重要地位。习近平指出：“要牢固树立绿水青山就是金山银山的理念，加强生态保护和修复，扩大城乡绿色空间，为人民群众植树造林，努力打造青山常在、绿水长流、空气常新的美丽中国。”①在处理二者关系时，要做到绿水青山与金山银山的同步推进，共同守护，还要将绿水青山与金山银山合二为一。习近平也指出，需要对高污染企业进行转型升级，将其改造成清洁企业，推动可持续发展，处理好经济社会协调发展与优美生态环境之间的两座山的关系，还人类一个生机勃勃的生存发展环境。②

（三）塑造“人民中心论”的生态民生观

生态环境问题就是处理人与自然之间的关系问题。自然环境恶化，势必会引起人民群众的不满情绪，影响其身心发展，而习近平强调，“环境就是民生”“建设生态文明，关系人民福祉，关乎民族未来”③。这一论调突出了环境治理在民生方面和民族复兴方面的重要性，因此解决生态领域的突出环境问题已成为不可忽视的存在。当前，发展不平衡不充分问题突出，表现在生态领域，则是水体污染、大气污染、土地荒漠化等问题，人民对优美生态环境的愿望与当前生态环境不能满足人民需要之间存在矛盾。对此，习近平提出，要想满足人民对美好生态环境的期待，就要提供生态效益更高的产品。④ 同时，也要下大气力保护蓝天、碧水、净土，让人民群众享有更多的自然之美。

（四）遵循“生命共同体论”的生态系统观

在生态领域中，人类与自然界之间以及自然生态系统内部各要素之间都是密切联系的统一体。马克思认为，自然界在人出现之前就已经存在，人需要自然为其提供生存所必需的事物，须依靠自然而活。习近平进一步丰富发展了马克思生态观的观点，提出了“人与自然是生命共同体”。因此，要在积极应对解决人与自然之间的互动关系，充分尊重自然规律的前提下，实现人与自然关系的可持续发展。⑤ 自然生态系统内部的“共同体”则是指习近平所提出的山、水、林、田、湖、草的生命共同体，彼此之间相互依存。基于此，要坚持生态系统的协同性，运用整体

---

① 习近平．牢固树立绿水青山就是金山银山理念 打造青山常在绿水长流空气常新美丽中国[N]．人民日报，2020-04-04(1).

② 习近平．习近平谈治国理政：第1卷[M]．北京：外文出版社，2017：394.

③ 中共中央文献研究室．习近平关于社会主义生态文明建设论述摘编[M]．北京：中央文献出版社，2017：5.

④ 习近平．推动我国生态文明建设迈上新台阶[J]．当代党员，2019(4)：4-10.

⑤ 谭文华．论习近平生态文明思想的基本内涵及时代价值[J]．社会主义研究，2019(5)：1-8.

思维,合理开发自然资源,维护自然系统内部的动态平衡,谨防出现顾此失彼、两败俱伤的现象。因此,坚持对各系统间进行全面规划,实现从整体上推进生态文明建设。

(五)弘扬“制度保护论”的生态安全观

针对当前生态环境领域存在的体制机制不健全、法治约束不完善、领导干部作为不当等情况,习近平强调,要想实现生态文明的良好发展,必须用严格的法律与制度来规范各主体的行为界限。因此,中共中央提出了一套现代环境治理体系,要求党委统一领导、政府实际主导、企业积极配合、社会广泛组织和公众共同参与,形成保护生态的绿色发展理念。在这个过程中,要发挥中国共产党的最高领导能力,政府有效配合发挥自身主导作用,企业作为对生态环境影响最大的主体发扬奋斗精神。同时利用社会组织的宣传作用积极引领公众参与到环境保护中来,共同配合,积极促进各主体之间的良好、有效互动,进一步完善体制机制,从源头上根本治理环境问题,促进生态环境好转和美丽中国建设。①

(六)构建“全球治理论”的生态合作观

当前,全球生态危机越来越严重,已经成为人类社会普遍关注的重大问题。造成这一生态问题的原因则是与工业文明时期发达国家的经济发展模式有关。而解除这一困境则必须通过各国携手合作,开展生态治理方面的交流沟通,共同制定环境可持续发展的方向与路径。基于此,习近平指出,生态文明的实现需要各国合力应对,坚定不移地推进生态可持续发展。同时,造成污染范围更大的国家应对生态治理负更大的责任,最大限度地改善全球生态危机状况。② 为引领全球生态文明建设,中国在生态文明建设方面做出许多努力,为国际社会生态环境治理提供宝贵经验和借鉴,中国也积极倡导“一带一路”开展与各国之间的友好交往,共同促进全球生态环境更加美好。③

三、习近平生态文明思想的理论价值

习近平生态文明思想作为一种思想理论,是在前人的理论与实践成果中总结出来的,具有承前启后的作用,既丰富了马克思主义生态观,又完善了习近平新时

---

① 中共中央办公厅,国务院办公厅. 构建现代环境治理体系[N]. 人民日报,2020-03-04(1).

② 中共中央文献研究室. 习近平关于社会主义生态文明建设论述摘编[M]. 北京:中央文献出版社,2017:131.

③ 周宏春,江晓军. 习近平生态文明思想的主要来源、组成部分与实践指引[J]. 中国人口·资源与环境,2019(1):1-10.

代中国特色社会主义思想。

(一)创新和发展了马克思主义生态观

马克思、恩格斯对于人与自然关系、自然规律、人类社会运行规律有所研究,虽然对于生态文明建设思想的阐述零散而不系统,但给习近平生态文明思想带来了创新点。它是巧妙地内化了马克思主义生态观并融会贯通,总结前人经验并根据当前时代背景而不断发展创新形成的。

首先,马克思主义生态观对人与自然之间的关系认识是具有两面性的,习近平生态文明思想正是在这一理论基础上进一步丰富发展,提出了人与自然和谐共生的双向价值关系。其次,马克思认识到资本主义制度有其弊端,严重影响生态系统的正常运作,提出要推动生产力与生产关系这一矛盾的变革,尽快向社会主义转变。正是基于这一点习近平提出"保护环境就是保护生产力"的论断,追求生态文明。最后,马克思主义生态观指出,造成人与自然关系恶化的主要原因在于人们没有平衡好生态与经济之间的关系。习近平基于这一思想,找到了问题的症结,提出处理好二者关系的关键在于人应该提升自身生态文明素养,掌握更多的环保观念。习近平生态文明思想是在马克思主义生态思想的基础上做出的系统总结及丰富发展,使得马克思主义生态观冲破时代枷锁的限制,更好地适用于现代社会。

(二)丰富和完善了习近平新时代中国特色社会主义思想

习近平新时代中国特色社会主义思想是在马克思列宁的社会主义思想以及中共各届领导人中国特色社会主义思想的基础上,坚持与时俱进、开拓创新而形成的新思想。能够对当前中国社会主义经济、政治、文化、生态各个领域进行指导,促使其向好的方向转化。其中,习近平生态文明思想对解决生态环境的各个方面问题具有重要意义,促进生态文明建设与其他领域更好地融合,支撑其他领域的良好运行。通过生态文明的良好运作助力经济长足发展,政治安全稳定,文化繁荣多样。因此,将生态文明建设与实现中华民族的兴旺发展、中国梦的实现、社会主义现代化建设等各方面结合起来,继续创新生态文明建设理论与实践,从而为应对当前人民日益增长的美好生态环境的愿望,维护世界生态安全问题提供理论准备。

四、习近平生态文明思想的实践价值

作为新时代生态文明建设的指导思想,习近平生态文明思想对国内外的生态环境良好发展也具有积极的指导意义,为不断实现人与自然之间的协调发展奠定理论基础,具有极大的实践意义。

(一)推进和加快了美丽中国和中华民族伟大复兴的目标实现

近年来,生态文明建设受到极大的重视,中共中央强调"加快生态文明体制改革,建设美丽中国"。习近平生态文明建设思想是生态文明领域的重要理论成果,将其有针对性地用于指导实践,形成对资源的合理利用和对环境的友好保护;尽快处理好突出环境问题,如水体污染、大气污染等,处理好爱护生态环境与适度发展经济的关系;建立生态文明监督体制,构建各主体共同参与的生态治理体制。由此,习近平强调:"走向生态文明新时代,建设美丽中国,是实现中华民族伟大复兴的中国梦的重要内容。"①这一梦想的实现需要经济、政治、文化、社会、生态各领域的相互协调配合,以达到最优结果。可见,生态领域的良好运行能够为"美丽中国梦"的推进保驾护航。因此,生态文明思想不仅能为中国社会主义现代化建设的其他领域效力,还能为中国梦这一美好愿景的实现提供思想指引。

(二)提供和构建了全球生态文明建设的"中国方案"

习近平提出的打造人类命运共同体的设想,延伸到生态领域则是建立人与自然界命运共同体以及世界各国携手应对生态危机,从而实现人与自然和谐共生和各国人民团结协作共同为全球可持续发展做出贡献。人类命运共同体设想是习近平生态文明思想在国际方面的重要理论设想,体现了习近平生态文明思想的对于世界生态环境治理、全球生态危机这一问题的责任担当。他指出,生态危机的形成不是一国破坏导致的结果,因此生态文明的建设同样也需要各国加强通力合作,才能应对当前的各项危机,建设绿色、优美的生存家园。②

发达国家工业文明时期错误的发展思路导致了生态环境的破坏,当经济发展水平提高后,人们开始注意到已经对生态造成不可逆转的伤害,提出将严重破坏环境的企业外迁以降低对本国的生态威胁。中国为避免形成与发达国家同样的严重后果,积极倡导"美丽中国"建设,推进循环发展。提出平衡生态治理与经济发展关系的正确方法,建立生态监督体制机制等一系列改善人与自然关系的思想,推动社会主义现代化强国建设。既体现了中国作为环境保护的贡献者,承担了生态文明建设的责任,也为世界上其他国家解决生态环境治理问题,实现国际社会友好合作、绿色可持续发展贡献中国智慧和中国方案。

结语

习近平生态文明思想是在国际国内时代背景、思想理论、实践探索的多方面

---

① 中共中央文献研究室. 习近平关于社会主义生态文明建设论述摘编[M]. 北京:中央文献出版社,2017:20.

② 习近平. 推动我国生态文明建设迈上新台阶[J]. 当代党员,2019(4):4-10.

因素作用下产生的。这一思想内涵丰富且意义深远。在这一思想的引领下加强生态领域保护行动,为推动人与自然关系的接续发展提供思想指引,为满足人民美好生态期望提供理论准备,同时也为消除全球生态危机提供中国智慧和中国方案。

参考文献:

1. 马克思主义经典文献类:

[1]中共中央马克思恩格斯列宁斯大林著作编译局. 马克思恩格斯选集:第1—4卷[M]. 北京:人民出版社,2012.

[2]中共中央马克思恩格斯列宁斯大林著作编译局. 马克思恩格斯文集:第1—10卷[M]. 北京:人民出版社,2009.

[3]毛泽东. 毛泽东文集:第7卷[M]. 北京:人民出版社,1999.

[4]邓小平. 邓小平文选:第3卷[M]. 北京:人民出版社,1994.

[5]江泽民. 江泽民文选:第1—3卷[M]. 北京:人民出版社,2006.

[6]胡锦涛. 胡锦涛文选:第1—3卷[M]. 北京:人民出版社,2016.

[7]习近平. 之江新语[M]. 杭州:浙江人民出版社,2013.

[8]习近平. 习近平谈治国理政:第1卷[M]. 北京:外文出版社,2014.

[9]习近平. 习近平谈治国理政:第2卷[M]. 北京:外文出版社,2017.

[10]中共中央文献研究室. 习近平关于社会主义生态文明建设论述摘编[M]. 北京:中央文献出版社,2017.

[11]习近平. 决胜全面建成小康社会 夺取新时代中国特色社会主义伟大胜利 在中国共产党第十九次全国代表大会上的报告[M]. 北京:人民出版社,2017年.

[12]习近平. 推动我国生态文明建设迈上新台阶[J]. 当代党员,2019(4).

[13]中共中央办公厅,国务院办公厅. 构建现代环境治理体系[J]. 人民日报,2020年03月04日,第1版。

[14]习近平. 牢固树立绿水青山就是金山银山理念 打造青山常在绿水长流空气常新美丽中国[J]. 人民日报,2020年04月04日,第1版。

2. 著作类:

[15]刘希刚,徐民华. 马克思主义生态文明思想及其历史发展研究[M]. 北京:人民出版社,2017.

[16]王雨辰. 生态学马克思主义与后发国家生态文明理论研究[M]. 北京:人民出版社,2017.

[17]杨莉．中国特色社会主义生态思想研究[M]．北京:红旗出版社,2017.

[18]胡建．马克思生态文明思想及其当代影响[M]．北京:人民出版社,2016.

[19]李军．走向生态文明新时代的科学指南 学习习近平同志生态文明建设重要论述[M]．北京:中国人民大学出版社,2015.

[20]张雪．我国社会主义生态文明建设研究[M]．成都:四川大学出版社,2015.

[21]王春益．生态文明与美丽中国梦[M]．北京:社会科学文献出版社,2014.

[22]黄娟．生态文明与中国特色社会主义现代化[M]．武汉:中国地质大学出版社,2014.

[23][英]戴维·佩珀．生态社会主义:从深生态学到社会主义[M]．刘颖,译．济南:山东大学出版社,2005.

[24][美]詹姆斯·奥康纳．自由的理由:生态学马克思主义研究[M]．唐正东,臧佩洪,译．南京:南京大学出版社,2003.

[25][美]霍尔姆斯·罗尔斯顿．环境伦理学[M]．杨通进,译．北京:中国社会科学出版社,2000.

3. 论文类:

[26]穆艳杰,魏恒．习近平对马克思生态思想的继承与发展论析[J]．思想政治教育研究,2019(2).

[27]周宏春,江晓军．习近平生态文明思想的主要来源、组成部分与实践指引[J]．中国人口·资源与环境,2019(1).

[28]吴舜泽．从数字变化看思想深化——习近平生态文明思想深刻内涵与辩证思维探析[J]．中国纪检监察,2019(8).

[29]谭文华．论习近平生态文明思想的基本内涵及时代价值[J]．社会主义研究,2019(5).

[30]秦书生,吕锦芳．习近平新时代中国特色社会主义生态文明思想的逻辑阐释[J]．理论学刊,2018(3).

[31]薛丁辉．习近平绿色发展思想及其当代价值研究[J]．理论学刊,2017(1).

[32]张永红．习近平生态民生思想探析[J]．马克思主义研究,2017(3).

[33]周晓敏,杨先农．绿色发展理念:习近平对马克思生态思想的丰富与发展[J]．理论与改革,2016(5).

[34]陈金清．马克思关于人与自然关系生态思想的当代价值[J]．马克思主义研究,2015(11).

4. 学位论文类：

[35]文静茹．实践视域下的习近平生态文明思想研究[D]．大连:辽宁师范大学,2019.

[36]马德帅．习近平新时代生态文明建设思想研究[D]．长春:吉林大学,2019.

[37]刘涵．习近平生态文明思想研究[D]．长沙:湖南师范大学,2019.

5. 外文文献类：

[38]AGGER B, MCDANIEL S A. Social Problems through Conflict and Order [M]. Toronto:Addison - Wesley,1982.

[39]STERN N. The Economies of Climate Change[M]. Cambridge:Cambridge University Press,2007.

[40]FOSTER J B. The ecological revolution:making peace with the planet[M]. New York:Monthly Press,2009.

建设美丽乡村之绿水青山就是金山银山

——以山东省潍坊安丘市为例

指导教师　马卫花①

团队成员　李雨晴　刘　敏　马付杨

崔宏业　李鲁豫

绪论

（一）研究缘由

为了顺应党的十九大以来的社会变迁，要坚持把解决好农业、农村、农民问题作为全党工作重中之重。坚持绿色发展是发展观的一场深刻革命。要从转变经济发展方式、环境污染综合治理、自然生态保护修复、资源节约集约利用、完善生态文明制度体系等方面采取超常举措，全方位、全地域、全过程开展生态环境保护。要广泛开展国土绿化行动，每人植几棵，每年植几片，年年岁岁，日积月累，祖国大地绿色就会不断多起来，山川面貌就会不断美起来，人民生活质量就会不断高起来。

（二）研究意义

优美生态环境是人民对新时代美好生活的重要期待，更是中国共产党为之不懈奋斗的坚定方向。人民日益增长的优美生态环境需要，最直接地体现在人民生活中的用水、吃的食物和呼吸的空气。因此，党的十九大提出“坚持全民共治、源头防治”，并且“倡导简约适度、绿色低碳的生活方式，反对奢侈浪费和不合理消费”，“提高污染排放标准，强化排污者责任”，这些战略导向对于发动全民参与优

① 指导教师简介：马卫花（1975—　），女，法学硕士，现为曲阜师范大学马克思主义学院讲师。

美生态环境建设具有重要意义。

(三)研究思路

本课题以建设新型美丽乡村为基点,以乡村农民生产、生活环境为立足点,在十九大报告的影响下探讨新型美丽农村建设之路。针对"绿水青山就是金山银山"的观点,通过对典型地区进行调研,结合政策理论知识,提出优化改善乡村环境的对策与建议。具体研究思路如图1所示。

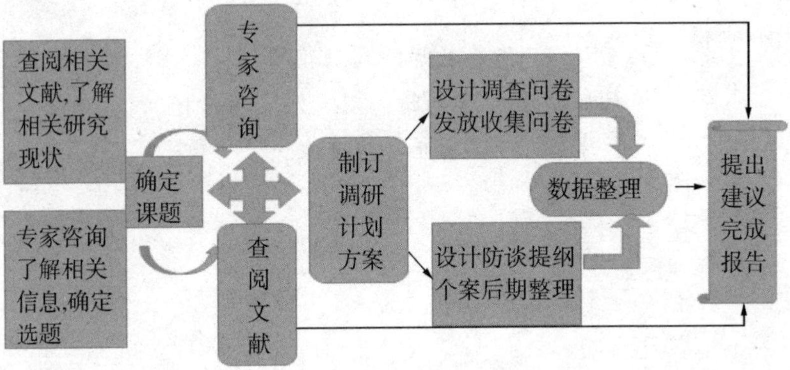

图1　研究思路

(四)问卷调查及访谈状况:地域选取样本指标

在确定调查对象样本量时,我们参照了林南在《社会研究方法》一书中所提出的总体规模与样本规模的相关函数模型,(相对于95%的置信度、正负3%的置信区间和总体值以50%对50%的比例均分的假定而言)实际上在样本量确定时,并不是总体规模越大、所抽取的样本量越多越好。

一、建设美丽乡村,以山东省安丘市为例的环境现状

(一)当地环境现状:总体良好但部分问题突出

1. 近年来环境治理取得的成果

习近平总书记曾多次强调:"生态兴则文明兴,生态衰则文明衰。"近年来,生态环境问题日益严重,党和国家对生态文明建设的重视程度日益提高,地方积极贯彻有关环境保护的政策,并取得了一定成效,这为我国的生态文明建设做出重要贡献。

中国农村曾经面临着严重的环境问题:滥用化肥、农药造成的土壤污染,焚烧秸秆造成的空气污染,垃圾乱扔乱放造成的空气质量状况糟糕……但是据我们对安丘市的调查,发现农村地区的环境状况有所好转,主要表现在秸秆综合利用、取

暖方式变革、农药合理利用和垃圾合理处理四个方面。

其一,秸秆综合利用。2016年国家发展改革委办公厅、农业部办公厅颁布的《关于印发编制“十三五”秸秆综合利用实施方案的指导意见》中强调:“力争到2020年在全国建立较完善的秸秆还田、收集、储存、运输社会化服务体系。”目前,安丘市已经形成了较完善的秸秆还田的模式,在我们所调查的村庄,秸秆严禁入村,并通过秸秆粉碎翻压还田和投入沼气池的方式来实现对秸秆的综合利用。这是广大领导干部和人民群众共同努力的结果,有利于最大限度地利用资源和保护环境,减少燃烧秸秆造成的雾霾天气频发的状况,改善空气质量。

其二,取暖方式变革。北方地区冬季传统的取暖方式也是造成雾霾天气、污染环境的一大重要原因。安丘市农村地区居民采取多种方式取暖,抛弃了传统单一的烧土炕和烧煤炭的方式,采取使用暖气、沼气、空调等多种方式的取暖措施。据我们在当地多个村庄的调查,利用煤炭和柴草取暖的占据取暖方式的6.3%,利用沼气取暖的占据取暖方式的7.9%,利用空调、暖气取暖的占据取暖方式的85.8%。并且统一发放清洁煤炭,这样不仅有利于改善环境,而且有利于节约能源资源。在2017年空气质量综合排名中,安丘市空气质量优良天数213天,空气质量综合排名位居潍坊市各县市区前列,体现出安丘市在大气污染治理方面的成效。

其三,农药合理利用。在农业生产方面,化肥农药的滥用影响着人民生产生活的诸多方面,不仅农产品的农药残留影响广大消费者的身体健康,而且化肥农药的滥用影响生态系统和生态环境,造成环境污染。农业部多次出台相关政策禁止滥用农药,促进实施农药、化肥使用量零增长行动。安丘市农业生产所使用化肥农药需达到国家标准,农产品进行各项指标检查合格才可流入市场,通过轮作制度保持土壤肥力,有机肥、无机肥和农家肥综合利用,在绿色生产方面取得了一定成效。

其四,垃圾合理处理。在居民的日常生活方面,2018年山东省出台《农村人居环境整治方案》,强调到2020年95%以上村庄实现农村生活垃圾无害化处理的目标。在我们所调查的地区中,没有脏乱差的垃圾场和垃圾随意堆放的现象,街道垃圾专人打扫,居民生活垃圾入垃圾桶,并定期清理。

2. 目前存在的污染问题

正如习近平总书记在全国生态环境保护大会中所说,虽然我国生态环境质量持续好转,但成效并不稳固,并且强调我国的生态文明建设处于关键期、攻坚期、窗口期。所以,解决目前存在的生态环境问题尤为重要。安丘市的农村地区仍然存在着污染问题,主要体现在土壤污染、水污染和大气污染三个方面。

第一,土壤污染。该地区的土壤污染问题主要是由化肥、农药和地膜残留导致的土地污染。虽然安丘市目前农药和化肥的使用量较以前减少,但总体来说使用量仍较大,对土壤造成污染不容忽视。在种植农作物方面,安丘市使用地膜较普遍,其中包括白膜、黑膜等,在对地膜的处理方面仍然存在问题,单纯依靠人工捡拾扔到垃圾桶或堆放在地边,村民处理的积极性不高,并且难以将地膜全部清理,会有大量地膜残留。此外在生产用水方面,当地的灌溉方式主要为大水漫灌,少数会使用滴灌、喷灌。大水漫灌不仅浪费水资源,而且容易造成土壤盐碱化,这也是造成土地污染的重要原因。

第二,水污染。据我们的实地调查,安丘市水污染现象严重,主要原因有农业生产中的化肥农药的使用、工业废水和生活污水等。安丘市通过环境整治,关停污水处理不达标的私人养殖场、印染厂等,并对其进行统一整治管理,保证废水、污水的净化处理。

第三,大气污染。在我们调查的地域内,大气污染主要是由于工厂的废弃排放、建筑工地的扬尘、汽车的尾气排放等。调查数据显示,在安丘市农村居民出行方式中,私家车出行占据36.8%,公交车出行和电动车出行占据51.6%,自行车出行占据6.3%,其他方式为5.3%。我们在调查中发现,安丘市农村私家车较普遍,私家车出行已经成为居民出行的主要方式之一。居民私家车主要是以汽油、柴油为驱动能源的传统汽车,新能源汽车仅仅占据6.4%,由此看来汽车尾气的排放也是污染大气环境的重要因素。

(二)政策支持下的改善:资金投入与社会关注

党的十八大将生态文明建设纳入中国特色社会主义建设"五位一体"总体布局,制定保护环境政策,促进对生态环境的保护,防治环境污染。环境政策的范畴十分宽泛。广义的环境政策包括有关环境与资源保护的法律法规,中国共产党制定的有关环境和资源保护的政策文件,国家机关和中国共产党联合发布的有关环境资源保护的文件,中国国家机关制定的有关环境和资源保护的政策,有关环境和资源保护的国际法律和政策文件以及党和国家领导人在重大会议上的讲话、报告、指示等。一般所说的环境政策,是指狭义的环境政策,即有关环境与资源保护的法律法规、部门规章和地方性法规等规范性文件。

习近平总书记指出,只有实行最严格的制度、最严密的法治,才能为生态文明建设提供可靠保障。首先,要建立系统完整的生态文明制度体系,这个体系囊括完善的法律法规、与时俱进的标准体系、最严格的源头保护制度、损害赔偿制度、责任追究制度、政绩考核制度、环境治理和生态修复制度等。其次,是实现环境制度的细密化。推进最严格的制度建设,必须对宏观的环境政策内容进行梳理和细化,保障政策的可执行性和可操作化,环保制度才能成为利器。在实行环境政策的同时,我国政府还对环境治理提供专门的财政支持。

党的十八大以来,生态文明建设被推向了新的高度,我国环境政策也进入快速发展阶段,目标更加清晰、体系更加健全、内容更加细密。伴随着政策的完善与落实,通过环境保护所推动的绿色发展将引领中国生态文明建设的新实践,实现在经济发展的同时也能留下蓝天常在、青山常在、绿水常在的美丽中国。

二、回顾过去,了解政策:国家对于乡村环境建设的努力

(一)"建设美丽乡村"的提出:中华人民共和国成立初期对乡村环境的探索

中华人民共和国成立初期是我国生态文明思想形成的一个阶段,对现在的社会主义生态文明建设的形成起到了重要的作用。我们应该学习中华人民共和国成立初期对乡村环境的探索的经验,反思出现的问题,更好地服务于今天的社会主义生态文明建设。中华人民共和国成立初期我国并没有形成系统性的生态理论,对保护环境的意识也不强,但是这一时期存在着一些有关生态环境的政策,在客观上对我国的环境保护事业产生了积极的作用,同时也存在着不足。

中华人民共和国成立初期对乡村环境的探索主要体现在林业、农业、卫生事业以及水利建设上。我国在林业上实行"普遍造林、重点护林",大力开展全国性的植树造林运动,防止毁林开荒,积极植树造林,提出"美化环境、绿化祖国"口号;在农业上重视农业科学技术,注重提高农业技术,提倡保护渔业资源进行合理捕捞;同时提倡使用国产农药,认识到了化学农药的危害性;在卫生事业上,对农村公共环境卫生进行治理,大力开展爱国卫生运动;在水利建设上,建设综合规划防灾减害,开展大规模水利建设,长期规划开发水资源,设立防汛指挥部水利委员会等组织机构进行有效的领导。

由于受到历史观念的影响,中华人民共和国成立初期我国产生了对"战胜自然"的误解,出现了错误的自然观。相关政策还是存在着很多不足,应该进行反思和总结。总之,无论是经验还是教训,对现在社会主义生态文明建设都是有着重要的意义和价值的。

(二)十八大以来总书记的支持:金山银山不如绿水青山

1. 深刻领会习近平总书记生态文明建设重要战略思想

党的十八大以来,习近平总书记以强烈的历史担当、非凡的理论勇气、高超的政治智慧、深厚的人民情怀和宽阔的国际视野,提出生态文明建设和生态环境保护的一系列新理念新思想新战略,谋划开展了一系列根本性、长远性、开创性工作,推动人与自然和谐共生、建设美丽中国。

一是必须立足人与自然是生命共同体的科学自然观。习近平总书记指出："人与自然是生命共同体,人类必须尊重自然、顺应自然、保护自然。人类只有遵循自然规律才能有效防止在开发利用自然上走弯路,人类对大自然的伤害最终会伤及人类自身,这是无法抗拒的规律。"必须把生态文明建设摆在全局工作的突出地位,坚持节约资源和保护环境的基本国策,坚持节约优先、保护优先、自然恢复为主的方针,坚定走生产发展、生活富裕、生态良好的文明发展道路,构建人与自然和谐发展现代化建设新格局。

二是必须树立"绿水青山就是金山银山"的绿色发展观。习近平总书记指出,必须树立和践行"绿水青山就是金山银山"的理念。"绿水青山就是金山银山",深刻揭示了发展与保护的本质关系,更新了关于自然资源的传统认识,打破了发展与保护对立的思维束缚。保护生态就是保护自然价值和增值自然资本的过程、保护经济社会发展潜力和后劲的过程。必须坚持和贯彻新发展理念,平衡和处理好发展和保护的关系,像对待生命一样对待生态环境,推动形成绿色发展方式和生活方式,建设人与自然和谐共生的现代化。

三是必须坚持满足人民日益增长的优美生态环境需要的基本民生观。习近平总书记在参加十二届全国人大三次会议江西代表团的审议时指出:"环境就是民生,青山就是美丽,蓝天也是幸福。"生态环境没有替代品,用之不觉,失之难存。当前,我国社会主要矛盾已经转化为人民日益增长的美好生活需要和不平衡不充分的发展之间的矛盾,人民美好生活需要日益广泛,对优美生态环境的要求日益增长。必须坚持以人民为中心的发展思想,坚决打好污染防治攻坚战,提供更多优质生态产品供给,满足人民群众对良好生态环境新期待,提升人民群众获得感、幸福感。

四是必须把握统筹山水林田湖草系统治理的整体系统观。习近平总书记强调,坚持山水林田湖草是一个生命共同体。生态是统一的自然系统,是各种自然要素相互依存而实现循环的自然链条。人的命脉在田,田的命脉在水,水的命脉在山,山的命脉在土,土的命脉在树。必须按照生态系统的整体性、系统性及其内在规律,统筹考虑自然生态各要素、山上山下、地上地下、陆地海洋以及流域上下游,实行整体保护、宏观管控、综合治理,增强生态系统循环能力,维护生态平衡。

五是必须遵循实行最严格生态环境保护制度的严密法治观。习近平总书记指出,只有实行最严格的制度、最严明的法治,才能为生态文明建设提供可靠保障。对破坏生态环境的行为,不能手软,不能下不为例。必须按照源头严防、过程严管、后果严惩的思路,构建产权清晰、多元参与、激励约束并重、系统完整的生态文明制度体系,建立有效约束开发行为和促进绿色发展、循环发展、低碳发展的生态文明法律体系,发挥制度和法治的引导、规制等功能,为生态文明建设提供体制机制保障。

2. 充分认识生态文明建设和生态环境保护领域的历史性变革

在习近平总书记生态文明建设重要战略思想指引下,我国生态环境保护从认识到实践发生历史性、转折性、全局性变化,生态文明建设成效显著,美丽中国建设迈出重要步伐。党的十八大以来的五年,成为生态文明建设和生态环境保护认识最深、力度最大、举措最实、推进最快、成效最好的时期,取得了历史性成就、发生了历史性变革。

一是思想认识程度之深前所未有。全党全国贯彻绿色发展理念的自觉性和主动性显著增强,忽视生态环境保护的状况明显改变。越来越多的地方把推进生态文明建设、加强生态环境保护作为机遇和重要抓手,下决心解决产业、能源、交通等问题,努力走发展经济和保护生态环境的双赢之路。越来越多的企业认识到加强环境保护符合自身长远利益,依法排污治污、保护环境的法治意识、主体意识正在形成。绿色消费、共享经济快速发展,全社会关心环境,参与环保、贡献环保的行动更加自觉。

二是污染治理力度之大前所未有。国务院发布实施大气、水、土壤污染防治三大行动计划,坚决向污染宣战。推进供给侧结构性改革,加大化解钢铁、煤炭等过剩产能和淘汰落后产能工作力度,单位产品主要污染物排放强度、单位 GDP 能耗不断降低,资源能源效率不断提升。我国能源消费结构发生积极变化,成为世界利用新能源、可再生能源第一大国。环境基础设施建设加速推进,成为全世界污水处理、垃圾处理能力最大的国家。

三是制度出台频度之密前所未有。《关于加快推进生态文明建设的意见》《生态文明体制改革总体方案》相继出台。中央全面深化改革领导小组审议通过 40 多项生态文明和环境保护具体改革方案,一批具有标志性、支柱性的改革举措陆续推出,四梁八柱性质的制度体系加快完善。充分发挥福建、江西、贵州建设国家生态文明试验区等综合平台作用,开展重大制度创新试验。开展四批中央环保督察,实现 31 个省(区、市)全覆盖。

四是监管执法尺度之严前所未有。《环境保护法》《大气污染防治法》《水污染防治法》《环境影响评价法》《环境保护税法》《核安全法》等多部重要法律完成制定修订,土壤污染防治法进入全国人大常委会立法审议程序。特别是被称为“史上最严”的新环境保护法从 2015 年实施以来,在打击环境违法行为方面力度空前。各级环保部门下达行政处罚决定份数和罚款数额大幅增长,查封扣押、停产限产、按日连续处罚款、移送拘留成为遏制环境违法行为的重要手段和有力武器。

五是环境改善速度之快前所未有。2016年，京津冀、长三角、珠三角三个区域细颗粒物（PM2.5）平均浓度与2013年相比均下降30%以上。全国酸雨面积占国土面积比例由历史高点的30%左右下降到了7.2%。地表水国控断面Ⅰ－Ⅲ类水体比例增加到67.8%，劣Ⅴ类水体比例下降到8.6%，大江大河干流水质稳步改善。森林覆盖率由21世纪初的16.6%提高到22%左右。

在解决国内环境问题的同时，我国积极参与全球环境治理，已批准加入30多项与生态环境有关的多边公约或议定书，引导应对气候变化国际合作，成为全球生态文明建设的重要参与者、贡献者、引领者。

3. 勇担建设美丽中国的时代使命

建设美丽中国，关乎人民福祉，关乎民族未来。我们要深入学习贯彻党的十九大精神，特别是习近平新时代中国特色社会主义思想，牢固树立社会主义生态文明观，坚决打好生态环境保护攻坚战，建设美丽中国，为人民创造良好生产生活环境，还自然以宁静、和谐、美丽。

一是勇于担当推进建设美丽中国的排头兵。进一步增强“四个意识”，坚持以人民为中心的发展思想，坚决扛起生态文明建设的政治责任，努力做自觉践行习近平总书记生态文明建设重要战略思想的表率，全方位、全地域、全过程开展生态环境保护建设，推动生态文明建设取得更大成效，努力实现美丽中国目标。

二是加快推动形成绿色发展方式和生活方式。坚持人与自然和谐共生，践行“绿水青山就是金山银山”的理念，构建并严守生态功能保障基线、环境质量安全底线、自然资源利用上的三大红线，建立健全绿色低碳循环发展的经济体系，推进能源生产和消费革命，推进资源全面节约和循环利用。开展全民绿色行动，倡导简约适度、绿色低碳的生活方式。

三是切实解决突出环境问题。坚持全民共治、源头防治，持续实施大气污染防治行动计划，坚决打赢蓝天保卫战。加快水污染防治，实施流域环境和近岸海域综合治理。强化土壤污染管控和修复，加强农业面源污染防治，开展农村人居环境整治行动。有效防范和化解环境风险，加强固体废弃物和垃圾处置，严格核与辐射安全监管，坚决守牢环境安全底线。

四是加大生态系统保护力度。实施重要生态系统保护和修复重大工程，优化生态安全屏障体系，提升生态系统质量和稳定性。完成生态保护红线、永久基本农田、城镇开发边界三条控制线划定工作。加强自然保护区综合管理，构建生物多样性保护网络，增加优质生态产品供给。

五是深化生态环保领域改革。统筹抓好中央已出台改革文件的贯彻落实，谋划推动好新的改革举措。完善生态环境管理制度,加快构建政府为主导、企业为主体、社会组织和公众共同参与的环境治理体系。强化排污者责任,健全环保信用评价、信息强制性披露、严惩重罚等制度,坚决遏制环境污染和生态破坏行为。

六是积极参与全球环境治理。深度参与环境国际公约谈判,承担并履行好同发展中大国相适应的国际责任。加强与世界各国、区域和国际组织在环境治理领域的对话交流与务实合作,引进先进理念、人才、技术装备、管理经验和资金。推动生态文明理念走出去,做全球生态文明建设的重要参与者、贡献者和引领者。

三、新时代下的中国应如何保护绿水青山

(一)统筹规划、突出重点:不同程度的环境问题需要不同的举措

1. 统筹规划环境总况

生态文明建设的重要性不言而喻,正如习近平总书记在十九大报告中所说:"生态文明建设功在当代、利在千秋。"而要想解决好环境问题,建设良好的生态文明,必须从实际出发,统筹规划。

首先,坚持全球化视野和整体观,建设人类命运共同体。中国是世界的一部分,中国所面临的环境问题从一定程度上说是全球的环境问题,中国解决了环境问题可以说是为世界环境问题的解决做出重要贡献。在建设生态文明的过程中要积极借鉴国外先进经验,尤其是在应对全球性的环境问题方面。同时也要根据本国国情制定出适合自己的应对措施和发展道路。2015 年习近平总书记在出席联合国气候变化问题大会时指出:"各国要立足行动,抓好成果落实,根据本国国情,提出应对气候变化的自主贡献。"从中可以看出中国的责任意识和全球化意识。我们将愿意也必须继续承担同自身国情、发展阶段、实际能力相符的国际责任。

其次,坚持"五位一体"的总体布局。生态美丽和经济富强、政治民主、文化文明、社会和谐不可分离,所以将生态文明建设和经济建设、政治建设、文化建设和社会建设紧密地结合起来,整体把握各方面建设的关系。建设生态文明的出发点是为了人民群众,最终的落脚点也是人民群众,所以要和人民群众紧密相连,同人民群众一条心。

最后,统筹生态文明建设的各方面。整个生态系统是一体的,其中的各个部分是相互影响、相互联系的,不能将某个方面片面地拿出来,而是要用整体观来治理生态问题。例如,针对环境污染问题中的大气污染、土壤污染和水污染,它们的污染源有部分重合,所以在治理污染的过程中要全面规划。

2. 突出重点环境问题

不同地区会有不同的环境问题,要坚持因地制宜的原则。我们主要研究的是同一地区的环境状况,在同一地区也会有不同程度的环境问题,要坚持重点论,有重点地解决突出的环境问题。安丘市目前主要的环境问题是污染问题和对资源的不合理利用,要重点地突出地解决。对于环境污染问题,要坚持预防和治理相结合。首先要寻找出污染源,从污染源入手防治环境污染。造成安丘市水污染和土壤污染的主要是农业生产中的化肥农药残留,要推动农业生产的机械化,利用现代机械发展农业生产,提高生产效率;要推动农业生产的绿色化和有机化,生产无公害、无污染的绿色产品;要推动农业生产的现代化,利用现代管理技术和信息技术发展现代农业。

对于资源的不合理利用问题,要节约资源和开发新能源相结合。节约资源要政府和人民的共同努力,政府需要根据实际情况制定相关政策,并且宣传环保知识,增强人民的环保意识。当然更需要每位公民的实际行动,例如,水资源的节约,需要从小事做起,从现在做起。在新能源的开发利用方面,要因地制宜,发挥本地的优势,同时推广新能源产品。

生态修复也是生态文明建设中重要的一部分,工业化的发展进程,钢筋水泥般现代化的发展使得一些森林、湖泊、农田等遭到一定的破坏,要坚持开展国土绿化行动,牢固树立“绿水青山就是金山银山”的观念,建设绿色中国。

突出重点环境问题并不意味着只注重、只解决重点问题而忽视其他,而是在整体布局生态文明建设的前提下,有重点地来解决当地较为严重的环境问题,坚持整体和部分相结合。

(二)规范相关部门体制:政府工作平衡权利与权力

1. 理顺管理体制

长期以来,在我国生态环境保护领域,由于管理体制不顺,职能交叉,监管者和所有者没有很好地区分开来,造成生态环境保护“九龙治水”,一些问题不敢管,一些问题管不了。解决这类问题,必须改革健全生态环境管理体制,提高治理能力。为解决职能交叉问题,国务院机构改革方案整合七个部门的相关职责,组建生态环境部,统一行使生态和城乡各类污染排放监管与行政执法职责。

通过生态环境保护职能整合,实现了地上和地下、岸上和水里、陆地和海洋、城市和农村、一氧化碳和二氧化碳的“五个打通”,实现了所有者和监管者分开,相互独立、相互配合、相互监督的要求。通过垂改,减少地方干预环境监测、监察执法的情况,更有效率地贯彻生态环保法规、政策。通过环境管理体制机制改革,进一步提升生态环境监管能力,监督执法更加高效。

2. 构筑生态环保责任链条,实行最严格生态保护制度

生态文明建设搞得好不好,关键在于责任能不能落实。几年来,从抓住关键少数,到压实"党政同责、一岗双责",再到建立责任追究的终身制,构筑了生态环境保护的完整责任链条,为生态文明建设提供坚实的保障。

抓住"关键少数"。抓住领导干部这个"关键少数",不断扎紧追责的笼子,生态环境保护责任才能落地。

落实"党政同责""一岗双责"。造成生态环境和资源严重破坏的,不仅政府主要领导成员要担责,党委和相关部门的领导也要承担相应责任。"党政同责""一岗双责"意味着把生态文明建设作为地方党政领导班子和领导干部政绩考核评价的重要内容,抓住问题的要害,牵住生态环境保护的"牛鼻子",为督促地方党委政府及其相关部门在生态环境领域正确履职用权悬起一把制度"利剑"。加严问责,加码追责。实行党政领导干部责任终身追究制,实施离任审计清算"生态账",生态环保责任链条的完善,让越来越多的党政领导干部真正意识到:"在生态环境保护问题上,就是要不能越雷池一步,否则就应该受到惩罚。"平衡权利与权力,规范相关部门体制,为保护绿水青山,维护生态的可持续发展,更好地进行新农村建设,一切都需要不断规范,并有效率地贯彻执行。

(三)完善法律法规,加强制度保障

"有法可依"是法治的根本,面对环境治理,不能仅仅靠着自觉,而是需要有完整的法律体系加以约束,这样才能保证农村环境建设的顺利进行。我国现有的环境保护法律,是制定其他有关法律的依据。只有将美丽乡村建设纳入法治轨道,建立美丽乡村环境风险的防控体系,才能为美丽乡村建设保驾护航。

第一,完善资源综合利用法规,建立乡村废弃物的综合开发利用制度。当前,我们国家尚无完备的综合利用立法,对资源综合利用的范围不明确。使得资源浪费、污染,为此应当建立完备的法律。包括统一清理生活垃圾,对生活垃圾统一回收利用,以免造成污染;大力推广清洁能源,包括沼气及秸秆还田技术……另外,对化肥、农药等应当进行统一购买,选取危害小、有效的化肥、农药,减小对农作物、对土地的损害。

第二,制定专门的环境保护法规,建立政府主导、村民参与的农村环境治理体制。环境保护应当因地制宜,有针对性地去建立,以适应本地区的需要。与此同时,应当考虑村民的积极性、主动性,引导其参与其中,发挥其作用。

第三,建立教育制度,保障村民的知情权。要对村民进行教育,宣传有关环境保护的法律法规,提高他们自身对环境保护的认识及自身道德水平。如加强对村领导干部的培训、加强农民对环境保护的教育等。同时应当加强农民的知情权,

建立环境信息公示制度，让村民及时了解到我国的环境政策，发挥公众对环境风险的自我防范与社会监督。

第四，建立问责制度。要有明确的职责规定，分配好个人的任务，加强有关人员的责任意识，同时对于出问题的人员能够责任到人。这样可以很好地加强环境保护。

第五，建立环境资源补救、污染治理制度。我们不能仅仅问责，而是应当采取方法对环境进行补救。对于造成环境资源损害和破坏的个人或单位，要求必须以实际行动补救资源损害。例如，森林遭到破坏，补种林木；水源遭到污染，净化水源，等等。同时对于有关企业追究补救责任。

生态文明建设视野下民俗旅游的发展研究

——以日照市下元一村为例

指导教师　肖芳①

团队成员　吕丹　陈雪　高源芳　宋磊

绪论

(一)调研目的

1. 探究生态文明对民俗旅游的促进作用

党的十八大提出了大力推进生态文明建设的战略决策,十九大报告提出“乡村振兴战略”,提出了产业兴旺、生态宜居、乡风文明、治理有效、生活富裕的总要求,本次调研以日照市涛雒镇下元一村为例探究生态文明建设视野下民俗旅游的发展。

2. 以日照市东港区涛雒镇下元一村为例研究生态文明建设视野下民俗旅游的发展现状与借鉴

日照市涛雒镇下元一村是日照市唯一的森林村庄,也是全国生态文化村,是一个以绿色生态催生美丽经济的村落。下元一村依山傍水,环绕在青山绿水之中,让人无不感到远离尘嚣,建筑、空间、园林绿化与自然环境的融合之美。本次调研可以从下元一村出发,探究生态文明建设视野下民俗旅游的发展现状,并为其他地方的新农村建设提供借鉴经验,开辟生态文明建设和民俗旅游的新视角。

3. 提高自身实践能力,为建设新时代强国做出自己的贡献

时代呼唤英才,希望在于青年。全面建设小康社会和实现社会主义现代化需要大学生的参与。中华民族的伟大复兴需要大学生去奋斗,青春只有为祖国和人民的真诚奉献才能更加绚丽多彩,人生只有融入国家和民族的伟大事业才能闪闪发光。

---

① 指导教师简介:肖芳(1982—　),女,法学博士,现为曲阜师范大学马克思主义学院副教授,硕士研究生导师。

(二)调研思路与方法

在调研过程中,我们注重方法的科学有效性及实地调研的合理正规性,在实际调研中,由于不同居民反映的具体问题不同,所以我们采取了分类调查的方式,尽可能保证调查的全面性与科学性:一方面,访谈有关民俗旅游的组织者;另一方面,深入民俗旅游参与地采访参与居民。为了得到可靠的第一手资料,调研团队采取发放调查问卷与个案访谈相结合的方式,以进一步剖析生态文明建设视野下民俗旅游的现状与路径。希望通过本次的调研,调研团队可以更深刻地了解民俗旅游与生态文明建设存在与面临的问题,推动乡村振兴产业广泛发展,促进社会主义建设。本课题采用的研究方法主要是:统计调查法、实地访谈法、文献法。

(三)评析与结果

在对调研情况进行整理与分析以后,我们据此制定了调查问卷,并向当地居民发放。我们一共制定了300份村民问卷和30份村干部访谈提纲,其中村民回收率达到100%,收回300份问卷,其中有效问卷267份,有效率为89%。

在问卷发放过程中,一部分群众对此比较排斥,不愿填写,或者是随便填写更有甚者竟然在接到问卷后随手丢弃。还有一部分群众因为不识字放弃填写。这些问题的出现,很大一部分原因是我们考虑不周全,社会经验少,今后一定会引起注意。从问卷收回的数据分析,4/5的居民非常支持民俗旅游的发展。

通过调查了解下元一村全村现有海草房196户、721口人,耕地691亩,山地1600亩,是社会主义新农村建设示范村之一。

我们团队在调查的过程中,与当地村民亲切地交流、沟通。对于我们此次社会调查活动来说,不仅使我们对生态文明建设视野下民俗旅游发展的现状有了更深的了解,同时,在调查活动进行的过程中,在对村民及村干部的采访调查中,也能更好地促进他们对民俗旅游产业的发展。我们坚信生态文明建设背景下的民俗旅游产业会有美好的未来。

一、调研背景

(一)政治方面

1. 乡村振兴,生态宜居

党的十八大提出了具有前瞻性和建设性的“五位一体”总布局:经济建设、政治建设、文化建设、社会建设、生态文明建设。党的十八大以来强调旅游发展要抓重点抓特色抓环保,十八届三中全会提出加快建立系统完整的生态文明制度体系;十八届四中全会要求用严格的法律制度保护生态环境;十八届五中全会规定了五大发展理念:创新、协调、绿色、开放、共享。为我国社会发展指明了新航向。

党的十九大提出,实施乡村振兴战略。坚持农业农村优先发展,按照产业兴旺、生态宜居、乡风文明、治理有效、生活富裕的总要求,建立健全城乡融合发展体制机制和政策体系,加快推进农业农村现代化。

2. 和谐美丽,现代强国

习总书记在党的十九大报告上提出"两个一百年"的奋斗目标,既要全面建成小康社会、实现第一个百年奋斗目标,又要乘胜追击开启全面建设社会主义现代化国家新征程,向第二个百年奋斗目标进军。第一阶段是2020—2035年,在全面建成小康社会的基础上再奋斗15年,基本实现社会主义现代化。第二阶段是从2035年到本世纪中叶,在基本实现现代化的基础上再奋斗15年,把我国建设成富强民主文明和谐美丽的社会主义现代化强国。"美丽"的社会主义现代化强国的奋斗目标将我国生态文明和旅游业的建设再次置于重要位置。

(二)经济方面

1. 民俗旅游产业的勃兴

根据中央相关会议精神和文件政策的指导和倡导,民俗旅游业进入了蓬勃发展的阶段。民俗旅游作为一种高层次的文化旅游,能够满足游客的"求新、求异、求乐、求知"的心理需求,成为旅游行业开发与乡村发展的重要内容。

2. 农村产业结构的调整

《中共中央关于农业和农村工作若干重大问题的决定》指出:"粮食作物要确保总产量稳定增长,提高产量,改善品质,尽快淘汰不适销品种。"农村产业结构调整趋向于确保产量增加品质改善的同时,积极发展林业、畜牧业和其他各业,增加林业、牧业的比重。同时,农村产业结构的调整需要加强农业基础设施和生态环境建设。

(三)文化方面

1. 旅游动机——参观和感受地方民俗文化

随着习总书记对于中国传统文化继承和发展的重视以及当下民众对于精神生活的更高追求,民俗文化变得极具吸引力。中国地大物博,东西南北差异明显,所以,很多游客为了亲身感受和体验不同地域、不同民族、不同村落文化的魅力,便日趋热衷于民俗旅游。

2. 多样性——文化时空维度的追求

中华人民共和国拥有960万平方千米的广袤土地,包括渤海全域和黄海、东海、南海的大部分等470万平方千米的海洋国土,孕育了团结一致、共同繁荣的56个民族。中国地貌呈现三层阶梯:第一层是以青藏高原为代表的山地,第二层为青藏高原以东至大兴安岭、太行山、巫山、雪峰山之间的山地、高原、盆地,第三层是东部宽广的平原和丘陵。

自改革开放以来,中国的二、三产业,科学技术得到了突飞猛进的发展,在此基础上,城市化也在如火如荼地进行着,文化愈来愈趋向同化,尤其是文化多样性成为文化发展的追求。

3. 传扬载体——民俗旅游为地方文化服务

民俗文化是一个地区、一个民族悠久历史文化发展的结晶,蕴含着丰富的社会内容,具有独特性和不可替代性。民俗旅游则是人们离开常住地前往异地体验当地民俗文化的旅游行程。在这个过程中,人们通过亲身体会和悉心感知,能够获得独有的民俗文化信息,并且其间互联网为其发挥宣传的作用,所以于无形之中传承和发扬了民俗文化。

(四)社会方面

民俗旅游作为新的时代潮流产物,发挥着充盈人们的空闲生活、提升人们的知识素养、满足人们的精神需求、传播地方民俗文化、传承历史文化结晶的重要作用。旅游过程中,由于各地方民俗文化的差异,游客需要具备充足的旅游知识和对当地文化风俗有一定的了解,这对游客们提出了较高的综合要求。所以,民俗旅游的科学发展必然影响到人,间接地对社会群众素质的总体提升发挥作用。

但是,现实状况却是,很多民俗旅游的发展只是为了分一杯旅游业红利,借助市场经济体制下出现的某些漏洞进行非法牟利、欺骗游客、随意改造地方原貌、利用不法渠道偷漏税等活动,其自身不仅构成违法犯罪,也使得正常的民俗旅游业受到了打击,甚至让人们对于民俗旅游产生了怀疑、失去了信心。目前市场上缺乏的正是科学规划、因地制宜、绿色生态、真实独特的民俗旅游项目。

(五)下元一村的模范作用

日照市涛雒镇下元一村作为面朝山原(天台山)、背依田园的村子,其借助优越的地理环境和长期塑造的善美人文,向民俗旅游领域进发,并在初步的民俗旅游发展领域开创了自己特有的模式,发挥了模范带头作用。其在坚持“绿水青山就是金山银山”的前提下,践行“生态立世”战略,探索自己的发展途径和模式。村民在领导班子的带领下将下元一村建设成为日照市唯一的森林村庄,也是全国生态文化村。

二、生态建设视野下下元一村民俗旅游的现状

(一)下元一村的整体发展阶段

1. 合理规划,特色发展

下元一村位于日照市涛雒镇西南部,被誉为“全国生态文化村”“山东最美旅

游村”“日照市十大最美乡村”。从日照市东港区乘坐502路公交车至下元一村下车,通向村子的是笔直的乡村公路,绿树掩映,流水潺潺,百亩良田,世外桃源。自2001年黄庆林担任村党委书记以来,该村便开始探索自己的发展方式。

山:下元一村利用优越的自然条件,加上“爱树如命”的黄庆林书记倡导恢复山林并亲力亲为,全村在2007年从半山腰整体移村,同时大力恢复天台山植被,陆续种植100多万棵树苗,1500亩林海在天台山随风连绵起伏。“种树不易,护树如命”,为了山林能够安全度过旱季,村干部领导村民完成了引水上山的工程。自然生态的改观加上乡村振兴吹响的号角,村子在市有关部门的支持下修建了直达天台山脚下的观光大道;投资百亿的日照市头号重点旅游项目——东方太阳城也在建设中。

地:下元一村的田地采取因地制宜的方法,在旧村地址垦地600亩以种植有机绿茶。新村附近田地吸取“均田制”的优越之处,让村民自行认领耕种,剩余土地村集体管理。这部分田地分农作物和经济作物部分,农作物既是种植村民自己的口粮,也是种植绿色生态作物的示范地;经济作物多为村集体承包的较贫瘠的土地,因地制宜种植各种树木,如松树、杨树、柏树、桃树、杏树等。

村:下元一村新村村居为规划统一、布局规整的二层楼房,这里的道路分八横八纵,每条道路种植不同的树种,一年四季都可以看到花海。依托当下正兴的民俗旅游热潮,村民们在村集体统一规划下本着绿色、生态、环保的宗旨开发特色民宿。村干部的正确领导和村集体的团结让整个村子的村容村貌、村工作变得秩序井然,村收入得到不断提升。据此,村集体开发建设下元一村农业生态观光园,引导村民种植茶叶和发展旅游;投资300万元注册山东汤谷太阳文化旅游开发有限公司,进一步带动集体探索绿色致富、生态致富。

2. 集体培训,共同发展

村子民俗旅游业的发展正处于初步阶段,除依托生态资源进行特色发展之外,下元一村充分利用集体经济和集体智慧,借助所注册的旅游公司,根据自愿的原则号召村民积极广泛参与,同时聘请专门的旅游人员对村民们进行集体培训,向其传授旅游管理和旅游服务的有关知识与技能。

为了鼓励村民们的干劲儿和热情,村集体按时召开村民大会,对村事宜进行及时、高效的宣传和汇报。同时,村里组织民宿户进行厨艺大比拼,每户展示一道特色菜以进一步推进村民民宿和民俗旅游业的发展。村集体经济的发展和村民生活的富裕、村环境的改善和村领导团体的努力使得村民们的精神素养得到显著提高,各户主动清扫门前垃圾,村子整体环境得到了村民自觉的保障。

（二）下元一村的发展模式

1. 特色模式："天台山—农业生态观光园—特色民宿"三位一体

下元一村民俗旅游业的开展按照"天台山—农业生态观光园—特色民宿"的路线模式，根据中央绿色生态、乡村振兴的精神，开发出自己独有的特色旅游流程和模式。

"大美不言扶桑地，人间仙境天台山。"天台山中有汤谷，是东夷人祖先羲和祭祀太阳神的圣地，是东方太阳崇拜和太阳文化的发源地，也是东夷人祭祀先祖的圣地。天台山历史悠久，经过后期的建设开发，景点不断增加，太阳文化也得到了有效传承和发扬。

农业生态观光园主要包括有机绿茶、生态大米、有机蔬菜三部分。建造农业生态观光园的原因主要有三方面：第一，响应中央乡村振兴的号召，利用下元一村自身的自然优势发展农业，振兴乡村经济；第二，将农业发展与绿色生态有机结合，建设"绿园＋家园＋乐园"综合体，让游客在观光旅游的同时感受绿色生态的美好和得之不易，增强其保护生态的意识；第三，借助观光园展示本村有机绿茶、生态大米、有机蔬菜，为游客提供亲身体验绿色生产的平台，开拓本村绿色作物的销售面，为村民提供多方面创收盈利的渠道，打造本村绿色生态品牌。

特色民宿则是旅程的最终落脚点——下元一村村户。民宿的开展主要借助下元一村村户，由村民自愿参与民宿运营，村委会与游客方恰接并进行活动安排，以便于保证旅行活动的顺利与安全开展。同时，运营民宿的村户需要在村委会的统一组织下进行相关方面的培训和检查，游客的利益再一次得到保障。发展民宿也为相关村户带去了发家致富的又一渠道，增加了家庭收入，也为村集体带来了更大的效益。

2. 村委规划带领，村民统筹协作

下元一村的各项事业和活动都是在村委的规划带领下有条不紊地进行，可以说村委在村民的支持下发挥着中心作用。从村子的新村规划、村貌建设、经济建设、生态环保到旅游发展、研发管理，村委都起到了模范带头作用。

为满足村民的综合需求，下元一村在党群服务中心附近新建文化礼堂。下一步，为配合生态民俗旅游的开展，村子将在村口综合超市旁建设停车场、卫生区等基础设施。

三、生态建设视野下下元一村民俗旅游的发展

(一)下元一村的发展史

1. 1962年下元庄分村,条件差

下元一村之前为下元庄的一部分,全庄共有2000多口人,历史上下元庄曾经有三次分村,直到1962年,下元庄分为下元一村、下元二村、下元三村,分村之后的下元一村依山而居,全村共有1500多亩山场,690亩耕地,但当时各种条件极差,存在各种各样的问题:缺少水资源,交通不便,如当时女生出嫁时,都得人抱被子,车辆都进不去,再就是宅基地等土地规划混乱。60多年前的下元一村,各方面条件都很差。

2. 2003年山场统一收回,封山,栽建树苗,保护环境

在当时混乱的管理体制下,村里将近1600亩山地被破坏得不像样子,当时当地村民里都流传"山地谁抢到就是谁的"的话,有的人砍树去卖钱,有炸山取石的,乱采乱挖乱炸现象十分严重,一些特别美丽的石头景观都被炸掉了,还有漫山牧羊的,各种破坏行为不一而足。在2001年,当时刚上任的村委会主任黄庆林(现任下元一村党支部书记)看到这种情况非常心痛,在和相关部门及村两委成员商议后,下定决心收回林场。经过多方面的努力,终于在2003年悉数将林场收回,封山。封山之后,在林业部门的支持下,下元一村准备栽种树苗,为了让树苗存活率更高,黄庆林书记就在下雨天带领着七八十户村民栽树,至今,共栽下了50万棵树苗。如今,下元一村作为日照唯一的森林村庄,村庄林木覆盖率达85%以上,连续10年内未发生森林火灾和林权纠纷。林业建设成绩硕果累累正是得益于当时的树苗栽种。

3. 2007年解决宅基地问题,迁村,形成下元精神

在迁村之前,全村190多户村民分散地居住在1500多亩山地上,饱尝吃水难、交通不便的问题,在经历几十次开会表决后,秉承"利益共享,不能让百姓吃亏"的宗旨,村民最终在2007年达成共识,选择楼房的村民每户交6万元,选择平房的村民每户交3万元,一些经济困难户主要由村里负责承担。就这样,从2007年2月26日至2007年9月28日共计七个月零两天,完成了迁村这件大事,解决了宅基地问题,并在这个过程中形成了下元一村独特的"下元精神"。

4. 天台山项目落户,民俗旅游以其为依托

秘鲁的马丘比丘、印度的科纳拉克太阳神庙、埃及的阿布辛贝勒神庙、希腊的德尔菲·阿波罗圣殿和中国的天台山是世界五大太阳文化的发源地,其中发源地之一的天台山就坐落于山东省日照市下元一村。2016年,日照市头号重点旅游项

目——投资上百亿元的“东方太阳城”项目落址天台山，依托“东方太阳城”项目的37处旅游景点和当地每年农历六月十九的“太阳节”以及每年3月15日的“财神节”的财神文化逐渐发展民俗旅游产业。

（二）下元一村民俗旅游的规划发展

1. 产业链更加完善

下元一村利用村庄搬迁复垦增加的600余亩土地，种植有机绿茶，发展生态观光农业；建设有机水稻示范基地，申请“涛雒大米”地理标志认定，进一步完善产业链建设，形成天台山文化产业链。游客先参观天台山“东方太阳城”的37处旅游景点，然后可以参观有机绿茶、涛雒大米等生态观光农业，体验涛雒大米的种植、有机绿茶的采摘、炒茶的一体化过程，可以自行采摘有机蔬菜，由当地居民做成原生态的农家饭，形成田园综合体的模式。

2. 配备导游，详细了解当地文化

2014年，下元一村成立了旅游开发有限公司，在“东方太阳城”项目建设完成后，给游客配备导游，详细讲解相关旅游项目，让前来游玩的游客更加深入细致地了解当地文化风俗，尤其是具备当地特色的“太阳节”“财神节”，感受别具一格的民俗文化。

3. 加强基础设施建设规划

在天台山项目建设的同时，规划出38亩地来建设大型停车场、公厕等相关基础设施，加强交通建设，增设观光旅游车，从村头直达天台山；加强旅游景区和停车场的公厕建设，营造整洁干净的舒适环境。在采石场原址建设茶文化综合楼，对老村八套旧房进行民宿化改造，集旅游服务中心、会议办公、党建中心、村史馆等功能于一体的文化礼堂也正在紧锣密鼓的建设中。

4. 完善管理方案，引进人才，提升技能

今年以来，东港区旅游局从培训指导、规划布局等方面对该村进行了提升打造，委派日照拓普联合职业培训学校对该村进行了为期20余天的集中培训，培训内容涉及烹调厨艺、农家乐服务接待、民宿经营服务、乡村文化讲解、服务技能等，并加强村民们的网络信息技术培训，这些都极大地提升了该村民俗户的服务接待水平。

四、现阶段下元一村民俗旅游存在的问题

（一）初级阶段，规模较小

下元一村虽然有较长的发展历史与众多人口，但对于民俗旅游业接触较晚。由于以前并没有搞过民俗旅游，下元一村村两委和村民们在摸索和学习中前进。

在探索中下元一村的旅游业有所发展，配备各种设施，开辟新的景区，吸引着越来越多的游客，知名度也有所提升。下元一村的民俗旅游有条不紊地发展着，但由于前期基础和经验的不足，使得现在的发展规模较小，仍然处于初级阶段。基础设施与组织服务建设等并不是十分完善，仍存在提高的空间。村子的规模大小有限，民俗旅游的景点存在数量局限，范围相对较小。同时部分村民对本村民俗旅游的热情度并不十分高涨，村子的旅游发展还是有些受限。

(二)人才缺失，管理不当

村里成立了旅游公司，专门为游客搞服务，饮食或者住宿都是村里统一管理，价格都是统一的。游客到达之后先到村里做登记，不需要在旅游户家结账。这样的方式使游客不用担心宰客的问题，但同时也带来了一些管理上的困难。这种集体模式很难进行控制与把握，在协调好各旅游户家意愿的同时，还要考虑村子的整体状况、游客的需求状况以及一些具体的有关问题，一旦有哪一方的利益与要求没有考虑周全，就会产生始料不及的问题，导致游客或户家的不满，使下元一村的知名度与好感度有所缺失下降。

每个参与民俗旅游的住户家庭都有自己的住房设置与管理方式，有一位住户就描述道："这边一楼是我们住的地方，二楼是接待的地方。这边是亲子间，这边有一个小床，有大床，一家三口过来的话适合住在这间屋子。"家家户户方式不太一样，但还是统一管理的模式。所有户家相互结合，有所联系，但又在某些方面将其拆分，这样导致一种分散的状态，管理十分不便。

这种管理模式的问题也与现在的管理者有关系。管理人才相对缺失，下元一村的领导班子相对来说年龄比较大，都是常年生活在村子里的村民，思想稍微落后。而如今是信息化、网络化的时代，科学技术越来越发达，更多的组织与活动是依靠网上运营来完成的。村委会的成员思想还没有紧跟时代潮流的发展，对国家出台的相关政策也没有太多的了解，在进行决策与管理时更多的还是按照旧式的思想与习惯，没有考虑现代问题和需求。拥有先进思想意识的当代知识分子没有加入下元一村领导行列。人才缺失，这是本村发展中一个比较大的问题，也是现在领导队伍迫切需要解决的问题。

(三)产业链建设有待完善

下元一村如今的发展中已经存在不少相互连接的产业模式，如之前所提及的"特色模式：天台山—农业生态观光园—特色民宿三位一体"，也就是根据中央绿色生态、乡村振兴的精神，开发出的自己独有的特色旅游流程和模式。这是一个很大的进步，也是一个很好的发展方向。但根据如今的政治经济政策与下元一村自身条件来说，当地的产业链仍然可以扩大，继续完善，带来更多的收益。

旅游分为淡季与旺季，在旅游淡季时下元一村的发展就相对薄弱，仍然仅仅依靠最基本的务农来维持生活，收入也相对较低，同时对民俗旅游的重视程度也有所降低，没有对旅游旺季的到来做好充足的准备。在旺季时涉及的内容相对也较少，产业链增强完善，不断促进与充实旅游业发展是亟待解决的一个问题。

（四）村民参与度不高

日照市下元一村如今有“全国生态文化村”“山东最美旅游村”“日照市十大最美乡村”等荣誉称号，但是在17年前这个村子还处于“山无人看、林随意圈、树没人种”的尴尬境地。十几年来，在村党支部带领下，村民们垦荒种地，慢慢地才有了安稳舒适的生活。当初为了村子树木的发展，为了本村的生态建设，相关部门及村两委成员商议后决定对林场回收。因为触碰了一些人的利益，回收林场的难度可想而知。被村民戳着脊梁骨骂，被贴“小字报”，受到人身安全威胁……村委成员顶住压力，靠着勇气和决心，终于将林场收回，村子有了良好的生态环境。

这也使得有很大一部分村民因为对土地的眷恋与感恩，仍然停留在土地生活这一层面，想要一直依靠务农来保持安定的生活，对民俗旅游的支持度不高。并且成员对于民俗旅游这方面的内容了解得不多，也没有曾经的经验或者其他的借鉴，村民对这种发展模式表示怀疑与不解，不相信这种依靠旅游的模式能给村子带来收益，害怕不仅没有成效，反而会增加本村的负担，使得现在的平稳生活与后期的发展更加迷茫无效。所以很多的村民不支持本村民俗旅游的发展，这是一种比较大的阻碍。

五、针对问题的建议

（一）政府主导，因地制宜

下元一村的独特自然条件，再加上村民前期对树木、荷塘等自然生态的管理，使得这个村子有很好的发展民俗旅游的优势。为了更好地持续扩大民俗旅游，当地应该采取政府主导、因地制宜的方式。

政府加强对村子的重视程度，给予更多的资金、人力、基础设施支持。制定相应的政策，保障村子发展民俗旅游的权益，使户家与游客安心在下元一村享受风景。因地制宜，在本村内，不同的住户可以采取不同的接待游客的方式，根据自家独有的特点，在保证村子民俗旅游整体稳定发展的同时，进行不断创新，提高服务质量。

（二）聘请人才，理论创新

人才是发展的重点与关键，是非常强大的力量，重视人才，吸引招聘人才是急需要解决的。在对下元一村党支部领导进行访问时，书记就表示本村想要招揽相关专业的大学生来村子里进行指导与管理。书记说过一句话是“你只有懂这个,你才能管这个。”这就需要专门的学科人才来进行管理。

近年来,当代大学生进村成为村官的现象也比较常见,在农村地区将自己大学所学习的专业知识进行实践,并运用于乡村管理,帮助村子的建设与发展。有现代信息思维方式的当代大学生是村子想要招揽的人才,当然也希望有更多的在此方面的人才来管理下元一村,促进村子的发展。

(三)田园综合一体化建设

针对产业链可以继续完善的问题,下元一村可以进行田园综合一体化建设。田园综合体主要包含六大建设理念,是集现代农业、休闲旅游、田园社区为一体的特色小镇和乡村综合发展模式,是在城乡一体格局下,顺应农业供给侧结构性改革、新型产业发展,结合农业产权制度改革,实现中国乡村现代化、新型城镇化、社会经济全面发展的一种可持续性模式。

以旅游为先导:乡村旅游已成为当今世界性的潮流,田园综合体顺应这股大潮应运而生。看似匮乏实则丰富的乡村旅游资源需要匠心独运的开发,一段溪流、一座断桥、一棵古树都有诉说不尽的故事。下元一村自身特有的树木花卉,都可以成为特色。

以产业为核心:一个完善的田园综合体应是一个包含农、林、牧、渔、加工、制造、餐饮、酒店、金融、工商、旅游等行业的三产融合体和城乡复合体。对农民来说,远走他乡和抛家别亲进城务工牺牲太大,在本区域内多元发展,从多个产业融合发展中获取收益的模式更为可行。

以文化为灵魂:田园综合体要把当地世代形成的风土民情、乡规民约、民俗演艺等挖掘出来,让人们可以体验农耕活动和乡村生活的苦乐与礼仪,以此引导人们重新思考生产与消费、城市与乡村、工业与农业的关系,从而产生符合自然规律的自警、自醒行为,在陶冶性情中自娱自乐、化身其中。

以体验为价值:田园综合体是生产、生活、生态及生命的综合体。在经济高度发达的后现代,田园综合体通过把农业和乡村作为绿色发展的代表,让人们从中感知生命的过程,感受生命的意义,并从中感悟生命的价值,分享生命的喜悦。

以乡村振兴为目标:田园综合体是乡与城的结合、农与工的结合、传统与现代的结合、生产与生活的结合,以乡村振兴和再造为目标,通过吸引各种资源与凝聚人心,给那些日渐萧条的乡村注入新的活力,重新激活价值、信仰、灵感和认同的归属。

开展田园综合体建设要坚持以农为本,以保护耕地为前提,提升农业综合生产能力。要保持农村田园风光,保护好青山绿水,实现生态可持续;要确保农民参与和受益，带动农民持续稳定增收，让农民充分分享发展成果，更有获得感。让人们从中感受到农业是充满希望的现代产业、农民是令人羡慕的体面职业、农村是宜居宜业的美好家园。

（四）加强培训，坚持正确的经营理念

当前导游人员队伍在不断扩大，其文化程度、职业素养、知识水平、业务能力都在不断提高，导游资格考试是影响导游队伍素质的重要因素，要通过改革和完善导游资格考试制度，加强考试内容与导游从业能力的结合。一方面，在报考条件上要提高门槛，提高导游人员的学历，起码应该是大专学历，还应该在专业上进行要求，应该是与旅游专业相关的专业方可报考。另外，在现行的参加导游员资格考试的条件中有一条是"身体健康"，应该改成"身心健康"，导游员的心理不健康将很难保证旅游服务质量。另一方面，旅行社和导游服务管理中心等管理机构要加强对导游的岗前培训，提高岗位服务的实际技能，进一步提高导游队伍素质。旅游行业协会、旅行社和导游服务管理中心可组织专业人士和优秀导游，对新导游进行岗前培训，并且进行考核，考核合格后方可执业。对于在岗的导游员也要定期进行岗位培训，以便更新知识，提高业务技能。

下元一村的管理人员要树立正确的经营理念，经营理念即是系统的、根本的管理思想。管理活动都要有一个根本的原则，一切的管理都需围绕一个根本的核心思想进行。经营理念决定企业的经营方向，和使命与愿景一样是企业发展的基石。下元一村要坚持发展生态旅游。

（五）坚持特色经营，差异化发展

坚持旅游特色城镇建设，实现生态化转型需要打破原有关联乡村、关联企业之间彼此孤立和分离的状态，各城镇充分利用本地资源条件实现产业结构与资源结构的协调统一，从而克服空间分散性。各个旅游特色城镇发挥自己的比较优势，发展优势产业和拳头产品。以特色旅游产业为主体、以明星产品为龙头，将乡村旅游实业不断聚集，形成一批极具地方特色和区域竞争优势的旅游群落，从而发挥出外部规模经济和区域经济效益，产生集群溢出效应。

旅游城镇特色建设表现在诸多方面的生态创新。一是乡村旅游产品多样化，形成梯队。虽然区域内农家乐众多，但提供的旅游产品应该有所侧重，或参与、或休闲、或娱乐、或表演、或文化。二是区域旅游产业链相互融合和延伸。发展乡村旅游与农业、循环经济、城市旅游相结合，乡村旅游与智慧旅游、文化旅游、创意产业等方面拓展形成旅游网络，促进旅游业向更深更广转型，带动乡村经济、环境和文化发展，提高乡村社区的整体经济社会发展素质。三是区域间乡村旅游优化需要充分借助新农村建设，因地制宜发展乡村旅游经济。从地域文化传承和文化遗产保护角度实现城镇化中的“乡村性”。加强生态资源、生产关系和经营方式的集约,特别是土地、水、生物资源的集约规划、集约建设和集约管理。在生态系统承载能力范围内调整生产和消费方式、决策和管理方法,使人的创造力和生产力充分发挥,居民身心健康和自然生态系统得到充分保护。乡村旅游发展过程中使用生态交通网络、生态能源和生态建筑,乡村具有良好和鲜明的人文生态标示,社区和睦,人地和谐。以重点村镇辐射为依托,坚定实施旅游与城镇发展、旅游与农村同步的一体化机制建设,形成旅游业各要素良性互动协调发展的健康体系。

六、生态建设视野下下元一村民俗旅游的意义

(一)居民方面

1. 居民生态环境建设,生态意识增强

当前,日益严重的环境污染已经成为制约我国经济社会可持续发展的最大瓶颈。人们从来没有像今天这样关注生态,关注环境。下元一村的居民在发展生态旅游业的过程中,政府加强对生态意识的宣传,居民生态环境意识不断增强,生态环境建设能力不断提高。

2. 居民物质生活条件改善,经济收入增加

发展乡村旅游, 有助于农民从农业生产中获得更多收入。当前,农村发展观光农业, 以吸引城市人来农村直接采摘瓜果等形式, 使农民们可以将更多农产品顺利出售, 避免农产品销路不畅造成损失, 同时, 由于将农产品直接出售给最终消费者, 也可获得更高的价格, 从而增加居民收入,提高居民生活水平。

3. 民俗旅游户的交际能力明显提高

民族地区居民对乡村旅游的全面认识,以及居民交际能力的提升有利于居民参与乡村旅游的开发并获得旅游收益。贫困人口受自身客观条件的限制,在旅游开发过程中很容易被边缘化,无法公平、公正地参与利益分享。因此,在加大少数民族村寨乡村旅游开发过程中,保障乡村旅游经济实体利益的同时,政府部门要加大村寨中弱势群体的帮扶力度,提高弱势群体的生存能力,维护弱势群体的利益, 防止在村寨中贫富分化进一步加大。政府部门要制定相应的措施, 积极推动和鼓励少数民族村寨的居民参与旅游开发;一方面要使他们能直接参与到旅游开发活动中,以增加受益机会,另一方面也要密切关注他们的参与质量。只有提高绝大部分居民的素质并保障他们的利益,才能达到民族旅游扶贫的目的和少数民族村寨乡村旅游经济的可持续发展。

4. 扩大就业范围和途径

促进农民有效就业的途径, 一是每个农民种更多地, 即扩大规模生产, 提高

生产效率，但是这种方法在我国人多地少的现实下，短期内不能现实。二是促进农民非农就业，农民工进城能有效地促进非农就业，增加农民收入，此外乡镇企业也是向非农产业转移的有效手段。然而大量农民工进城也引发很多社会问题，有些城市甚至开始采取措施限制农民工进城，而乡镇企业近年来进入结构升级和优化时期，发展速度开始减缓，吸收农村劳动力的能力下降。因此，必须努力寻找增加农民就业的其他途径，而发展乡村旅游即为途径之一。

（二）带动整个村庄的发展

1. 产业结构进一步完善，产业链延伸

我国绝大多数农民还是以务农为主要就业形式，往往无法达到充分就业。旅游业则为农民提供了一个好机会从事副业，他们可以在农闲或旅游旺季，通过生产有乡土特色的小商品、提供农家住宿餐饮、采摘当地土特产出售、充当导游轿夫等角色来实现就业，这不但能成为他们进行充分就业的有益补充，而且在乡村旅游业发展到一定阶段时，还可成为其就业的主要形式。

2. 村容村貌有所改观

乡村有着优美的自然风光、淳朴的乡村氛围和有趣的农家乐风情，这些因素能够吸引游客前往参观、旅游，因此需要农村改善居住环境、杜绝“脏、乱、差”等现象，这就要求道路设施完善、绿化环境清洁整齐、饮水环境安全，对村庄环境进行定期检查，对垃圾进行分类，并且对生态自然资源进行合理的保护和开放，禁止乱采滥伐，还需要政府成立专门的负责部门进行村庄环境的整治，不断完善乡村的教育、医疗、文化、养老等公共事业，转变农村的消费方式，强化农民的资源环境意识，做到村容整洁，正确地看待旅游与环境共生存的一面等；同时，通过乡村旅游的发展，农民就会被外来的旅游行为所同化，改掉一些陋习，养成良好的生活习惯，这些会促使旅游地注重环境资源的保护，因为良好的环境就是一种旅游资源。因此，乡村旅游可以有效地优化环境，促使环境保健功能的开发，充分发挥乡村旅游的环境功能优势。

3. 整合农村资源，提高农产品商品率

目前，我国农村的产业机构仍然是以农业为主，非农产业薄弱，特别是第三产业更是发展缓慢，农村产业结构呈现出不合理性。但是随着乡村旅游业的不断兴起，非农产业都得到了一定程度的发展，如交通运输业、加工业、建筑业、服务业、商业等都有了进一步的发展，使得农村产业结构不断得到调整与优化，使得第一、第二和第三产业的结构呈合理、协调的发展趋势，加速了我国农村非农化的发展进程，同时农业商品率也得到提高。

4. 传播当地文化,促进文化发展

目前,乡村旅游已经成为我国城市居民一种时尚的消遣方式,与城市居民寻求展示个性的需要息息相关,也是游客对我国多样化文化传承的一种渴望。城市化进程的不断加快,导致城乡文化发生了剧烈的变迁,但是我国几千年的乡土文化一直存着于我国的各个角落,使城乡之间有着必然的血肉联系,城乡文化都是在同样的文化背景下发展起来的。城乡文化只是随着城乡发展的不平衡而逐渐出现差异的,乡村旅游的出现,实质上也就是文化群的一种分离,只是从城市文化的角度来看待乡村文化,反而乡村文化使得传统文化得以保持、振兴、发展。乡村旅游的出现将经济建设、文化建设、环境建设有效结合起来,有力地促进了我国传统文化的复兴,也使越来越多的人感到了传统文化存在的现实价值和发展价值;同时乡村文化还使古建筑、传统美食、服饰、民间文学等都得到了恢复,并得以继续传承。因此,乡村旅游的发展大大促进了我国文化的复兴与保护。

(三)为其他村庄提供借鉴意义

农业生态旅游是旅游与农业交叉形成的新型旅游产品,融农业生产、自然环境、参与体验、采摘品尝、休闲观光、文化娱乐等为一体,体现了人与自然的和谐统一。它的理想境界是开化而不失原始风味,现代文明而又充满鸟语花香、传统文化的诗情画意。越来越多的人徜徉在田园风光之中的同时,也给当地农业建设注入了无穷的活力。在现有的基础上,应借鉴农业生态旅游发展的经验,大力发展农业生态休闲旅游新产品,使之成为其他村庄旅游业与农业发展新的经济增长点。

结语

自党的十九大召开以来,中国的生态文明建设一直放在突出地位,人们深刻明白了“绿水青山就是金山银山”的道理。作为新时代建设和发展的中坚力量,大学生理应时刻关注社会民生,为生态文明建设效力献策,推动国家发展迈向更高的台阶。基于此,我队以日照市下元一村为例,进行为期45天的暑期社会实践活动。

日照市下元一村的乡村建设和民俗旅游一直处于领先地位,荣获“全国先进基层党组织”“全国文明村镇”“山东省新农村建设示范村”“市级花园式小区”等名誉称号,在生态文明建设领域有着典型示范作用。此次调研,队伍于2018年7月16日开始着手准备,7月17日正式进行实地考察,经过联系导师、材料搜集、制作和发放问卷、框架建构、任务分配、报告撰写、整合修改等步骤,向世人汇报下元一村详细的生态文明建设过程和经验,以期于人于己都起到借鉴和启迪作用。

参考文献

[1]张晓琼. 社会调查研究方法教程[M]. 山东:山东人民出版社,2011.

[2]黄承梁. 新时代生态文明建设思想概论[M]. 北京:人民出版社,2018.

[3]贾卫列,杨永岗,朱明双,等. 生态文明建设概论[M]. 北京:中央编译出版社,2013.

[4]巴兆祥. 中国民俗旅游[M]. 福州:福建人民出版社,2006.

[5]刘亚轩. 旅游中外民俗[M]. 北京:中国旅游出版社,2017.

[6]于洋."美丽乡村"视角下的农村生态文明建设[J]. 农业经济,2015(4).

[7]王海芹,管永祥,王子臣. 江苏省农村生态旅游发展现状及对策分析[J]. 安徽农业科学,2012(28).

[8]王志毅. 跨文化交际能力融入高职旅游人才职业能力培养的探析[J]. 科技创业月刊,2014(11).

[9]李星群. 民族地区乡村旅游开发和村寨居民交际[J]. 社会认知能力研究,2010(1).

[10]傅琴琴. 日本农村生态旅游发展研究[J]. 世界农业,2013(1).

[11]李钰杰,曾福生,梁贵. 乡村旅游业的功能初探[J]. 农产品加工,2012(2).

[12]黄震方,等. 新型城镇化背景下的乡村旅游发展——理论反思与困境突破[J]. 地理研究,2015(8).

[13]李莺莉,王灿. 新型城镇化下我国乡村旅游的生态化转型探讨[J]. 农业经济问题,2015(6).

[14]孙其勇. 国外农业生态旅游对苏州农耕文化旅游发展的借鉴意义[J]. 江苏农业科学,2013(7).

附录一:调查问卷

基于生态文明建设视野下民俗旅游的发展研究

——以日照市下元一村为例 村民调查问卷

尊敬的先生/女士:

您好!我们是曲阜师范大学社会实践调查的调查员,为了了解和把握生态文明建设视野下民俗旅游的发展情况,特制作本调查问卷。本问卷采用匿名方式,不会泄露您的个人隐私。填答这份问卷将占用您五分钟的时间,请根据实际情况作答!对于您的配合我们表示衷心的感谢!祝您身体健康,生活愉快!

曲阜师范大学“逐梦盛夏”社会调查小组 2018 年 7 月

请您在符合您本人情况和意见的答案序号上画“√”或填写具体内容。

请您认真填写,不要漏项。

1. 您的性别是:A. 男　　B. 女

2. 您的年龄是:　　岁

3. 您目前的职业是:

4. 您的文化程度是:

A. 小学以下　　B. 初中　　C. 高中或中专

D. 大专　　E. 本科及本科以上

5. 您支持下元一村发展民俗旅游吗?

A. 支持　　B. 不支持

6. 您家当时是怎么加入民俗旅游这一行的?

A. 政府领着我们干的

B. 看邻居搞这行,挺不错,自己就跟着干

C. 亲戚朋友说服的

D. 别的地方这么搞,自己就试试

7. 您家中共有(　)人,家庭成员中从事民俗旅游业的成员人数是(　)人。

8. 下元一村发展民俗旅游业是否增加了您的家庭经济收入?

A. 是　　B. 否

9. 您愿意参加村里或乡里组织的民俗旅游培训吗?

A. 愿意　　B. 不愿意

10. 您认为民俗旅游业的发展和生态文明建设的关系是什么?

A. 有很大关系　　B. 有一般关系　　C. 没有关系

11. 本村民俗旅游业的发展是否对本村村风村貌建设有积极影响?

A. 有很大影响　　B. 有一般影响　　C. 没有影响

12. 您认为在下元一村发展民俗旅游业的主体是？

A. 政府　　B. 村干部　　C. 村民　　D. 企业　　E. 其他

13. 您在旅游淡季时从事什么工作？

A. 务农　　B. 外出打工　　C. 休息　　D. 其他

14. 在民俗旅游业影响下，本村基础设施建设情况是否得到完善？

A. 是　　B. 否

15. 发展民俗旅游业对您的生活有哪些不良影响？（多选题）

A. 噪声问题　　B. 垃圾问题

C. 社会治安问题　　D. 人际关系问题

16. 您认为，本村发展民俗旅游业有什么优势？（多选题）

A. 政府支持　　B. 村干部领导　　C. 村民认同

D. 生态环境好　　E. 形成民俗旅游文化品牌

F. 其他

17. 您认为本村村民生态环境保护意识如何？应采取何种措施来增强村民生态环境保护意识？

18. 您对本村民俗旅游业的发展有什么建议？

您已经填答完所有问题，再次对您的配合与支持表示衷心的感谢！

调查员　　调查时间　　调查地点

后 记

人生在世需要学会各种生存技能,人生的每个阶段都有相应的学习内容和任务,以适应认识世界和改造世界的需要,在这个过程中贯穿着“怎样做人”的要求。对于有幸考上大学的人来说,大学时代就是一个关键的阶段,这一阶段的状况对于以后从事什么工作或事业,形成什么样的人生观、价值观是至关重要的。大学阶段是一个学习的阶段,一个积极尝试、勇于实践的阶段,是激扬青春、放飞梦想的开端。

大学时代,莘莘学子遨游于知识的海洋,站在前人的肩膀上眺望世界的远方,编织着美丽的梦想。从根本上说,掌握知识本身不是目的,将它运用于实践,改造世界才是目的,并且在实践中真正理解所学的知识。孔子强调“听其言而观其行”,既体现了言行统一,学以致用,又强调了“行”是检验认识的标准。文艺复兴时期英国空想社会主义者莫尔在其《乌托邦》中提出边学习边参加农业生产劳动的设想。马克思提出,把“生产劳动同智育和体育相结合,它不仅是提高社会生产的一种方法,而且是造就全面发展的人的唯一方法”。改革开放以来,历任党和国家领导人都深刻指出了劳动在人才培养中的重要意义。如江泽民在第三次全国教育工作会议上提出“我们必须全面贯彻党的教育方针,坚持教育为社会主义、为人民服务,坚持教育与社会实践相结合,以提高国民素质为根本宗旨,以培养学生的创新精神和实践能力为重点”。党的十八大以来,习近平总书记多次从劳动创造的功能、民族复兴的劳动发展观等高度,阐述教育与生产劳动相结合的重要性。

对学生而言,在学校里学习书本知识或理论,也只是为培养能力做准备,一个人的“真才实学”应当是在实践中、在运用理论知识解决现实问题的过程中逐步获得的。一个人的智慧是在实践中解决问题的过程中形成的。大学生在学校里获得的理论知识要真正发挥效用,达到学以致用,必须使所学知识经受社会实践的重新检验、经过一番“解构”和“重构”的过程。缺少这一过程,就不能真正地适应社会、实践于社会、造福于社会。这对一个立志建设社会主义事业的人来说又是至关重要的。大学生利用节假日走进社会、走进工厂或农村进行实践活动,就体现了教育与生产劳动相结合的教育原则。劳动创造知识,劳动创造财富,劳动创造幸福。坚持教育同实践的结合,是有利于青年一代生动活泼主动发展的教育,有利于培养德才兼备的中国特色社会主义的建设者和接班人。

曲阜师范大学非常重视培养大学生学以致用的能力,致力于教育同劳动实践相结合,在实践教学上下了很大功夫,开展了各种各样的实践教学活动。如举行大学生暑期三下乡活动,寒假社会调研,多种实地考察,等等。古人云:"读万卷书,行万里路。"当代大学生有全新的时代风貌,有昂扬向上的进取精神,他们不仅为中华民族的伟大复兴而刻苦读书,遨游于知识的海洋,还非常重视学以致用,将自己的知识运用于实践,这里的 25 篇优秀实践报告,涉及经济、政治、社会、文化和生态文明建设多方面内容,透过字里行间,不难发现这里有理性的思考,有充满好奇的目光,有快乐,有愤怒,有无奈,有青涩的记忆,可谓是"牛刀小试"的作品。

初次阅读这些实践报告,编者被同学们的求实精神所感动,也为他们的大胆创新所震惊。这些作品表明当代大学生不是玩手机和电脑的"瘾君子",而是有理想、有追求、有时代担当的积极进取的一代青年。这里选取的实践报告仅限于马克思主义学部的部分学生作品,由于篇幅所限,很多优秀报告忍痛割爱未能展现。这个集子虽然不足以展示马克思主义学部实践教学的成果,但也许能起到"略见一斑"的作用。出于出版方面的考虑,在编辑过程中对每一篇作品都做了删改和调整,不当之处在所难免,请实践报告原作者、读者批评指正。

编者

2020 年 6 月